U0519164

中国
数字版权保护
与发展报告

2023

中国人民大学国家版权贸易基地 ｜ 编

主编：白连永　执行主编：李方丽

知识产权出版社
全国百佳图书出版单位
—北京—

图书在版编目（CIP）数据

中国数字版权保护与发展报告. 2023 / 中国人民大学国家版权贸易基地编；白连永主编. —北京：知识产权出版社，2023.12

ISBN 978-7-5130-8998-2

Ⅰ.①中… Ⅱ.①中… ②白… Ⅲ.①电子出版物—版权—保护—研究报告—中国—2023 Ⅳ.①D923.414

中国国家版本馆 CIP 数据核字（2023）第 235570 号

责任编辑：李陵书　　　　　　　　　　责任校对：潘凤越

封面设计：研美文化　　　　　　　　　责任印制：刘译文

中国数字版权保护与发展报告 2023

中国人民大学国家版权贸易基地　编

白连永　主编

出版发行：	知识产权出版社 有限责任公司	网　址：	http：//www.ipph.cn
社　址：	北京市海淀区气象路 50 号院	邮　编：	100081
责编电话：	010-82000860 转 8772	责编邮箱：	windy436@126.com
发行电话：	010-82000860 转 8101/8102	发行传真：	010-82000893/82005070/82000270
印　刷：	三河市国英印务有限公司	经　销：	新华书店、各大网上书店及相关专业书店
开　本：	720mm×1000mm　1/16	印　张：	17.75
版　次：	2023 年 12 月第 1 版	印　次：	2023 年 12 月第 1 次印刷
字　数：	272 千字	定　价：	78.00 元

ISBN 978-7-5130-8998-2

本书编委会

顾问：

于慈珂　中国版权协会常务副理事长

翟德罡　北京市委宣传部副部长

主任：

郭　禾　中国人民大学知识产权学院副院长、教授

委员：

万　勇　最高人民检察院知识产权检察办公室副主任（挂职）

　　　　中国人民大学知识产权学院教授

张小梅　重庆市永川区委常委、宣传部部长

冷文波　北京市委宣传部版权管理处处长

白连永　中国人民大学国家版权贸易基地主任

黄　隽　中国人民大学应用经济学院副院长、教授

熊　琦　华中科技大学法学院副院长、教授

熊文聪　中央民族大学法学院副教授

于津涛　抖音集团副总编辑

李方丽　中国人民大学国家版权贸易基地副主任

主编：

白连永　中国人民大学国家版权贸易基地主任

执行主编：

李方丽　中国人民大学国家版权贸易基地副主任

作者（按文章顺序排序）：

李方丽　刘艳花　郭雪晴　王欣辰　沈子宜　冀一冰

洪诗涛　孙　悦　何海燕　孙　晔　姜婧莹　吴　琦

董子旖　张紫涵　邢贺通　熊文聪　万　勇　熊　琦

前 言

　　数字技术驱动文化创意产业成为全球经济中最具活力的亮点。2022年，以版权为核心的文化创意产业与数字技术深度融合，全球范围内，文化创意产业的行业增加值占比已达3.1%，就业占比已达6.2%。人工智能、区块链、元宇宙等数字技术的飞速发展为版权相关产业创造了新的价值和需求，在创造新机遇的同时也提出了新挑战。数字版权，作为知识产权的重要组成部分，其不仅是数字经济的核心要素，也是数字文化的基础支撑。如何有效保护和发展数字版权，是关乎国家创新能力、文化软实力和社会公平正义的重大议题。

　　我国版权制度体系与相关产业正在经历深刻变革。在加速推进版权强国建设、推动版权产业高质量发展的大背景下，中国人民大学国家版权贸易基地组织编写《中国数字版权保护与发展报告2023》，全面、客观、深入地分析2022年度我国数字版权保护与发展的基本情况及进展，旨在为政府、企业和社会各界提供有价值的参考和建议。

　　本书分为总报告、行业篇、案例篇、专题篇四部分，全方位、多角度地对2022年我国数字版权保护与发展状况进行系统梳理，并在此基础上分析预测未来趋势，同时对当前数字版权领域的理论热点与产业动向展开专题研究。

　　总报告概括性地回顾了2022年我国数字版权相关政策颁布与法治建设进程，重点阐述了数字版权产业的经济规模、产业转型趋势及重点行业发展状况，深入分析了数字版权保护、治理及运营管理进展，进而预测了数字版权赋能经济高质量发展、版权全链条运营增强、AIGC创造产业发展新机遇亦将推动版权制度体系持续完善等趋势。

行业篇对数字阅读、数字音乐、网络视频、网络新闻、网络动漫、网络游戏等数字版权代表性行业展开专项研究，阐释了各细分行业本身所处的发展阶段及其在国民经济中的地位，剖析了行业未来的发展趋势，为相关决策者与投资者提供依据和指引。

案例篇以城市、产品、企业、司法判决为研究视角，为版权示范城市的建设、数字平台新型版权生态的构建、数字内容领域版权多元开发及新型商业模式的探索提供有效范式与成功经验。

专题篇选取2022年数字版权领域的热点与焦点问题，分别对著作权法中过滤机制的引入、数字版权产品市场的建构以及生成式人工智能时代法律涵摄技术的路径选择问题进行学术探讨，对理论研究与产业实践具有重要的借鉴意义。

总体而言，我国版权全链条运营与保护能力不断增强，生态融合成为发展新航向，中国特色版权治理体系正在不断完善。当下，数字经济与版权产业呈欣欣向荣之势，全国各大省市及市场主体纷纷布局数字版权发展战略。例如，重庆市永川区发布了元宇宙三年行动计划，力争到2025年，将永川打造成为以数字内容制作为特色的全国知名、西部领先的元宇宙应用示范城市。各地在数字版权领域的规划与布局，足见数字版权已成为稳增长促转型的重要引擎。

今年是《中国数字版权保护与发展报告》系列连续出版第二年。虽尽智竭力，但力有不逮，诚请批评指正！本书将不忘初心，砥砺前行，为建设版权强国、繁荣文化事业添砖加瓦、增光添彩！

本书编委会

目录 / Contents

I 总报告

II 行业篇

III 案例篇

IV 专题篇

I

总 报 告

版权赋能数字经济高质量发展
——2022年中国数字版权保护与发展年度观察

李方丽　刘艳花★

2022年，在大数据、云计算、区块链、虚拟现实、人工智能等技术的推动下，我国数字经济进一步快速发展，产值规模达到50.2万亿元，总量稳居世界第二，占GDP比重提升至41.5%，成为稳增长促转型的重要引擎。2022年，中国共产党第二十次全国代表大会胜利召开，党的二十大报告特别指出，要"加强知识产权法治保障，形成支持全面创新的基础制度"，为包括数字版权在内的知识产权工作进一步指明了方向。在此背景下，我国数字版权保护工作取得新进展，数字版权产业发展进入快车道，数字版权保护与发展水平提升新高度。

一、2022年中国数字版权保护与发展的社会环境

（一）政策环境持续推动数字版权长足发展

1. 党的二十大报告擘画知识产权保护新蓝图

党的十八大以来，以习近平同志为核心的党中央愈加重视知识产权保护工作，持续推动知识产权事业蓬勃发展。习近平总书记对知识产权工作作出一

★ 李方丽、刘艳花，中国人民大学国家版权贸易基地。

系列重要指示与论述，强调要全面加强知识产权保护。为贯彻落实知识产权全面保护指导思想，开创知识产权保护新局面，党中央、国务院颁布实施了系列政策文件，就加强知识产权保护、营造良好营商环境、建设知识产权强国进行了有力部署，推动知识产权事业取得了长足发展。

2022年10月16日，中国共产党第二十次全国代表大会在北京召开，习近平总书记代表第十九届中央委员会向大会作了题为《高举中国特色社会主义伟大旗帜　为全面建设社会主义现代化国家而团结奋斗》的报告，系统性总结了过去五年的工作与新时代十年的伟大变革，高屋建瓴擘画了中华民族伟大复兴的新蓝图，为新征程时期中国特色社会主义现代化事业发展指明了道路与方向。其中，党的二十大报告对我国知识产权事业作出了新指示与新要求，为我国未来五年全面提升知识产权创造、运用、保护、管理和服务水平提供了有力指导，是增强我国数字版权保护能力、发展数字版权产业的根本遵循。

党的二十大报告在第五章"实施科教兴国战略，强化现代化建设人才支撑"提出"必须坚持科技是第一生产力、人才是第一资源、创新是第一动力，深入实施科教兴国战略、人才强国战略、创新驱动发展战略，开辟发展新领域新赛道，不断塑造发展新动能新优势"，并强调要"加强知识产权法治保障，形成支持全面创新的基础制度"。知识产权制度是推动科技创新的"稳定器"与"压舱石"，资金、人才等要素和资源在完备的知识产权制度下实现有序、快速流动，在知识产权的基础上不断实现质的突破，推动我国成功进入"创新型国家"行列，未来，要继续充分发挥知识产权制度在科技创新中的支撑性、保障性和基础性作用，推动我国早日真正实现科技自立自强的战略目标，将我国建设成为知识产权强国，以中国式现代化实现中华民族伟大复兴。

就数字版权领域而言，当前，数字时代全面到来，数字版权与高新技术深度融合，云计算、大数据、人工智能等技术为数字版权产业带来了众多发展机遇，对数字版权保护制度、营商环境提出了更高要求。党的二十大报告为我国未来数字版权产业发展指明了"科技+内容"双轮驱动的发展方向，以习近平新时代中国特色社会主义思想和党的二十大精神为指导，加强数字版权领域的科技创新，推动数字版权内容质量持续提升，不断强化数字版权保护能力与水平，才能形成科技赋能内容、内容推动科技创新的良性循环，从而真正实现数字版权产业的高质量发展，也为我国数字经济高质量发展贡献力量。

2. 文化数字化上升为国家战略

版权是文化产业的核心资源。一方面，作品的创作、传播、运营、管理，形成版权资产，决定了文化企业的核心竞争力；另一方面，版权制度鼓励和保护文化创作与传播，能够盘活文化资源，促进文化要素流通，推动文化产业蓬勃发展。因此，版权与文化产业密不可分。数字时代，文化数字化成为文化产业发展大趋势，数字版权亦在文化数字化过程中发挥基础性作用。2022年，随着社会经济数字化进程加快与文化强国战略稳步推进，国家颁布了一系列文化数字化政策，文化数字化上升为国家战略，这将对数字版权的保护与发展产生深远影响。

2022年5月，中共中央办公厅、国务院办公厅印发《关于推进实施国家文化数字化战略的意见》，提出到2035年，建成物理分布、逻辑关联、快速链接、高效搜索、全面共享、重点集成的国家文化大数据体系，中华文化全景呈现，中华文化数字化成果全民共享。随后，福建、湖南、江苏、宁夏、广西、内蒙古等省份纷纷出台文化数字化实施文件，落实国家文化数字化战略。8月，中共中央办公厅、国务院办公厅印发《"十四五"文化发展规划》，明确推进公共文化数字化重点工程建设，提升公共文化数字化水平。10月，中国共产党第二十次全国代表大会召开，习近平总书记在党的二十大报告中明确指出，"实施国家文化数字化战略，健全现代公共文化服务体系，创新实施文化惠民工程"，为文化数字化高质量发展提供了有力遵循。文化数字化系列政策的落地，为数字版权产业带来了新的发展机遇。而在国家文化数字化战略中，"构建文化数字化治理体系，完善文化市场综合执法体制，强化文化数据要素市场交易监管"成为八项重点任务之一，为构建数字版权治理体系、完善数字版权综合执法、强化数字版权市场交易监管提出了新要求。

3. 数据产权保护制度进一步健全

数字版权在客体上表现为作品，并以数据形式储存，在网络空间传播，与数据相关的政策制度也将影响数字版权产业的发展。作为一种新型生产要素，数据已深度融入社会生产、分配、流通、消费与服务管理等环节，成为我国发展数字经济的关键要素，且深刻影响着国家安全与发展大局。

2021年9月1日，《数据安全法》正式施行，率先以立法形式保护数据权益，并鼓励数据依法合理有效利用、依法有序自由流动。2022年，我国加快构建数据知识产权保护制度体系，以推动数据要素合理流动、有效保护与充分利用。2022年1月，国务院发布《"十四五"数字经济发展规划》，提出到2025年初步建立起数据要素市场，实现数据确权、定价、交易有序开展，强调优化升级数字基础设施，充分发挥数据要素作用，强化高质量数据要素供给、加快数据要素市场化流通、创新数据要素开发利用机制，激发市场主体创新活力。11月，国家知识产权局启动数据知识产权地方试点工作，确立北京市、上海市、江苏省、浙江省、福建省、山东省、广东省、深圳市等8个试点地方，开展制度构建、登记实践等数据知识产权实践工作。12月，中共中央、国务院印发《关于构建数据基础制度更好发挥数据要素作用的意见》，明确探索建立数据产权制度、交易流通制度、收益分配制度和数据要素治理制度，强调建立数据资源持有权、数据加工使用权、数据产品经营权分置的产权运行机制。

随着顶层制度政策的不断健全，数字版权作为一种数据类型，既要继续挖掘受版权保护的数据新的使用场景，促进此类数据的流通与交易，又要进一步明确此类数据权益归属，构建起符合数字版权类型数据的交易制度，才能更好促进数据高效流通使用、赋能实体经济高质量发展。

4. 元宇宙发展规划纷纷出台

2021年，元宇宙概念引爆全球，被扎克伯格形容为"可以生活在其中的全真可视环境"，成为数字技术创新与数字经济发展的重要赛道，引得Meta、微软、英伟达、阿里、腾讯、百度、抖音等国内外科技巨头纷纷入局，并对数字版权领域带来了颠覆性影响。随着人工智能创作、AR/VR、云计算、高速通信、区块链、数字孪生等技术的快速迭代，元宇宙的应用场景将扩展到社交、演出、艺术品、教育、文旅等多个领域，重塑数字版权的产业生态。

2022年，元宇宙继续保持迅猛发展态势，并获得地方政府的强力支持，多个省市相继出台元宇宙相关规划，抢占发展机遇。在省级层面，2022年6月24日，上海市政府办公厅印发《上海市培育"元宇宙"新赛道行动方案（2022—2025年）》，提出加强IP培育与保护，做优做强动画动漫、影视影音、网络文学、潮流周边、游戏电竞等原创品牌，加强数字产品、数字创意知识产权保护；9月27日，河南省政府办公厅印发《河南省元宇宙产业发展行动计划（2022—2025年）》，锚定发展文旅、教育、虚拟数字人、智慧城市等元宇宙生态场景，提出要深入研判元宇宙发展的伦理风险、数据安全风险、沉迷风险、知识产权风险等，建立审慎包容的容错机制和监管机制，持续优化元宇宙产业发展环境；12月5日，浙江省发展和改革委员会等五部门联合印发《浙江省元宇宙产业发展行动计划（2023—2025年）》，要求推动元宇宙与浙江特色文化元素创新融合发展，探索游戏、电影等"元"系社交新模式，打造融合型、分享型和沉浸型数字内容与服务。在地市（区）层面，北京通州、广东黄埔、福建厦门、江苏昆山、湖北武汉、山东济南、四川成都、重庆渝北等陆续发布元宇宙创新发展行动计划、办法或实施方案。各地元宇宙产业发展规划与行动计划的密集出台，将从技术、产业、资金、人才等方面全方位推动元宇宙产业长足发展。

元宇宙与数字版权密切相关，数字内容是元宇宙的重要组成部分，数字版权更是元宇宙的重要保障。纵观地方政府已出台的元宇宙规划，数字内容创作、数字版权保护是其中的重要方面。在此背景下，元宇宙规划的不断出台，为数字版权产业创造了更多的发展机遇，带来了新的挑战，持续对数字版权产业发展产生影响。

（二）版权法治环境不断优化以应对技术挑战

1.修正后的《反垄断法》正式施行，平台反垄断力度进一步增强

2022年8月1日，修正后的《反垄断法》正式施行，对推动我国建立统一

开放、竞争有序的全国大市场，贯彻落实党中央关于强化反垄断、防止资本无序扩张的决策部署意义重大。在内容上，《反垄断法》明确了反垄断相关制度在平台经济领域的具体适用规则，总则部分第9条规定"经营者不得利用数据和算法、技术、资本优势以及平台规则等从事本法禁止的垄断行为"，第22条第2款增加了具有市场支配地位的经营者利用数据和算法、技术以及平台规则等从事滥用市场支配地位行为的禁止条款，为有效预防、处理互联网平台依靠自身的市场支配地位从事排除、限制正常竞争的行为提供了明确的法律依据，能够有效规制数字经济发展产生的平台垄断行为。

在数字版权领域，《反垄断法》对规制依靠数字版权内容或者掌控特定版权资源链接渠道技术的互联网平台的竞争行为意义重大。互联网平台拥有足够多数量的数字版权资源，或是对特定数字资源的访问渠道具有技术统治力，将有能力在作品生产、传播过程中实施特定行为，从而影响市场正常竞争秩序，并有可能辐射至上下游市场，导致产生排除、限制竞争的负面效果，且严重损害消费者利益。此类互联网平台可能并未达到传统反垄断法对经营者具有市场支配地位的认定标准，但其掌握的核心版权资源或关键技术，能够为平台带来极具竞争力的市场优势。加之许多互联网平台拥有内容生产者与作品传播者的双重身份，为保障自身作品在市场中的竞争力或者平台本身在市场中的竞争力，互联网平台在参与市场竞争过程中，极易利用自身的市场优势地位，通过"数字技术+版权排他性行使"的方式影响数字版权市场正当竞争秩序。因此，《反垄断法》第9条不要求互联网平台具有市场支配地位，能够更好地规制数字版权领域的新型垄断行为，而第22条则进一步针对具有市场支配地位的互联网平台确立了强监管要求。倘若互联网企业凭借数字版权资源或者技术形成竞争优势，一旦其实施滥用算法或其他限制竞争的行为，同样会受到《反垄断法》规制，有助于优化数字版权产业的良好竞争环境，推动数字版权产业实现稳步发展。

2.司法管辖得到进一步厘清，反不正当竞争保护得到加强

2022年，《最高人民法院关于适用〈中华人民共和国反不正当竞争法〉

若干问题的解释》《最高人民法院关于第一审知识产权民事、行政案件管辖的若干规定》相继实施，强化了数字版权的反不正当竞争保护力度，进一步厘清了知识产权司法案件的管辖级别和范围，完善了数字版权保护制度体系。

2022年3月20日，《最高人民法院关于适用〈中华人民共和国反不正当竞争法〉若干问题的解释》（以下简称《解释》）正式实施，为竞争类案件的审理与裁判提供了更具实操性的裁判规则，有助于提升竞争案件的审理质效，增强司法公正性、权威性。《解释》对《反不正当竞争法》第2条的适用条件进行了细化，将经营者违反《反不正当竞争法》第二章及《专利法》《商标法》《著作权法》等规定的不正当竞争行为与其他不正当竞争行为加以区分，分别适用专门条款和兜底条款进行规制，厘清了一般条款与具体行为条款、知识产权专门法规定之间的适用关系，也明确了一般条款对《反不正当竞争法》及《商标法》等其他知识产权专门法的兜底适用地位。[1] 此外，《反不正当竞争法》新增了第12条，规制日渐增多的网络不正当竞争行为，《解释》在第21条、第22条针对网络不正当竞争行为作出了细化规定，包括细化了"强制进行目标跳转"的认定标准等内容，切实增强此类不正当竞争行为认定的可操作性，同时为市场的自我调节和技术创新留出空间。对数字版权市场中的经营者而言，某一侵权行为可能同时侵犯著作权并构成反不正当竞争，因此，《解释》的出台对规制数字版权相关的不正当竞争行为，为数字版权相关的不正当竞争案件审理提供了更为明晰的裁判依据，有助于更好地保护数字版权人的正当权益。

2022年5月1日，《最高人民法院关于第一审知识产权民事、行政案件管辖的若干规定》（以下简称《规定》）生效实施，系统性完善了管辖科学的知识产权诉讼制度，合理定位了四级法院审判职能。在内容上，《规定》柔性完善了民事案件诉讼标的额标准，并优化了中级人民法院、基层人民法院管辖标准以及知识产权刑事案件管辖规定，譬如将技术专业性不强的外观设计专利权

1　最高法民三庭负责人就反不正当竞争法司法解释答记者问，网址：https://www.court. gov.cn/zixun/xiangqing/351301.html，最后访问日期：2023年5月19日。

属、侵权纠纷以及涉驰名商标认定第一审民事、行政案件明确由知识产权法院和各中级人民法院管辖，不再由少数中级人民法院集中管辖，均衡案件分布，减少当事人诉累；譬如在实施"三合一"的地区，知识产权刑事案件在中级人民法院辖区内由相应的基层人民法院管辖，便于公检法三家协调配合，进一步深化知识产权"三合一"审判机制改革。[1] 通过完善知识产权案件管辖制度，有助于减少司法实践中地方法院知识产权管辖权不统一的问题，更好发挥四级法院审判职能，实现司法审判的公正性与权威性。

3.地方版权保护制度体系持续完善，版权专门立法出现

2022年，各省市为贯彻落实习近平总书记关于强化知识产权保护的重要讲话精神，落实《知识产权强国建设纲要（2021—2035年）》《"十四五"国家知识产权保护与运用规划》等系列政策文件以及知识产权法律制度的规定，纷纷加快了地方知识产权保护立法进程，海南、江苏、广东、山东、北京、浙江等省市均出台了知识产权保护条例，而广东更是先行先试，出台《广东省知识产权保护条例》，从制度层面完善我国知识产权保护体系，也进一步夯实数字版权产业发展的制度基石。

从地方政府出台的知识产权保护条例的内容可见，数字版权越来越受到地方政府的重视，对数字版权的保护力度不断升级。譬如，《北京市知识产权保护条例》要求版权、文化和旅游部门加强对著作权侵权违法行为的监管，制定适应网络环境和数字经济形态的著作权保护措施，并强调市版权部门应当建立重点作品版权保护预警制度，对国家和本市版权部门确定的重点监管网站加强监管；《浙江省知识产权保护与促进条例》同样要求省著作权主管部门完善著作权网络保护和交易规则，建立健全重点作品保护预警制度，加强对侵权违法行为的监管，而且对数字版权产业的网络服务提供者作出具体要求，即文字、视听、音乐、美术等作品的网络服务提供者应当建立健全互联网著作权保

1　林广海，李剑，许常海：《关于第一审知识产权民事、行政案件管辖的若干规定》的理解与适用，网址：https://mp.weixin.qq.com/s/6WX5MunKxGjcchR8llyY1Q，最后访问日期：2023年5月18日。

护机制，加强重点作品的著作权保护。

广东作为版权强省，在地方立法上走在全国前列。《广东省知识产权保护条例》要求电商平台经营者完善平台的知识产权保护规则，针对平台内的侵权行为及时采取删除、屏蔽、断开链接、终止服务或交易等必要措施。在此基础上，还通过《广东省版权保护条例》专门立法以加强区域内的版权保护力度。在强化数字版权保护方面，首先，《广东省版权保护条例》第21条要求省版权主管部门加强版权治理新问题的研究与监管，完善体育赛事、综艺节目、网络视听、电商平台等领域的新业态版权保护制度，同时要依法加强源头追溯、实时监测、在线识别等数字版权保护技术的研发运用，建立打击网络侵权行为的快速反应机制。其次，该条例也针对网络服务平台作出专门规定，要求网络服务提供者建立版权内部监管机制，完善版权侵权技术预防措施与侵权投诉机制，从而更好维护平台内良好版权生态。最后，该条例还针对故意或多次版权侵权行为人以及版权犯罪行为人提出了更加严格的惩处措施，包括三年内不得申请政府财政性资金项目和参与表彰奖励等活动，将此类行为纳入公共信用信息平台等。针对性数字版权保护规定的出台，对区域内营造良好的版权保护氛围，并辐射至全社会，形成尊重知识、保护版权的优良环境，具有建设性意义。

4.人工智能生成内容立法兴起

近年来，伴随着人工智能技术的不断进步，生成式人工智能逐渐在数字版权产业的多个领域得到运用，并为数字版权发展带来了新的机遇与挑战，引发了一系列数字版权问题。2022年，中央与地方政府均加强了对人工智能行业的监管力度，人工智能生成内容在制度层面的监管进一步完善。

深圳作为人工智能高新技术企业的聚集地，又作为我国经济发展改革的先锋试验田，于2022年9月公布了《深圳经济特区人工智能产业促进条例》，并于2022年11月1日起正式实施。《深圳经济特区人工智能产业促进条例》首次从技术角度对人工智能概念进行了规定，并确定了在鼓励创新的原则下对人工智能产业发展采取审慎监管的态度和分级分类监管的政策。在知识产权保护方面，深圳鼓励和支持人工智能领域国家科技重大专项和重点研发计划项目所取得的研究成果在深圳开展产业化应用研究，推动知识产权资本化，持续扩展人工智能技术应用场景。

上海紧随其后，于2022年9月22日通过了《上海市促进人工智能产业发展条例》，并于10月1日起正式实施。作为我国人工智能领域首部省级地方性法规，上海同样在监管方式上进行了大胆创新，通过构建体系化治理框架，探索分级治理和沙盒监管，对高风险和中低风险人工智能产品和服务采取不同的治理模式，兼顾产业发展与安全。在知识产权保护层面，上海明确强化人工智能领域的知识产权保护，健全人工智能领域技术创新、知识产权保护和标准化互动支撑机制，推动人工智能创新成果的知识产权化，完善人工智能领域知识产权的协作保护、快速维权和海外维权制度。

总体而言，我国人工智能技术发展将深刻影响数字版权的创作与传播方式，对数字版权产业将产生颠覆性影响。无论是深圳还是上海，先驱性地通过立法对人工智能产业予以规范，在引导、保障产业实现良性发展的同时，也为人工智能生成内容的版权制度构建提供了思路并指明了方向。

二、2022年中国数字版权产业发展状况

（一）2022年数字版权产业市场概况

据中国互联网络信息中心历年的《中国互联网络发展状况统计报告》数据显示，我国互联网用户规模稳步上升，2022年12月达到10.67亿人，较2021年12月增长3549万人，互联网普及率超过75%。其中手机网民用户规模达到10.65亿人，占互联网用户规模的比重同比上升0.1个百分点，达到99.8%（见图1）。我国拥有庞大坚实的网络用户基础，且随着经济不断发展，国民消费能力不断提升，我国已经成为世界上最大的内容生产国与消费国。在前述背景下，我国数字版权产业呈现出欣欣向荣、蓬勃发展的态势。

数字版权产业与数字文化产业均以"版权"为核心要素，数字文化产业

的发展能够较为准确地反映数字版权产业的市场状况。国家统计局发布数据显示，据对全国6.9万家规模以上文化及相关产业企业（以下简称文化企业）调查，2022年，文化企业实现营业收入121805亿元，按可比口径计算，同比增长0.9%。分领域看，文化核心领域营业收入74891亿元，同比增长1.3%；文化相关领域营业收入46914亿元，同比增长0.2%。据中国新闻出版研究院发布的《2021年中国版权产业经济贡献》调研报告显示，2021年中国版权产业的行业增加值为8.48万亿元，同比增长12.92%；占GDP的比重达7.41%。由此可见，在总体市场规模上，我国数字版权产业呈现出稳步增长态势，展现出了强大的市场潜力，其发展韧性持续增强。

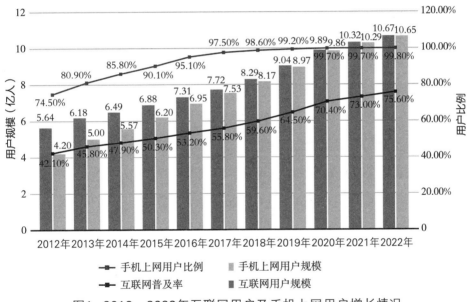

图1　2012—2022年互联网用户及手机上网用户增长情况

2022年，技术赋能数字版权产业转型升级趋势进一步增强。元宇宙能够打造一个"多维度、全感官、沉浸式"的新互联网形态，随着人工智能、人机交互、区块链、云计算、超高清视频等技术的快速发展和终端硬件的迭代升级，元宇宙概念逐渐成为现实。2022年，元宇宙概念热度不减，各互联网公司持续重视开展元宇宙相关布局。腾讯于2022年6月专门成立了"扩展现实"部门，12月官宣支持元宇宙平台Metalife，围绕社交开展元宇宙生态布局；百度则发布了数字藏品平台，打造了AI数字人"希加加"与虚拟员工"Art鹅"，深度耕耘技术元宇宙；字节跳动上线了社交App派对岛，并收购了沐瞳科技与北京波粒子科技等，在二次元虚拟社交、游戏等领域主动出击。此外，2022年，生成式人工智能技术实现阶段性跨越，并深入社会基本面，在数字版权产业的各个行业崭露头角。2022年11月30日，美国人工智能公司OpenAI推出了对话式大型语言模型ChatGPT，彻底颠覆了内容产业的传统创作范式，指数级提升了创作效率，上线一周日活跃用户突破百万，两个月破亿。生成式人工智能技术在数字版权产业中解锁了海量应用场景，游戏、视频、直播、虚拟偶像等领域均有其身影，成为2022年数字版权产业的现象级技术。

2022年，版权融合模式正成为数字版权产业发展的新空间，海外数字版权运营得到企业高度重视。"用户"是数字版权运营的核心，而盈利则是数字版权运营要实现的关键目标。对内容生产企业（平台）而言，通过广告变现一直是其盈利的主要方式，而内容存量的增长与制作成本的提升导致内容生产企业利润不断被压缩，甚至出现亏损状况，倒逼企业在业务模式与业务方向上进行转型，寻求新的利润模式与增长点。2022年，头部版权内容生产者继续大刀阔斧地进行改革，将版权运营作为企业盈利的主要来源，通过打造高价值IP并进行多赛道布局的方式降低成本、提质增效。当然，当前广告收入仍然属于数字版权企业的主要收入，但多元化版权运营带来的市场价值已逐步凸显。譬如掌阅科技深耕免费阅读行业，吸引优质广告商加盟，形成"内容+流量"的变现模式，同时依托于大量的优质IP储备，布局付费短剧赛道，其生产的10部爆款短剧总播放量超10亿次，并开拓漫画、有声书、短剧、小程序等多个业态，进一步拉长了产业链。此外，2022年，国内新冠疫情呈现多点反复、情况复杂的态势，数字版权企业也进一步调整了运营策略，将海外市场的拓展作为一项重要任务。2022年，游戏、影视剧在国际市场异军突起。前两季度，我国自主研发游戏海外销售收入达89.89亿美元，同比增长6.16%，在美国、德国、英国等国市场占有率均超过20%；影视剧"出海"呈现出数量多、题材丰富的特点，地域范围覆盖澳大利亚、新西兰、韩国等29个国家和地区，《长津湖》《你好，李焕英》《唐人街探案3》等多部国产电影进入全球电影票房排行榜前10。[1]

（二）2022年数字版权产业六大行业发展状况

1.数字阅读：优质IP多元改编趋势明显，网文"出海"热度攀升

2022年，我国数字阅读市场总体营收规模为463.52亿元，用户规模达到5.3亿人，分别同比增长11.50%和4.75%。[2] 其中，大众阅读市场营收335.91亿元，占比72.47%；有声阅读市场营收95.68亿元，占比20.64%；专业阅读市场营收31.93亿元，占比6.89%。[3] 截至2022年年底，在供给端，数字阅读平台上架作品总量达到5271.86万部，同比增长52.95%。在消费端，数字阅读行业的订阅营收、版权营收、广告及其他营收分别达到225.89亿元、97.41亿元和140.22亿元，[4] 其中版权营收与广告营收占比逐年上升，市场潜力稳步释放。

在内容创作层面，2022年精品化、主流化的作品成为数字阅读行业主流，在内容上进一步追求高质量发展，涌现出一批精品佳作，144部网文被国家图书馆永久典藏。由于2022年市场环境波动较大，免费阅读的发展趋势放缓，付费阅读凭借其优质内容逐渐展现出了市场竞争优势。据易观数据统计，2022年免费网文平台日活跃用户数同比增长3.5%；同时，付费阅读重回高增长，起点读书2022年12月的付费月活跃用户数同比上涨80%。[5]

在版权运营层面，全链路开发成为网文作品版权价值开发的主要方式，IP转化正在从影视—动漫游戏—衍生品的传统链状模式向更活跃、更自由的环状赛道迭代。[6] 譬如阅文旗下的3000部有声IP小说中，绝大部分采用边连载边进行有声书开发的模式；2022年，《斗破苍穹》小说不仅被改编为动漫，还趁热推出数款人物雕像，累计GMV超过2000万元，此外，《斗破苍穹》还在有

1　参见当代中国与世界研究院《中国数字文化出海年度研究报告（2022年）》。
2　参见中国音像与数字出版协会《2022年度中国数字阅读报告》。
3　参见中国音像与数字出版协会《2022年度中国数字阅读报告》。
4　参见中国音像与数字出版协会《2022年度中国数字阅读报告》。
5　参见中国社会科学院《2022中国网络文学发展研究报告》。
6　参见中国社会科学院《2022中国网络文学发展研究报告》。

声书、影视、游戏等细分赛道持续发力，将《斗破苍穹》打造成为头部IP；腾讯视频则积极进行小说影视剧开发，不断缩短开发周期，《开端》《天才基本法》《星汉灿烂》等爆款剧的开发周期均在3年以内，极大地提升了小说的IP价值。

近年来，作为推动中华文化"走出去"的重要形式，网文"出海"热度不断上升，数字阅读行业也将海外版权运营作为重要发展方向。在市场规模上，2022年网络文学海外市场规模突破30亿元，海外用户达1.45亿人。[1] 在作品输出方面，2022年数字阅读"出海"作品总量为61.81万部（种），同比增长超过50%，北美、日韩、东南亚位于"出海"地区排名前三位。[2] 一部分优质网文作品，譬如《赘婿》《第一序列》《大国重工》等被大英图书馆收录，彰显了我国网文作品的海外影响力。

2.网络动漫：国漫品牌逐渐崛起，"文漫"融合持续增强

2022年是中国动画诞生100周年，随着互联网技术的不断发展，网络动漫成为中国动漫主要发展赛道。网络动漫行业主要包括在线漫画与动画两个细分赛道，就在线漫画市场而言，2022年我国在线漫画用户规模为3.04亿人，同比增加0.16万人。用户基数的平稳上升推动在线漫画市场规模稳步上涨，2022年达到56.3亿元，同比增长24.01%，年复合增长率为42.38%。[3] 在动画领域，内容供给数量与质量亦稳步增加，2022年全国共发行国产电视动画片331部、89093.9分钟，已立项的重点网络动画片达到737部。从用户数据看，腾讯视频的动漫用户达到2亿人，越来越多的消费者愿意为优质动漫作品付费。从市场格局角度而言，网络动漫行业的竞争格局仍旧较为分散，以爱奇艺、优酷、腾讯、哔哩哔哩为代表的互联网平台，以及奥飞娱乐、鼎龙文化、约克动漫等动漫企业，构成了网络动漫市场的主要生产商与运营商。

- -

1　数据来源于当代中国与世界研究院《中国数字文化出海年度研究报告（2022年）》。
2　数据来源于中国音像与数字出版协会《2022年度中国数字阅读报告》。
3　参见华经产业研究院《2023—2028年中国在线漫画行业市场全景评估及发展战略规划报告》。

在内容生产层面，国漫品牌逐渐崛起，成为网络动漫市场的新势力。得益于国内动漫制作技术发展、国家政策支持与用户基数扩大，国产动漫内容与质量不断提升，国漫的版权价值也持续上涨。2022年，国产动漫涌现出《凡人修仙传》《斗罗大陆》《斗破苍穹》《画江湖之不良人》等一批精品佳作。其中，《凡人修仙传》哔哩哔哩播放量达到14.7亿次，评分高达9.7分，吸引728.7万人追番；[1]《画江湖之不良人》（第五季）则收获了4亿次的播放量。作为现象级动漫作品的《斗罗大陆》，截至2022年12月，覆盖用户量已达2.5亿人，创下了集均1.8亿次播放量的全网纪录。在原创漫画市场，"快看"漫画作为我国最大的原创漫画平台，用户数量超过3.4亿人，漫画作品数量超过1.3万部，2022年上半年整体收入逆势增长，增幅超过100%，设备独占率达到20.6%；其次是腾讯视频，设备独占率为7.6%。[2]

在版权运营层面，"文漫"融合成为网络动漫行业发展的新方向。2020年，阅文联合腾讯动漫推出3年漫改300部小说计划，截至2022年年底，已上线230多部，并出现了《大奉打更人》《从红月开始》和《全球高武》等多部优质作品。在动画领域，2022年腾讯视频上新的国产动画热度榜前10的作品中，有7部改编自阅文的IP。其中，《斗罗大陆》《斗破苍穹》《完美世界》《吞噬星空》4部动漫位列腾讯视频2022年度站内畅销榜的前10。"文漫"融合发展也为开展版权运营提供了更多新思路，除传统的"会员+广告"外，企业纷纷将"IP+"作为运营新方向，并针对虚拟与现实融合开展了一系列探索。《斗罗大陆》小舞、唐三出席荣威品牌发布会；vivo S12系列联合唐三、萧炎、石昊、罗峰四大动漫角色发布新品手机，96%的调研用户表示喜欢……动漫角色走进现实，IP则实现了"破圈"联动的效果。

3.数字音乐：非独家版权时代到来，技术赋能打造新业态

2022年，新冠疫情对数字音乐市场影响依旧明显。在用户基数上，截至

---

[1] 数据来源于哔哩哔哩文化社区和视频网站，统计日期截至2023年5月24日。

[2] 参见华经产业研究院《2023—2028年中国在线漫画行业市场全景评估及发展战略规划报告》。

2022年12月，数字音乐用户规模达6.84亿人，较2021年12月减少4526万人，占网民整体的64.1%。[1] 用户数量的减少带来数字音乐市场规模的萎缩，据统计，2022年数字音乐市场规模由2021年的512.3亿元下降至494.7亿元，同比下降3.4%，[2] 行业发展进入平台期。

2021年数字音乐行业迎来强监管政策，市场监管总局责令腾讯限期解除独家版权授权。2022年1月，国家版权局约谈主要唱片公司、词曲版权公司和数字音乐平台等，要求其除特殊情况外不得签署独家版权协议，数字音乐行业的独家版权授权时代正式成为历史。网易云音乐在签约摩登天空、英皇娱乐等公司歌单基础上，2022年又陆续购买了福茂唱片、SM娱乐、YG娱乐等唱片公司版权，与腾讯音乐展开激烈竞争。2022年，网易云音乐会员订阅收入增长强劲，在线音乐服务月活跃用户数稳步增长至1.89亿人，全年收入大幅提升至90亿元，同比增长28.9%。[3] 与此同时，抖音开辟的"独家首发"模式，形成数字音乐行业竞争的新赛道，推动原创音乐人成为行业竞争的新焦点。在音乐非独家授权的时代背景下，越来越多的独立音乐人希望音乐作品能够实现全网传播，而"独家首发"模式不要求音乐作品的独家授权，仅要求全网独家首发一段时间，能够助力平台形成差异化竞争优势。2022年6月，抖音推出"汽水音乐"，以版权购买+"独家首发"优势，向数字音乐市场"一超多强"市场格局发起冲击。此外，老牌音乐巨头也迅速推进了"独家首发"的授权模式，SM娱乐公司和时代峰峻与网易云音乐达成合作，但新歌的独家首发权却授权给了腾讯音乐，这意味着，TFBOYS、时代少年团等明星的新歌发布，将早30天于QQ音乐、酷狗音乐和酷我音乐上线。

此外，技术赋能数字音乐与短视频、虚拟偶像、元宇宙等深度融合，为数字音乐打造了新的多元运用场景。2022年，数字音乐的场景化趋势进一步增强，短视频成为最重要的运用场景。抖音、快手等短视频平台成为用户

1　数据来源于中国互联网络信息中心第51次《中国互联网络发展状况统计报告》。
2　数据来源于Fastdata《2022年中国数字音乐行业洞察报告》。
3　数据来源于网易2022年公司财报。

发现新音乐的重要渠道[1]，譬如陈奕迅演唱的《孤勇者》，单个话题播放量达到167.1亿次[2]，并形成全民翻唱热潮，合唱热度居高不下。同时，数字音乐与虚拟偶像产业紧密结合，带动虚拟偶像产业实现新发展。2022年，各大音乐厂牌纷纷推出自己的虚拟偶像。2022年6月，88Rising成立了虚拟厂牌PLAYGROUND，并且签约了虚拟音乐人Vince；8月26日，"讯飞音乐"推出首位AI虚拟歌手Luya，并入职上海音乐学院；12月12日，腾讯音乐首位签约超写实虚拟偶像鹿晓希LUCY正式官宣出道。此外，各大音乐平台也积极探索"数字音乐+虚拟偶像"运用的新场景。2022年5月4日，中央电视台联合腾讯音乐，在五四青年节特别节目中打造了首个"数实融合虚拟音乐世界"节目体验；11月6日，虚拟偶像组合A-SOUL在VR一体机PICO里举办了组合的第一场VR演唱会；12月31日，"RetaLand元宇宙虚拟跨年演唱会"成功举办，龚俊数字人、厘里Leah、星瞳等虚拟偶像激情开唱，作为全国首档元宇宙虚拟跨年演唱会，受到了广泛关注。

4.网络视频：长短视频合作深度推进，"减量提质"成为主旋律

截至2022年12月，我国网络视听用户规模达10.4亿人，超过即时通讯（10.38亿人），成为第一大互联网应用。[3] 在市场竞争格局方面，爱奇艺、腾讯视频、芒果TV、哔哩哔哩、优酷占据了长视频市场近9成市场份额。短视频行业市场规模2021年为2051.3亿元，2022年已经增至3765.2亿元，同比增长了83.6%，[4] 保持了高速发展态势，第一梯队被抖音、快手牢牢占据。2022年，长短视频平台版权"破冰"有了实质性进展，以合作方式解决版权侵权问题成为市场主流。2022年3月17日，抖音与搜狐视频达成短视频"二创"合作，获得搜狐全部自制影视作品二次创作相关授权。6月30日，快手在其官方微博率先宣布与乐视视频合作，获得乐视的独家自制内容"二创"相关授权。7月19

1　数据来源于抖音《2022抖音音乐生态报告》。
2　数据来源于抖音，统计日期截至2022年5月24日。
3　参见中国网络视听节目服务协会《中国网络视听发展研究报告（2023）》。
4　参见艾媒咨询《2023年中国短视频行业市场运行状况监测报告》。

日，抖音宣布与爱奇艺达成合作，围绕长视频内容的"二次"创作、推广等方面展开探索。

2022年，长视频平台以"减量提质"作为业务主要方向，以打造高质量版权为核心，带动业务发展。2022年，全网共上线网络剧248部，同比下降11.1%；综艺节目共上线198部，同比下降16.8%；网络纪录片上线318部，同比下降15.6%。[1] 在市场反响上，电视剧平均播映指数同比提升15.9%，网剧平均播映指数同比上涨20.7%，国产剧豆瓣评分均值6.24，均分4年最高。[2] 以爱奇艺为例，2022年，爱奇艺实施精品策略和精细化运营，采用实施分销制缓解内容生产压力，降低了内容制作成本，将精力更多放置于优质内容生产和版权运营上。2022年，爱奇艺推出了《唐朝诡事录》《苍兰诀》《卿卿日常》等多部优质影视剧，以及《一年一度喜剧大赛（第二季）》《中国说唱巅峰对决》《超有趣滑雪大会》等爆款综艺，取得了良好的市场反响。

爱奇艺公布的财报显示，爱奇艺2022年四季度实现营收76亿元，全年总营收共计290亿元，首次实现了连续4个季度运营盈利。[3] 腾讯视频2022年也推出了《梦华录》《星汉灿烂·月升沧海》《开端》等高口碑剧集，其中《梦华录》豆瓣评分达到8.0，吸引超过40万人打分，成功打响了暑期爆款"第一枪"。此外，2022年，微短剧的盈利能力得到肯定，成为新的行业增长点，全年重点网络微短剧上线量达到172部，同比上涨196.6%。[4] 其中，3—10分钟时长的微短剧成为行业主流。

在短视频领域，2022年，短视频行业正式步入注重高质量发展的存量竞争时代，与新闻、电商行业融合持续深入，信息发布、内容变现水平进一步提升。截至2022年12月，短视频用户规模达到10.12亿人，占网民整体比重的

1　参见中国网络视听节目服务协会《中国网络视听发展研究报告（2023）》。

2　长视频2022：从内容到商业，新逻辑正在发芽与生长，网址：https://mp.weixin. qq.com/s/fmg6qo4UBJFGcnG1kBaArQ，最后访问日期：2023年5月25日。

3　数据来源于爱奇艺2022年财报。

4　数据来源于中国网络视听节目服务协会《中国网络视听发展研究报告（2023）》。

94.8%，[1] 人均单日使用时长超过2.5小时，[2] 抖音、快手作为第一梯队的短视频平台，平均月活跃人数达到了8.8亿人与7.8亿人。[3] 在市场格局方面，微信视频号的兴起正在打破已有的竞争格局，截至2022年上半年，视频号与微信深度绑定，其日活跃人数已经达到8.13亿人，月活跃用户数增长至12.99亿人，[4] 成为短视频行业的"黑马"选手。在内容层面，一方面，抖音通过购买音乐版权、与爱奇艺合作开展长视频授权等方式，减少平台用户的侵权行为；另一方面，短视频平台也开始入局中长视频赛道，开展多元题材布局。譬如2022年11月，抖音与央视达成合作，首次成为2022世界杯持权转播商、中央广播电视总台2022世界杯官方直播合作伙伴，吸引了大量球迷关注。在流量变现层面，短视频平台重点加码电商业务，融合原有广告业务，进一步延伸了流量变现产业链。与原有直播带货模式不同，2022年短视频内容链接带货信息的方式崛起，并逐渐成为短视频创作的标配，以最大化程度吸引用户消费；同时，抖音邀请了天猫销售额前2000名的品牌入驻抖音商城，且将"本地生活"栏目与顺丰同城联系，不断提升用户消费体验。快手则深化实施"直播+"的生态场景，通过快聘、理想家、快相亲等产品形式满足用户更加多元化的需求，2022年快手电商GMV大幅增长32.5%，达9012亿元，月活跃买家数超过1亿人。[5]

5.网络新闻：媒体融合继续加强，短视频成为发展新方向

习近平总书记在党的二十大报告中明确指出，"加强全媒体传播体系建设，塑造主流舆论新格局"。为推进新闻传媒行业健康发展，2022年国家加强了对网络新闻行业的监管力度。3月，国家发改委、商务部联合发布《市场准入负面清单（2022年版）》，明令禁止非公有资本违规开展新闻传媒相关业务，提高了新闻行业的准入门槛。6月22日，国家广电总局、文旅部联合发布

1 数据来源于中国互联网络信息中心第51次《中国互联网络发展状况统计报告》。
2 数据来源于中国网络视听节目服务协会《中国网络视听发展研究报告（2023）》。
3 数据来源于易观千帆数据。
4 数据来源于腾讯。
5 数据来源于快手2022年财报。

《网络主播行为规范》，规范网络主播的从业行为，为主流媒体直播划定法律边界。7月12日，中国网络视听节目服务协会在京成立网络视听职业道德建设委员会，通过示范教育、道德评议和监督惩戒等方式，维护网络视听行业实现健康融合发展。在国家相关政策指引与支持下，随着我国大数据、云计算、人工智能等技术持续进步，我国网络新闻行业稳步发展。2022年，我国网络新闻用户规模继续上升，达到7.83亿人，占网民整体规模的73.4%。[1]

加强媒体融合，壮大主流舆论是2022年网络新闻行业的一大特征。一方面，主流媒体继续深入推进媒体融合战略。人民日报、新华社、央视新闻在互联网平台总粉丝数已达27.4亿人，2022年国内头部媒体在微博平台的总发博量达到898万条，总互动数32亿条，总视频播放量2173亿次，实现了正能量和大流量的同频共振。[2]另一方面，在主流媒体带动下，科技赋能推动媒体融合持续深入。2022年北京冬奥会期间，中央广播电视总台的《2022北京冬奥会融媒体报道的创新突破》践行内容科技理念，在系列报道中采用5G、8K直播等先进技术，与以腾讯体育、咪咕体育为主的网络媒体形成联动，取得了良好宣传效果，被国家广电总局评选为2022年全国广播电视媒体融合典型案例。此外，在全国两会、党的二十大召开期间，人民日报、央视新闻、新华社等不同媒体纷纷运用"科技+内容"的方式，全方位、立体化进行报道，实现了可持续、强有力的内容生产与传播。

2022年，短视频成为网络新闻行业发展的重要阵地。2022年中国网络视听用户调查结果显示，45.9%的用户表示短视频平台成为获取新闻资讯的重要来源，39.1%的用户表示经常观看新闻类直播，新闻直播是直播中最受欢迎的类型。截至2022年12月，主流媒体在抖音、快手两大短视频平台上拥有超百万粉丝的账号数量达到668个，同比增长6.9%，全年主流媒体在抖音和快手发布的短视频作品中，在抖音有2915条视频点赞量超百万个，3671条作品在快手播

---

1 数据来源于中国互联网络信息中心第51次《中国互联网络发展状况统计报告》。
2 数据来源于2023中国网络媒体论坛，新浪微博首席执行官王高飞的演讲。

放量超千万个。[1] 此外，"中国食品报融媒体"账号将抖音、快手和哔哩哔哩作为发力主阵地，其发布的"鉴定网络热门食品相关知识"和"鉴定网络热门食品安全谣言"系列视频获得广泛关注，成为垂直领域媒体实现"破圈"传播的典型案例。[2]

6. 网络游戏：国内市场进入存量时代，游戏全球化势头迅猛

近十年来，网络游戏行业一直保持高速增长态势，发展势头迅猛。2022年，由于全球经济萎缩、游戏版号发放数量紧缩等原因，我国游戏产业面临诸多困难，整体市场表现相对低迷。2022年，我国游戏市场实际销售收入为2658.84亿元，其中移动游戏市场实际销售收入为1930.58亿元，同比分别减少306.29亿元与324.80亿元，分别下降10.33%和14.40%，自2014年以来首次出现负增长。[3] 截至2022年12月，我国网络游戏用户规模为5.22亿人，较2021年12月减少3186万人，占网民整体的48.9%，总量波动较小。[4] 整体而言，我国网络游戏市场进入存量时代，游戏企业竞争更加激烈。

自2022年4月开始，国家新闻出版署恢复游戏版号发放，全年共审批发放游戏版号512个，涵盖移动端、客户端、游戏机等多个领域，为稳定国内网络游戏市场预期起到了正向作用。同时，国家相关部门对未成年游戏防沉迷监管也更加深入，截至2022年9月，我国各地区共推出70余条涉及未成年人保护的相关政策，批准运营的游戏实现了100%接入防沉迷实名认证系统，未成年人游戏总时长、消费额度等大幅减少，为网络游戏市场健康发展作出了积极贡献。在行业发展层面，随着虚拟现实技术与网络游戏的进一步融合，可穿戴设备的持续普及，游戏的全真体验进一步增强，有效提升了用户的游戏体验，虚拟现实和增强现实技术成为未来网络游戏行业发展的朝阳赛道。譬如2022年9

---

1 数据来源于中国网络视听节目服务协会《中国网络视听发展研究报告（2023）》。
2 黄楚新，陈智睿：2022传媒通鉴丨媒体融合：加速整合，提质增效，网址：https://mp.weixin.qq.com/s/gUTTrUlWf6RnvqrzYTqiUg，最后访问日期：2022年5月29日。
3 数据来源于中国音像与数字出版协会与中国游戏产业研究院《2022游戏产业报告》。
4 数据来源于中国互联网络信息中心第51次《中国互联网络发展状况统计报告》。

月，抖音集团旗下PICO公司发布新一代VR一体机PICO4和PICO4 Pro，增强了用户玩游戏时的视听感受与互动体验。

此外，游戏作为我国文化"出海"的重要方式，近年来在全球市场取得了不菲成绩。2014—2021年，我国自主研发游戏海外市场实际销售收入一直呈现迅猛增长势头，从30.76亿美元涨至180.13亿美元，2022年因新冠疫情、地缘政治等因素稍有下滑，亦达到了173.46亿美元，市场表现良好。2022年，美国、日本、韩国仍然为我国游戏出口的主要市场，但中东和非洲地区、拉丁美洲地区和东南亚地区的移动游戏市场收入持续增长，同比分别增长11.1%、6.9%和5.1%，我国游戏海外新兴市场正不断得到拓展。2022年全球游戏玩家达到32亿人，同比增长4.6%。[1] 面对基数如此庞大的全球游戏用户数量，我国越来越多的游戏企业开始重视开展游戏全球化布局。2022年全年腾讯在国际市场的游戏收入达到468亿元，[2] 旗下Level Infinite发行的《胜利女神：妮姬》上线3个月后下载量突破2500万次；三七互娱推出的《云上城之歌》上线韩国市场后战绩不俗，获评Sensor Tower 2022年"APAC Awards 韩国最佳本地化手游"奖项，2022年公司实现境外营业收入59.94亿元，较上年同期增长25.47%。[3]

三、2022年中国数字版权保护与运营管理进展

（一）创新审判机制，审慎应对新型案件，司法保护促进新业态规范发展

2021年，《民法典》《刑法修正案（十一）》和修改后的《著作权法》相继施行，标志着我国构建起更加立体完善的数字版权保护制度体系。2022年，修正后的《反垄断法》的正式施行，为数字平台的反垄断行为规制提供了更为明确的法律依据，也进一步为司法层面加强数字版权保护夯实了制度基石。

----

1 参见陀螺研究院《2022年中国移动游戏出海研究报告》。
2 数据来源于腾讯2022年财报。
3 数据来源于三七互娱2022年财报。

其一，切实履行案件审判职能，不断创新审判机制，加强诉源治理，推动司法审判质效提升。2022年，我国法院持续深化四级法院审级职能定位改革工作，推动知识产权案件审判重心有序下沉，优化资源合理配置，推动全国558家基层法院（包括互联网法院）有权管辖知识产权民事案件。江苏基层法院知识产权案件受理数量占全省知识产权案件总数的65.25%，同比上升10.52%，中级法院和高级法院案件受理数量占比分别减少至31.56%和3.19%，[1]各层级法院管辖分工进一步完善。同时，全国各级法院持续创新审判机制、推进智慧法院建设，以持续减少当事人诉讼负累，缩短诉讼周期，提升审判效率。一方面，人民法院深入推进智慧法院建设，通过互联网审判平台开展线上庭审、文书送达等工作，缩短审判周期。譬如北京互联网法院上线"版权链—天平链协同治理平台"2.0版本，实现了数字版权确权、授权、交易、维权各环节全覆盖。2022年，智慧法院在推动提升案件审判质效方面发挥了重要作用，上海法院全年知识产权案件线上立案38505件，电子送达超17万次；河南知识产权一审案件网上立案16023件，网上立案率超90%。另一方面，人民法院继续推进案件繁简分流，优化小额诉讼案件程序，简化诉讼流程，维护当事人合法权益。譬如河北省高级人民法院率先制定《关于适用小额诉讼程序审理知识产权民事案件若干问题的工作指引》，推动全省基层法院适用小额诉讼程序审理知识产权民事案件1084件，平均审理周期缩短至一个月左右。[2]湖北法院在著作权类型化案件审判中积极推广表格化裁判文书，大幅缩短审判周期。此外，北京知识产权法院统筹处理中文学术文献网络数据库企业间著作权侵权互诉系列案，一揽子促成全市1000余起案件调解，妥善化解了潜在纠纷。总体而言，2022年，全国地方各级人民法院新收知识产权民事一审案件438480件，审结457805件，分别同比下降20.31%和11.25%，其中新收著作权案件255693件，同比下降29.07%，[3]在案件数量上实现了近5年来首次下降，诉源治理取得

---

1 数据来源于最高人民法院《中国法院知识产权司法保护状况（2022年）》。
2 数据来源于河北省高级人民法院《河北法院知识产权司法保护状况（2022年）》。
3 数据来源于最高人民法院《中国法院知识产权司法保护状况（2022年）》。

实效。

其二，继续强化数字版权刑事保护力度，高压态势打击数字版权犯罪行为。自2020年最高人民检察院挂牌成立知识产权检察办公室以来，截至2022年年底，全国共有29个省级检察院已成立知识产权检察部门，一体化履行刑事、民事、行政检察职能。[1] 2022年1月至2023年3月，全国检察机关共起诉侵犯知识产权犯罪7300余件、1.5万余人，并与公安机关加强协作配合，对重大疑难复杂案件及时提出侦查建议，打击知识产权犯罪取得良好成效。[2] 同时，人民法院加强行刑衔接，积极发挥审判职能，严厉惩处数字版权违法犯罪行为。2022年，全国各级人民法院新收知识产权刑事一审案件5336件，审结5456件，其中新收侵犯著作权刑事案件304件，审结302件，著作权刑事案件占知识产权刑事一审案件的比重稳步上升。[3] 同时，人民法院发布了一批数字版权刑事保护典型案例，包括涉"冬奥会吉祥物"侵犯著作权罪案[4]，吴某虎、郭某强等六人侵犯著作权罪案[5]，周某、朱某创办"韩剧TV"侵犯著作权罪案[6]，涉"传奇游戏"侵犯著作权罪案[7] 等，为司法实践中法院裁判同案类案提供了参考依据。

其三，重视新领域新业态数字版权保护，审慎适用诉前禁令，维护权利人正当权益。近年来，云计算、大数据、人工智能等技术飞速发展，数字版权领域新业态不断涌现，人民法院依法裁判涉及新领域新业态的数字版权案件，

1　参见2023年最高人民检察院工作报告。

2　数据来源于2023年4月26日最高人民检察院举行的"综合履行检察职能　加强知识产权法治保障"新闻发布会。

3　数据来源于最高人民法院《中国法院知识产权司法保护状况（2022年）》。

4　本案为全国首例侵犯北京冬奥会吉祥物形象美术作品著作权刑事案件，北京市丰台区人民法院（2022）京0106刑初86号民事判决书。

5　江苏省徐州市中级人民法院（2020）苏03刑初85号刑事判决书、江苏省高级人民法院（2021）苏刑终289号刑事判决书。

6　河北省石家庄市新华区人民法院（2021）冀0105刑初551号民事判决书、河北省石家庄市中级人民法院（2022）冀01刑终150号民事判决书。

7　江西省上饶市广信区人民法院（2020）赣1121刑初213号刑事判决书。

有效厘清了新类型作品的数字版权保护问题，减少了此类司法诉讼，维护了当事人合法权益。在"胖虎打疫苗"NFT数字作品侵权案[1]中，法院认为以区块链作为底层核心技术的NFT构成数字作品，明确了未经权利人许可私自铸造NFT数字作品并在网络平台发行出售的行为侵害了权利人的信息网络传播权，从实践层面对涉及NFT这种新的作品使用方式产生的版权问题进行了积极探索，该案入选2022年度中国法院十大知识产权案件。在"《我的世界》诉《迷你世界》"游戏著作权侵权及不正当竞争案[2]中，广东省高级人民法院审理认为，尽管两款涉案沙盒类游戏均构成视听作品，但两者相似之处在于游戏元素设计而非游戏画面，进而驳回了《我的世界》游戏代理网易公司关于著作权侵权的诉请。另外，法院认为，《迷你世界》与《我的世界》在游戏元素上诸多重合，在玩法规则上高度相似，已超出合理借鉴的界限。因此，法院摆脱了以游戏画面著作权保护玩法设计的路径依赖，判定迷你玩公司的行为构成不正当竞争，并依法全额支持原告赔偿诉请5000万元，系该领域判赔最高数额。同时，技术进步导致数字版权侵权行为门槛不断降低，呈现出多样化、隐蔽性的特点，而某些案件中不及时制止数字版权侵权行为，将可能造成权利人正当权益遭受严重损害，对此，人民法院在特定案件中，积极审慎适用诉前禁令，以及时制止数字版权侵权行为，维护当事人合法权益。在北京冬奥会期间，上海浦东新区法院作出全国首例涉北京冬奥会赛事节目诉前禁令[3]，及时制止了冬奥会赛事节目的盗播盗链行为，后在卡塔尔世界杯期间，上海浦东新区法院在接受申请的24小时内作出首例世界杯盗播诉前禁令[4]，及时维护了卡塔尔世界杯转播授权方的合法权益。2022年5月，海南自由贸易港知识产权法院作出了

---

[1] 杭州互联网法院（2022）浙0192民初1008号民事判决书、浙江省杭州市中级人民法院（2022）浙01民终5272号民事判决书。

[2] 广东省高级人民法院（2021）粤民终1035号民事判决书。

[3] 上海市浦东新区人民法院（2022）沪0115行保1号民事裁定书。

[4] 上海浦东法院就卡塔尔世界杯版权侵权行为作出诉前禁令，网址：https://baijiahao.baidu.com/s?id=1752259271041220899&wfr=spider&for=pc，最后访问日期：2023年6月1日。

网络文学领域第一个诉前禁令，[1] 裁定被申请方立即采取必要措施屏蔽、删除盗版作品链接，为权利人减少网络文学作品的盗版问题提供了新思路。

（二）强化行刑衔接，突出专项整治，行政保护助力重点行业高质量发展

2022年，版权行政管理部门积极创新，强化"行政+司法"双轨制保护模式的作用，密切加强执法联动，扎实开展"剑网"行动，并针对冬奥会、卡塔尔世界杯等重要赛事开展专项行动，继续发挥行政执法机制处理数字版权侵权行为主动、快捷、高效的优势，以高质量执法推动数字版权产业实现高质量发展。同时，版权行政管理部门、市场监督管理部门等也针对互联网平台依托数字版权打造的市场竞争优势产生的垄断风险加大了监管力度，通过约谈、反垄断调查等方式，维护数字版权市场的正当竞争秩序。

其一，加大执法力度，强化行刑衔接机制建设，营造尊重和保护数字版权良好市场氛围。2022年全年，各级版权执法部门检查实体市场相关单位50.7万家（次），查办实体市场侵权盗版案件2226件，分别同比上升40.2%和15.6%。[2] 同时，国家版权局也持续定期发布重点作品预警名单，2022年发布10批次共计62部作品，范围涵盖院线电影、重要体育赛事节目、重要节日晚会节目等，要求版权执法部门针对名单作品加大版权监测监管力度，要求提供内容或存储服务的平台不得发布重点作品预警名单内的盗版作品，也不得为其提供存储服务，且要采取删除、断链等必要措施处理侵权作品链接，有力减少了重点作品在热映期的盗版侵权行为。除强化日常执法外，以国家版权局为代表的知识产权行政管理部门深入推进跨部门协作配合机制，进一步强化行刑衔接制度建设，在执法监督、线索移送、案件办理等方面加强了协同合作。2022年年初，国家版权局与工业和信息化部、公安部、文化和旅游部、国家广播电视总

---

1 网络文学领域首个诉前禁令来了，网址：https://baijiahao.baidu.com/s?id=174965714535 0427592&wfr=spider&for=pc，最后访问日期：2023年6月1日。

2 数据来源于国家版权局官网。

局、国家互联网信息办公室联合开展了冬奥版权保护集中行动，为冬奥会与冬残奥会相关体育赛事节目筑起版权保护的牢固防线；2022年6月，国家版权局与工业和信息化部、公安部、国家互联网信息办公室联合组织开展打击网络侵权盗版"剑网2022"专项行动，处理了一大批数字版权侵权盗版大案要案，有力维护了网络重点领域版权秩序。

其二，开展冬奥版权保护集中行动、"剑网2022"等专项行动，关注新领域新业态版权市场环境。2022年2月，我国举办了北京2022年冬奥会和冬残奥会这一国际体育盛事，严格保护冬奥会和冬残奥会相关版权，既是我国作为一个负责任大国应当承担的国际义务，也能够彰显我国知识产权保护的良好国际形象。为加强冬奥会及冬残奥会相关赛事及奥林匹克标志的版权保护力度，国家版权局等六部门于2022年1月至3月联合开展了冬奥版权保护集中行动，专门成立了冬奥反盗版工作组，建立赛时反盗版工作专班及涉奥侵权快速反应处置机制，加强对各类传播平台的版权监管，着力整治盗播冬奥赛事节目的行为，重点打击短视频平台未经授权传播冬奥赛事节目片段及主播以直播方式传播冬奥赛事节目的行为。截至2022年3月15日，冬奥版权保护集中行动推动各类媒体和平台共删除涉冬奥侵权链接110770个，处置侵权账号10072个，冬奥会版权保护工作圆满结束。[1] 2022年9月，国家版权局等四部门联合开展"剑网2022"专项行动，聚焦创新主体数字版权保护中的痛点难点，集中整治、处理数字版权重点领域的侵权盗版问题，肃清网络环境，维护清朗公平的网络空间。"剑网2022"专项行动继续重点关注新领域新业态的版权保护，除短视频、电商平台、直播平台外，首次将文献数据库纳入重点监管范围，对文献数据库未经授权、超授权使用传播他人作品的侵权行为开展集中整治，此外还强化对NFT数字藏品、"剧本杀"等的监管力度，严厉打击未经授权铸造数字藏品、通过网络贩卖传播盗版剧本脚本、未经授权开发衍生品等行为。"剑网

---

[1] 2021年中国知识产权发展状况新闻发布会在京举行，网址：https://www.ncac.gov.cn/chinacopyright/contents/12227/356343.shtml，最后访问日期：2023年5月9日。

2022"专项行动删除侵权盗版链接84.62万条，关闭侵权盗版网站（App）1692个，处置侵权账号1.54万个，网络版权保护工作成效显著。[1] 2023年2月，国家版权局等四部门公布了"剑网2022"专项行动十大案件，涵盖网络文学、短视频、数字音乐、剧本杀、热门影视剧等，且80%的案件均为跨部门协同办理的刑事案件，通过发挥典型案例的示范引导作用，对网络环境中潜在的盗版侵权行为形成有力威慑。

其三，持续加强反垄断监管力度，及时规制数字版权领域的新型垄断行为，维护市场正常竞争秩序和社会公共利益。2021年，国家市场监督管理总局责令腾讯解除独家音乐版权授权，拉开了数字音乐平台反垄断的序幕。2021年年底，国家反垄断局挂牌成立，在体制机制上进一步提升了反垄断监管水平。进入2022年，反垄断力度进一步增强。2022年1月6日，国家版权局在京约谈主要唱片公司、词曲版权公司和数字音乐平台等，要求其完善音乐授权模式和商业模式，除特殊情况外不得签署独家版权协议，促进数字音乐市场形成良好版权生态。[2] 2022年5月，国家市场监督管理总局对中国知网立案调查，依法认定知网自2014年以来，利用其在中国境内中文学术文献网络数据库服务市场的支配地位实施垄断行为，包括实施不公平高价、签订独家授权协议限定学术文献数据交易等，侵害了用户合法权益，也严重损害了相关市场创新发展和学术交流传播，于12月26日作出行政处罚决定，责令知网停止违法行为且罚款8760万元，并要求知网围绕解除独家合作、减轻用户负担、加强内部合规管理等方面进行全面整改，推动行业规范化发展。[3] 随后，知网发布了包括彻底整改独家合作、大幅降低服务价格、保护作者合法权

1　数据来源于国家版权局发布的2022年中国版权十件大事。

2　国家版权局约谈数字音乐相关企业　推动构建数字音乐版权良好生态，网址：https://www.ncac.gov.cn/chinacopyright/contents/12227/355756.shtml，最后访问日期：2023年6月2日。

3　市场监管总局依法对知网滥用市场支配地位行为作出行政处罚并责令其全面整改，网址：https://www.samr.gov.cn/xw/mtjj/art/2023/art_89bb76f1dd2646a18065e693d878e680.html，最后访问日期：2023年6月2日。

益、持续优化相关服务、全面加强合规建设等15项整改措施，以推动形成高效沟通、高质量运行的优良学术生态。

（三）深化产学研合作，推进技术应用，社会共治营造版权保护良好环境

塑造我国数字版权保护良好环境，推动数字版权产业实现高质量发展，一方面需要不断提升立法、司法与行政保护水平，另一方面需要产学研加强协同合作，完善协同治理的新型保护机制。2022年，产学研继续加强合作，关注数字版权领域热点问题，不断完善技术治理能力与行业数字版权保护机制，有力推动数字版权保护水平实现稳步提升。

一方面，著作权集体管理组织、版权行业协会、学术科研机构等针对数字版权领域的热点难点问题，搭建交流平台，邀请行业内的专家学者展开研讨，促进行业交流合作。2022年，随着数字藏品行业进一步发展，行业围绕"数字藏品"的版权保护问题展开了激烈讨论。4月25日，中国人民大学交叉科学研究院、中国人民大学元宇宙研究中心举办了"数字藏品的规范与治理研讨会"；5月25日，上海交大高金校友会文创协会、上海交大文创学院产业合作办公室、上海交大文创学院高层管理教育校友会举办了"数字藏品机遇与挑战"研讨会；7月5日，中国版权协会举办"NFT数字藏品著作权问题研讨会"；8月4日，首都版权协会举办"数字藏品发展趋势"研讨会……这些研讨会围绕数字藏品的技术逻辑、法律属性、版权归属、风险防控、行业发展等进行研讨，为行业提升数字藏品的版权保护意识与风险防控能力、推动数字藏品行业健康发展作出了积极贡献。同时，针对《著作权法》新增的惩罚性赔偿制度，学界、产业界也聚焦惩罚性赔偿的制度原理、适用标准等问题，举办了"短视频侵权与惩罚性赔偿责任的认定"研讨会[1]、"数字平台版权保护及惩罚性赔偿问题"研讨会等活动，展开热烈探讨。此外，各机构还围绕行业热点

---

1 2022中国知识产权经理人年会暨第十二届中国知识产权新年论坛分论坛之一。

问题，积极开展交流探讨。中国版权协会先后举办了2022远集坊数字内容高峰论坛、数字出版版权保护问题研讨会、2022网络游戏版权问题研讨会等多个行业交流活动，围绕数字内容的版权保护等问题展开研讨；中国人民大学国家版权贸易基地依托人大的专家资源优势，举办了2022知识产权刑事保护论坛、2022数字版权保护与发展论坛等活动，并在2022数字版权保护与发展论坛上发布了"2022年度数字版权保护与发展十大关键词"，系统总结梳理了2022年度数字版权领域发展的最新动向，为数字版权产业发展贡献了力量。

另一方面，产业界则继续深入推进区块链、云计算、大数据、人工智能等技术在数字版权保护方面的应用，强化技术赋能，提升行业版权保护能力。2022年，"中国版权链"作为区块链技术赋能版权保护的代表，为央视春晚和2022年冬奥会等重大IP提供版权保护服务，为哔哩哔哩的跨年晚会等重大项目提供全面的监测和存证服务，并成功入选中央网信办等16部委组织的"国家区块链创新应用试点"。中国版权保护中心则与蚂蚁集团蚂蚁链正式签署了合作协议，深度融合人工智能、隐私计算和区块链等关键核心技术，共建数字版权链（DCI体系3.0），实现数字内容的版权资产锚定，实现版权权利全链路流转透明、安全高效。[1] 此外，各互联网平台亦积极发挥技术价值，减少数字版权侵权行为。截至2022年年底，阿里原创保护平台保护了超8亿张图片、5633万条短视频及58万份设计手稿，上万原创商家受益。[2] 2022年，抖音上线原创首发图片认证系统，吸引千余家加入，为近5万张图片提供首发认证，官方维权平台IPPRO则受理侵权投诉超18万次，删除侵权链接超16万条。[3] 微信视频号则在2022年上线了原创声明功能，加大原创作品的版权保护力度，全年视频号累计接收18万余单来自权利人的侵权通知，经审核后清除了12万例内容及信息，封禁了2200多个账号，有效保障了微信的良好版

1　孙奇茹：中国版权保护中心与蚂蚁共建数字版权链，网址：https://baijiahao.baidu.com/s?id=1740284070948655989&wfr=spider&for=pc，最后访问日期：2023年6月8日。

2　数据来源于阿里巴巴《2022知识产权保护年度报告》。

3　数据来源于《2022抖音电商平台治理年度报告》。

权生态。[1]

（四）长短视频合作，网文IP多元开发，数字版权运营管理初见成效

1. 长短视频从版权之争到合作共赢，兼顾创新激励与版权保护

2021年以来，长短视频平台之间的版权之争日渐激烈。2021年4月，以"爱优腾"等5家视频网站为代表的73家机构和500多名艺人发布抵制剪辑、搬运等短视频侵权行为；6月，第九届中国网络视听大会上，"爱优腾"再次集体讨伐短视频。同时，长短视频的战场也延伸至法庭诉讼。2021年下半年，腾讯以侵害著作权及不正当竞争为由，在全国13个省份的18家法院共起诉抖音168次，索赔总额超过29.43亿元。2022年腾讯与抖音侵害信息网络传播权及反不正当竞争案（通常称为"《云南虫谷》被侵权案"）一审判赔3200万元，更是在此类案件中创下了最高判赔金额。与此同时，行业内已经开始探索长短视频合作模式。

2022年3月，抖音与搜狐视频率先就"二创"问题达成和解，抖音平台和用户可对搜狐全部自制影视作品进行5分钟之内的剪辑、编排或改编。[2]之后，乐视与快手、爱奇艺与抖音相继就"二创"短视频达成合作协议。[3]2023年4月，腾讯视频与抖音集团宣布达成合作，双方决定围绕长短视频联动推广、短视频衍生创作开展合作。腾讯视频将向抖音授权其享有信息网络传播权及转授权权利的包括大量多元化优质影视内容在内的长视频。不仅如此，腾讯视频与抖音还明确了短视频衍生创作的方式、发布规则，共同促进短视频的创作、传

1　数据来源于《2022年微信第三方版权保护报告》。

2　王磊：抖音与搜狐达成合作　为长短视频版权议题开辟新道路，网址：http://ent.people.com.cn/n1/2022/0317/c1012-32377557.html，最后访问日期：2023年7月21日。

3　黄心怡，朱凌：长短视频纠纷再起　抖音被判赔偿腾讯超3200万"二创"版权之争何解？网址：https://new.qq.com/rain/a/20221031A07O7Z00，最后访问日期：2023年7月21日。

播。[1] 由此，长短视频互促共赢新格局基本形成。

　　长短视频规范合作是视听产业在创新使用影视内容版权使用方面作出的重要举措，正版授权的方式不仅激发了短视频创作者的创作热情，也为"二创"作品的创作与传播提供了保障。对于长视频版权运营者腾讯而言，长短视频规范合作满足了用户需求，能为高品质短视频内容的创作与传播提供充分保障，有助于推动视听产业优质内容的开发及生态合作的拓展。对于短视频运营者抖音而言，短视频已经成为影视作品宣传推广的重要形式，过去几年中抖音助力众多影视作品"破圈"，让优秀内容被更多观众看到并喜爱。

　　自2018年短视频平台崛起，版权问题便是长短视频平台的主要冲突之一。但长短视频之间在版权争议不断的同时，短视频平台已成为影视剧营销宣发的重要阵地。例如，《2021抖音春节数据报告》显示，"你好李焕英"入选平台最热门搜索词。爱奇艺曾与哔哩哔哩联合进行二次创作，包括《乡村爱情13》《鹿鼎记》《巡回调查组》等电视剧都与抖音、快手等短视频平台合作营销，提升内容热度，吸引用户观看。在2023年春节档，《流浪地球2》《满江红》《深海》等国产大片在抖音开设官方账号，甚至每日发布多个视频作品。[2] 在长短视频平台分别面临巨大的内容成本、违约成本与版权成本，同时彼此互相依赖的情况下，双方开始探索新的合作方式。在国家版权局主办的第七届中国网络版权保护与发展大会上，"长短视频协同合作成业界共识"入选2022年中国版权十件大事。长短视频的互补互促成为推动视听产业进步的重要趋势，驱动着各大长短视频平台在版权合作上的加强。2022年以来，短视频平台与长视频平台从博弈转向合作，围绕版权资源、内容创作等方面展开了一系列探索。自2022年年初起，从腾讯视频多次向短视频创作者授权多部剧集内容，到抖音与

1　张靖超：腾讯视频与抖音官宣合作　长短视频全面进入合纵连横时代，网址：https://new.qq.com/rain/a/20230407A08OBW00，最后访问日期：2023年7月21日。

2　张靖超：腾讯视频与抖音官宣合作　长短视频全面进入合纵连横时代，网址：https://new.qq.com/rain/a/20230407A08OBW00，最后访问日期：2023年7月21日。

腾讯视频的牵手，各平台"二创"合作已至少有5次。[1] 腾讯视频与抖音合作的达成标志着"长短融合"已全面进入合纵连横时代，长短视频合作这一创新的版权运营方式兼顾衍生创新与版权保护之间的平衡，撬动精品化内容的"破圈"传播，有望实现影视版权方、视频创作者、用户和平台的多方共赢。

2. 网络文学深耕全版权运营，优化消费生态，注重保障创作者权益

2022年网络文学优质IP多轮开发实现价值升维得以验证，版权全产业链运营能力得以提升，开发周期系统性缩短，消费生态得以优化，网络文学行业迈入形式迭代、路径创新的成熟发展阶段。据易观数据统计，2022年，包括出版、游戏、影视、动漫、音乐、音频等在内的中国网络文学IP全版权运营市场，整体影响规模超过2520亿元，预计到2025年这一规模将突破3000亿元，市场规模年增长预计超百亿元。[2] 在消费方面，网络文学付费与免费模式呈现出共荣局面，付费内容质量、收入双增，付费重回高增长。如起点读书2022年12月的月活跃用户数同比上涨80%，全年收入同比上涨超30%；腾讯视频、优酷、爱奇艺等主流视频平台2022年度前10热门剧集中，付费网文改编影视剧整体占比近50%，已成为影视化改编的重要来源。[3]

随着网络文学全版权运营能力的增强，版权价值开发的广度和深度均有所提升，网文产业链得以延长，现已进入发展新阶段。版权运营以内容创作为基石，通过创作者、编辑、运营方等多主体合作，对具有潜力的内容和IP进行影视、游戏、动漫、周边等衍生品开发，随后利用其成熟的发行和推广渠道对版权和衍生品进行推广，实现版权的全维度开发和变现。此后，优质IP影视作品等内容通过吸引受众成为读者，反哺原著作品，从而形成不同内容形式相互

---

1 范佳来：休战！腾讯视频与抖音宣布达成合作，长视频授权衍生创作短视频，网址：https://www.thepaper.cn/newsDetail_forward_22607655，最后访问日期：2023年7月21日。

2 宋宇晟：报告：2022年中国网络文学市场规模389.3亿元 同比增长8.8%，网址：https://www.chinanews.com.cn/cj/2023-04-11/9987661.shtml，最后访问日期：2023年7月25日。

3 参见中国社会科学院文学研究所《2022中国网络文学发展研究报告》。

促进的内容生态。[1] 例如，阅文集团已有《庆余年》《赘婿》等优质作品全版权运营以实现网文与影视协同发展的成功案例。2021年10月，咪咕也宣布其开启全版权运营模式，打造IP运营服务平台，打通上下游IP开发通道，形成作品—平台—市场的闭环运营链，全面布局内容生态。[2]

优质内容、头部IP是网文多元开发、商业增值的关键，因而积累丰富的作者与作品资源是网文平台保持核心竞争力的基础。阅文集团致力于围绕头部作者构建全产业链，与优质作者建立稳定合作，以实现可持续发展；[3] 咪咕则通过举办面向全网征集原创网络文学作品活动"咪咕杯"获得有待挖掘的优质源头内容，利用其对原创作品强有力的版权运营能力，在平台中发挥优秀作品的IP长尾价值，满足数字时代用户日益多元化的阅读期待。[4]

四、中国数字版权保护与发展趋势展望

（一）市场潜力不断释放，版权推动数字经济高质量发展

当前，我国数字产业化和产业数字化浪潮不断推进，数字版权产业蓬勃发展。数据显示，2006年我国版权产业行业增加值为1.35万亿元，占同年GDP的比重为6.39%。随着技术不断进步，我国版权产业发展势头迅猛，并成为国民经济增长的支柱与朝阳产业，截至2021年年底，我国版权产业的行业增加值达到8.48万亿元，相较于2006年增长了5.3倍，占GDP的比重上升至7.41%。[5] 近

1　杨达松：数字出版时代全版权运营模式创新，载《青年记者》2020年第17期。
2　钟经文：咪咕数媒开启全版权运营新征程，为网络文学发展提供更多想象，网址：https://caijing.chinadaily.com.cn/a/202110/09/WS61616228a3107be4979f1959.html，最后访问日期：2023年7月25日。
3　李艳丽：2022年阅文集团研究报告：深耕数字阅读，兼具版权运营，网址：https://www.vzkoo.com/read/20221227e5c89159b2c1dc79f8b5bb4b.html，最后访问日期：2023年7月25日。
4　第五届"咪咕杯"奖项重磅揭晓，30部网文精品瓜分百万大奖，网址：https://fun.youth.cn/gnzx/202104/t20210417_12865581.htm，最后访问日期：2023年7月25日。
5　数据来源于中国新闻出版研究院《版权对国民经济的贡献调研》。

年来，随着超高清视频、虚拟现实、区块链、大数据、云计算、人工智能等数字技术的飞速发展，推动数字版权的边界不断拓宽，数字版权的价值与潜力不断得到释放，数字版权产业成为我国版权产业发展的主力军，数字版权经济亦成为我国数字经济的重要支撑。

2022年，我国数字经济的总量已达到50.2万亿元，占我国GDP总量的41.5%，居世界第二位，年均增长率达到16%。[1] 习近平总书记在党的二十大报告中强调："加快发展数字经济，促进数字经济和实体经济深度融合，打造具有国际竞争力的数字产业集群。"数字经济的发展离不开版权等知识产权制度的保障，数字经济的发展也会深刻改变知识产权制度规则。其中，数字版权与数字经济内在联系更加紧密，数字版权深度融入数字经济发展大局，是数字经济的重要组成部分。《"十四五"数字经济发展规划》提出了云计算、大数据、物联网、工业互联网、区块链、人工智能、虚拟现实和增强现实七大数字经济重点产业，其中云计算、大数据、区块链、人工智能、虚拟现实与数字版权密切相关，且逐渐成为数字版权产业发展的核心要素。因此，数字版权产业发展越迅猛，数字版权制度规则、保护体系越完善，数字版权市场潜力越释放，我国数字经济越能实现高质量发展。可以预见，实现数字经济的高质量发展，数字版权将成为关键一环。

（二）版权全链条运营增强，生态融合成为发展新航向

截至2022年12月，我国互联网用户规模已经达到10.65亿人，增速逐年放缓，我国数字版权市场的用户基数也逐渐达到顶峰，以"用户"为核心的流量红利时代即将结束。版权运营是实现作品市场价值的关键，通过强化全链条版权运营，将作品打造成立体化的IP，能够延长作品在市场中的生命周期，拓展作品受众范围并强化其变现能力。当前，对以数字版权为核心的企业而言，以优质作品为核心开展版权全链条运营，实现企业、行业间的生态融合，已经成

---

1 数据来源于国家网信办《数字中国发展报告（2022年）》。

为新时期企业强化版权运营、提升优质作品市场价值的不二选择。

一方面，各大内容企业将更加重视提升作品质量，努力打造优质作品。随着用户增长带来的红利越来越少，内容质量越来越成为吸引用户的决定性因素。以爱奇艺为例，2022年爱奇艺推出《人世间》《警察荣誉》等多部爆款剧集，全年共有5部剧集热度值破万，其中4部为爱奇艺原创，在爆款剧集带动下，爱奇艺全年会员服务收入达到177亿元，同比增长6%，成功实现了降本增效的预期目标。[1] 2022年，减量提质不仅是视频行业的主基调，也是其他数字版权细分行业的主基调，对各内容企业而言，提升原创作品内容质量，成为增强企业竞争力的核心与关键。

另一方面，互联网企业积极开展全链条、多矩阵、立体化运营，推进版权生态融合，打造版权融合生态圈。譬如近年大热的《斗罗大陆》，其在网文基础上，开发了影视剧、漫画、动画、游戏等，并积极推出各类衍生品，在市场上取得了傲人成绩。截至2022年年底，仅《斗罗大陆》改编而成的系列游戏，流水已经超过百亿元。[2] 同时，以腾讯、阿里为代表的综合型互联网平台，则更加注重依托优质作品打造内部生态圈。目前，腾讯已完成互联网与游戏、动漫、文学、影视等文化领域的融合布局，共同组成腾讯互娱全新的泛娱乐业务矩阵。依托这些平台优势，腾讯能够针对特定作品进行全方位、立体化版权开发，最大限度挖掘作品的版权价值，实现多元化、深层次的IP联动，打造版权融合生态圈。当然，国内大部分企业尚未像腾讯、阿里一样，已经打造出完整的版权生态链条，但也正在通过积极与其他平台合作，弥补自身版权生态链的不足，打造生态圈，实现互利共赢。

（三）AIGC创造产业发展新机遇，版权保护问题凸显

2017年7月，国务院印发《新一代人工智能发展规划》，明确人工智能作

---

1 数据来源于爱奇艺2022年财报。

2 任晓宁：《斗罗大陆》游戏流水过百亿元，阅文的版权生意做成了吗，网址：https://new.qq.com/rain/a/20220816A0A78W00，最后访问日期：2023年7月25日。

为新一轮产业变革的核心驱动力，已经成为经济发展的新引擎，并强调加强人工智能领域的知识产权保护，促进人工智能创新成果的知识产权化。在产业层面，随着大数据、云计算等技术不断进步，人工智能发展取得了长足进步，出现了微软小冰、Dreamwriter等初代生成式人工智能产品。2022年11月，随着ChatGPT的面世及更新迭代，展现了生成式人工智能技术强大的内容创造能力，其与具体应用场景相结合，在很多领域能够辅助甚至替代人类工作，极大提升了内容生产效率，大幅降低了内容制作成本，为数字版权产业带来了颠覆性的发展机遇。当前，人工智能生成内容（Artificial Intelligence Generated Content，AIGC）已经运用于新闻报道、文本创作、图片生成、语音合成、视频生成、游戏开发、3D建模等领域，且应用场景正随着技术进步不断被拓展与丰富。

当然，伴随着人工智能技术的飞速发展，AIGC所带来的版权问题也得到了广泛关注。具体而言，AIGC作为继UGC（用户生产内容）、PGC（专业生产内容）之后的新型作品创作方式，其创作所形成的成果是否可以构成作品？如果AIGC可以构成作品，该作品的权属应该归何者享有，是否可以依据著作权法受到保护？如果明确AIGC不构成作品，是否意味着AIGC可在未经相关主体同意的情况下任意使用？其所产生的经济收益应由谁享有？从技术链条层面而言，AIGC在创作作品过程中如果未经授权使用了他人作品，由何人承担侵权责任，是否可以使用"合理使用"条款免责？如何保障AIGC内容的真实性？由于人工智能技术发展需要依靠大量数据运算，传统的"先授权后使用"的作品使用方式难以满足人工智能技术发展的需要，产业发展的现实需求与版权保护制度产生了客观矛盾。此外，人工智能技术模型升级所需要的数据不仅会涉及版权问题，还会涉及个人信息与隐私，甚至可能产生危害国家安全的风险，从而产生了巨大的伦理道德困境。这些与AIGC相关的版权问题、伦理问题引起了学界、产业界的巨大争议，AIGC行业的发展也尚未形成对此类问题的一致意见。从国外的实践来看，美国版权局秉持技术可以成为创作者的工具，但创作结果必须由人类控制的立场，不保护单纯由AI进行创作而成的作品，且要求版权申请者披露AI的使用情况。[1] 对我国而言，2023年7月13日，国家网信办联合国家发改委、教育部、科技部、工业和信息化部、公安部、广电总局公布《生成式人工智能服务管理暂行办法》（以下简称《办法》），自2023年8月15日起施行。该《办法》提出国家坚持发展和安全并重、促进创新和依法治理相结合的原则，采取有效措施鼓励生成式人工智能创新发展，对生成式人工智能服务实行包容审慎和分类分级监管，明确了提供和使用生成式人工智能服务总体要求。其中，该《办法》明确规定，生成式人工智能服务提供者开展预训练、优化训练等训练数据处理活动时涉及知识产权的，不得侵害他人依法享有的知识产权。[2] 随着人工智能技术的不断进步，AIGC的运用场景将更加广泛，新业态、新领域、新模式也将不断涌现，其所带来的版权、伦理问题将会进一步凸显。

（四）新领域立法不断涌现，数字版权法制体系将持续完善

技术进步是经济发展的源动力。随着5G等新型基础设施不断完善，大数据、云计算、人工智能、区块链、AR/VR/MR等新兴技术不断发展，深刻改变了作品的创作与传播方式，催生了数字版权领域的诸多新业态、新领域、新模式，譬如短视频、网络直播、元宇宙、数字藏品、AIGC等，都是技术发展带来的新兴产物。当然，对于数字版权领域各种新的作品形态，其所带来的新的版权问题也需要立法进行回应，从法律层面给予制度支持。

2021年6月1日，修改后的《著作权法》生效实施，明确了作品定义，并扩大了合理使用制度的适用范围，为新类型作品的版权保护提供了更加明确的法律依据。为规制算法推送引起的版权侵权行为，2022年3月1日，国家网信

1　2023年3月16日，美国版权局发布了《版权登记指南：包含人工智能生成材料的作品》。该指南主要有以下三大要点：①除了提示（Prompt），作品始终需要人工输入/控制；②版权申请者必须披露AI的使用情况，否则注册可能会受到影响；③Midjourney等生成的AI图像不受版权保护，但文字+AI图片结合而成的漫画书受版权保护，因里面存在人类工作。

2　参见《生成式人工智能服务管理暂行办法》第7条第2款。

办等四部门联合发布的《互联网信息服务算法推荐管理规定》正式施行，强化了算法推荐服务提供者的安全主体责任，并明确其不得利用算法推荐服务侵害他人合法权益。针对数字藏品带来的版权问题与金融风险，2022年9月，中国人民银行、中央网信办等十部门发布了《关于进一步防范和处置虚拟货币交易炒作风险的通知》，明确虚拟货币不具有与法定货币等同的法律地位，虚拟货币相关业务活动属于非法金融活动，持续收紧了对于虚拟货币的监管政策，进一步明确了数字藏品的法律地位。对于人工智能生成内容，深圳与上海先后出台专门立法，旨在强化人工智能生成内容的知识产权保护，推动人工智能产业健康发展。

可以预见，随着科技的不断发展，数字版权领域的新模式、新业态将不断涌现，虽然法律制度往往滞后于产业发展，但规制新业态、新模式的立法脚步从未停下，未来数字版权的法律制度体系也将持续得到完善，从而在尊重市场秩序及其内在发展规律的前提下，更好地服务于数字版权产业发展需要。

（五）行刑衔接力度不断加大，反垄断监管态势将持续加强

近年来，我国持续加强行政与司法版权保护力度，不断提升数字领域版权保护水平，为数字版权市场营造了良好的发展环境。当然，随着技术进步，数字版权领域的版权侵权行为呈现出多样化、复杂化、隐蔽化的特征，打击难度日益增强，甚至形成完整的黑灰产业链条，单纯依靠行政机关执法或是司法机关裁判难以有效遏制此类违法犯罪行为，需要行政机关与司法机关加强协同配合，对数字环境中的盗版侵权行为形成威慑，实现综合诉源治理。2021年，《中共中央关于加强新时代检察机关法律监督工作的意见》印发，要求健全行政执法和刑事司法衔接机制。完善检察机关与行政执法机关、公安机关、审判机关、司法行政机关执法司法信息共享、案情通报、案件移送制度，实现行政处罚与刑事处罚依法对接。2022年4月，《最高人民检察院 国家知识产权局关于强化知识产权协同保护的意见》印发，要求建立常态化联络机制，建立健全关联案件双向通报制度、信息通报制度、信息共享平台等信息共享机制，

从而促进知识产权行政执法标准和司法裁判标准统一，构建知识产权大保护格局。可以预见，未来，为进一步发挥版权双轨保护机制的作用，行刑衔接机制将进一步完善。

在数字版权领域，2021年以来，我国版权行政管理部门越来越重视对数字版权产业内的市场经营主体的反垄断监管。2021年，国家市场监督管理总局在打响数字音乐市场版权反垄断监管第一枪后，2022年年初，国家版权局又以约谈的方式进一步强化了音乐平台的反垄断监管态度。2022年，国家市场监督管理总局对知识分享平台挥动了反垄断监管的利剑。在组织机构层面，2021年年底，国家市场监督管理总局挂牌成立了国家反垄断局，以便更好地开展反垄断执法工作。可以预见，在数字版权领域，我国将持续加强对以数字版权为核心的企业与平台垄断行为的监管力度，反垄断监管将成为常态。

（六）新技术带来新难题，技术措施成为版权保护重要手段

互联网的兴起与发展深刻改变了作品的创作与传播模式，推动了新出版时代的到来。与传统出版时代不同，在网络环境中，作者难以通过仅依靠控制复制权，达到控制作品流通的目的，需要依靠更强大的技术措施提升对作品的控制能力。因此，为尽可能降低作品的被侵权风险，技术措施成为作者在网络空间中保护作品的重要方式。然而，在技术措施发展的同时，反技术措施也层出不穷，给数字作品的权利人带来了新的侵权困扰。2020年，《著作权法》将未经许可破坏或避开技术措施的行为纳入法律条文，为规制反技术措施提供了更加有力的法律依据。但从现实状况而言，网络环境中通过技术手段破坏技术措施的侵权行为依然层出不穷，而针对未设置技术措施作品的侵权行为则更为常见，侵权方式随着技术进步更加多样化、隐蔽化，既严重损害了著作权人的合法权益，也不利于数字版权产业未来的健康发展。

近年来，区块链技术的兴起与发展，为作者在数字环境中的版权保护提供了有效的解决路径。区块链存储的数据，具有不可伪造、全程留痕、可以追溯、公开透明、集体维护的特征，利用区块链技术可以为作品打上独一无二的"烙

印"，后续的盗版侵权行为都可以被区分与甄别。此外，运用区块链技术，可以便捷实现数字版权权益认证、存取证据、侵权监测、维权调解、授权溯源、版权资产管理和评估等事宜，从而为数字版权产业健康发展提供强大助力。

从产业实践看，2018年以来，区块链技术在数字版权保护领域取得了飞跃性突破，譬如中国版权保护中心打造的数字版权唯一标识符（Digital Copyright Identifier）体系、中国版权协会"中国版权链"、腾讯"至信链"、蚂蚁集团"蚂蚁链"、咪咕"比特资产版权保护区块链"等。在运用成效上，以"中国版权链"为例，2022年中国版权链累计完成东京奥运会、北京冬奥会、北京冬残奥会、《三体》动漫等多个国内外重大项目的版权保护工作，累计发现处理侵权链接197万多条，24小时侵权下线率达到96.1%，整体下线率达到100%。[1] 在司法实践层面，区块链技术亦发挥了重要作用，截至2022年年底，全国法院上链存证司法数据已达28.9亿条。[2] 北京互联网法院的"版权链—天平链"协同治理平台有效提升了法官采信电子证据的效率，截至2022年11月14日16时，在线采集数据达到1.7亿个，在线证据验证数达到3.1万个，[3] 为节约司法资源作出了创造性贡献。

2022年年初，12家企业以"区块链+版权"的特色优势入选网信办等16个部门联合公布的国家区块链创新应用试点名单。2022年5月，《最高人民法院关于加强区块链司法应用的意见》发布，明确要求推动区块链技术在提升司法公信、提高司法效率、增强司法协同、服务经济社会治理等18个典型应用场景发挥作用，以加快推进区块链在司法领域的落地应用。可以预见，在顶层设计引领与司法、产业实践领航的基础上，以区块链为代表的数字版权保护技术将持续向前发展，并在强化权利人数字版权保护能力方面发挥重要作用，为数字版权产业健康、蓬勃发展保驾护航。

1　数据来源于中国版权协会。
2　数据来源于最高人民法院。
3　数据来源于北京互联网法院。

II

行 业 篇

2022年中国数字阅读行业版权保护与发展报告

郭雪晴*

2022年，我国数字阅读行业的市场规模持续扩大，数字阅读作品内容呈现出精品化特征，IP全链条运营深入发展，行业版权保护持续发力。同时，数字阅读作品"出海"势头强劲，数字阅读日益成为"讲好中国故事，传播好中国声音"的重要渠道。此外，AIGC的发展也为数字阅读行业带来了新的机遇与挑战。本报告从2022年数字阅读行业的整体发展情况出发，聚焦本行业版权保护和运营管理状况，对本行业发展趋势进行分析。

一、2022年数字阅读行业整体发展情况

（一）全民阅读深入推进，免费阅读稳步发展

2022年政府工作报告指出要"深入推进全民阅读"，这也是"全民阅读"第九次被写入政府工作报告。伴随着全民阅读的推进，2022年我国成年国民包括书报刊和数字出版物在内的各种媒介的综合阅读率为81.80%，较2021年的81.60%提升了0.2个百分点。其中，数字化阅读方式接触率为80.10%，较

★ 郭雪晴，中国政法大学。

2021年的79.60%增长了0.5个百分点（见图1）。[1] 近年来，全民阅读活动在数字阅读用户中的知晓度也大幅攀升，达65.11%。[2]

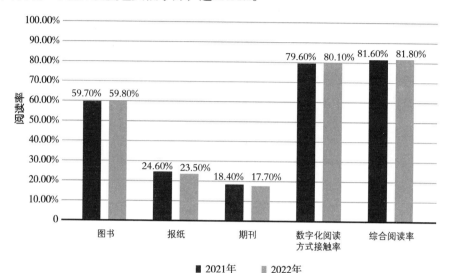

图1　2021年与2022年主要媒介阅读率及综合阅读率

从数字阅读用户和数字阅读作品规模看，2022年我国数字阅读用户数量为5.30亿人，同比增长4.75%。其中，19岁至45岁用户是主力，合计占比67.15%。值得关注的是，60岁以上用户占比相较上年增长超过一倍。与数字阅读用户数量增长相伴的是2022年我国数字阅读市场总体营收规模扩大，达463.52亿元；增长率为11.50%，与上年相比有所下降（见图2）。[3]

全民阅读的深入推进与免费阅读的发展密切相关。据统计，2021年6月付费阅读月活跃用户量显著高于免费阅读，到2022年6月，免费阅读用户量已经反超付费阅读（见图3）。[4] 2022年，免费阅读平台持续发力，七猫、番茄等免费阅读平台加大对原创的投入力度，搭建作者社区，自有作者、作品平均增速

1　数据来源于中国新闻出版研究院《第二十次全国国民阅读调查成果》。
2　数据来源于中国音像与数字出版协会《2022年度中国数字阅读报告》。
3　数据来源于中国音像与数字出版协会《2022年度中国数字阅读报告》。
4　数据来源于巨量算数《2022巨量引擎数字版权行业营销白皮书》。

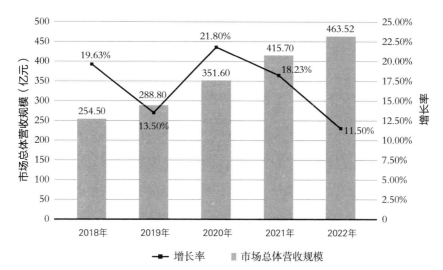

图2 2018—2022年中国数字阅读市场总体营收规模

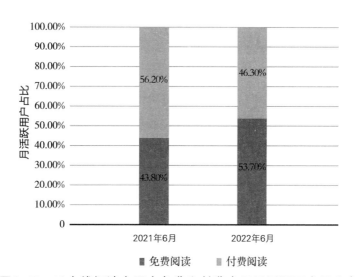

图3 Top10在线阅读应用中免费和付费应用月活跃用户量分布

远超付费阅读网站。[1]此外，新兴免费小说平台异军突起，QuestMobile数据显示，"2022年App用户规模增长Top榜——千万级"前10名中唯一上榜的在线阅读App为七读免费小说，2022年12月月活跃用户量为1240.08万人，同比增长率278.03%；"2022年App用户规模增长Top榜——百万级"前10名中唯一上榜

---

1 数据来源于中国作家协会网络文学中心《2022中国网络文学蓝皮书》。

的在线阅读App也是一款免费阅读App，即免费淘小说，2022年12月月活跃用户量为554.27万，同比增长率966.31%。[1] 随着免费阅读热度的持续攀升，全民阅读也得到更广泛的普及。

（二）数字阅读作品聚焦中国故事，精品化主流化特征明显

2022年，数字阅读作品在讲好中国故事的道路上稳步前进，内容呈现出精品化、主流化趋势，其题材也得到了拓展和优化。譬如，16部网络文学作品被大英图书馆收录，144部网络文学作品入藏中国国家图书馆，10部网络文学作品入藏中国国家版本馆。[2] 在内容题材上，一是现实题材创作持续增长，新增现实题材作品20余万部，同比增长17%。网络作家积极参与中国作协"新时代山乡巨变创作计划"，积极描绘新时代城乡面貌的巨大变迁。基层写实与行业文亮点频出，展现出中华民族伟大复兴进程中各行各业取得的巨大成就和人民团结奋进的精神面貌。例如《关键路径》描绘国产大飞机制造，《老兵新警》书写平凡警察，《奔涌》聚焦人工智能，《寰宇之夜》表现中华传统文化继承发展，《折月亮》融合新兴产业等时尚元素等。二是科幻题材新作频出，形成创作热潮，科幻作家直面世界科技前沿，弘扬科学精神，全年新增科幻题材作品30余万部，同比增长24%，现存科幻题材作品超过150万部。此外，历史题材创作则更注重弘扬中华优秀历史文化，遵循历史发展逻辑，彰显唯物史观，为历史题材注入当代价值。据统计，本年度新增历史题材作品28万余部，同比增长9%，总体发展较为稳定。[3]

（三）全IP运营稳步发展，有声书赛道持续发力

当下，数字阅读行业的全IP产业链运营特点显著，网络文学日益成为影视、游戏、动漫等文化产业的重要内容源头。据统计，2012—2022年，热播

1　数据来源于QuestMobile《2022中国移动互联网年度大报告》。

2　数据来源于中国社会科学院《2022中国网络文学发展研究报告》。

3　数据来源于中国社会科学院《2022中国网络文学发展研究报告》。

影视剧约60%由网络文学作品改编；上线动漫约50%由网络文学作品改编，是国漫主力；微短剧中网络文学IP改编作品占比逐年提高，授权作品年增长率近70%；有声改编规模急速增长，网络文学IP有声授权近10万部，占IP授权总数的80%以上。[1] 2022年，包括出版、游戏、影视、动漫、音乐、音频等细分赛道在内的中国网络文学的IP全版权运营市场，整体影响规模超过2520亿元。预计到2025年，网络文学IP改编市场价值总量将突破3000亿元。[2]

有声阅读仍是网络文学最主要的IP转化形式，2022年有声书网络文学IP有声授权近10万部，占IP授权总数的80%以上。[3] 伴随着有声书阅读在国民阅读中普及程度的提高，有声书阅读市场进一步扩大。2022年，我国有三成以上（35.5%）的成年国民有听书习惯，较2021年的平均水平（32.7%）提高了2.8个百分点。[4] 就该赛道的行业格局而言，有声阅读市场头部企业的优势显著，市场竞争呈现出多元化趋势。2022年度中国有声阅读最具影响力网络平台为学习强国、喜马拉雅、蜻蜓FM、懒人听书、樊登听书等，[5] 除了这些老牌听书平台，网易云音乐、字节跳动、快手也推出了长音频产品，同时晋江小说阅读、华为阅读等传统数字阅读App也增加了有声阅读插件，有声书赛道竞争日益激烈。

（四）"走出去"战略成效显著，数字阅读"出海"迅猛推进

在中国文化"走出去"战略实施背景下，我国文化的国际传播能力不断增强。2022年我国数字阅读"出海"发展迅猛，"中国故事"也成为我国

---

1 数据来源于中国作家协会网络文学中心《2022中国网络文学蓝皮书》。
2 数据来源于中国社会科学院《2022中国网络文学发展研究报告》。
3 数据来源于中国作家协会网络文学中心《2022中国网络文学蓝皮书》。
4 数据来源于中国新闻出版研究院《第二十次全国国民阅读调查成果》。
5 数据来源于中国广播电视社会组织联合会、中广联合会有声阅读委员会、北京师范大学国家新闻出版署"出版业用户行为大数据分析与应用重点实验室"共同发布的《2022年度中国有声阅读影响力研究报告》。

"2022网络文学十大关键词"之一，[1] 数字阅读成为"讲好中国故事，传播好中国声音"，推动中西文化交流的重要力量。据统计，2022年"中国"相关词语在阅文旗下海外门户起点国际（WebNovel）上的读者评论中累计出现超15万次。在读者的相关讨论中，提及最多的中国元素包括道文化、美食、武侠、茶艺和熊猫等，提及率高居前五的中国城市分别为北京、上海、香港、澳门和杭州。[2]

2022年，我国数字阅读"出海"作品总量快速增长，高达61.81万部（种），相比2021年增长超过50%，[3] 营收从当初的不足亿元增长到超30亿元。[4] 同时，网络文学作品"出海"吸引了约1.5亿用户，其海外传播影响力不断增强。[5] 我国数字阅读"出海"覆盖美国、英国、新加坡、印度尼西亚等200多个国家和地区，其中北美、日韩以及东南亚地区是"出海"作品投放量最大的区域。[6]

值得关注的是，2022年中国网文的海外作者数量也迎来激增。海外作者人数的不断增加，为中国数字阅读"出海"进一步开拓了市场。据统计，仅起点国际网站上最受欢迎的翻译作品阅读人次达1.2亿，自2018年上线原创功能以来，海外原创作家数量增速迅猛，年复合增长率达81.6%，截至2022年年底，起点国际共培育海外原创作家32.7万名，其中美国、菲律宾、印度、英国、加拿大的作家数量名列前茅。[7] 与国内网络作家"年轻化"趋势相呼应，海外原创作家中年轻人也已成为中坚力量。其中，"95后"作家占比29.5%，"00后"作家占比37.5%，"Z世代"占比超过2/3。[8]

1　2022网络文学十大关键词出炉，中国故事、科幻等上榜，网址：https://www.thepaper. cn/newsDetail_forward_21531471，最后访问日期：2023年6月1日。
2　数据来源于中国社会科学院《2022中国网络文学发展研究报告》。
3　数据来源于中国音像与数字出版协会《2022年度中国数字阅读报告》。
4　数据来源于中国作家协会网络文学中心《2022中国网络文学蓝皮书》。
5　数据来源于国家互联网信息办公室《数字中国发展报告（2022年）》。
6　数据来源于中国作家协会网络文学中心《2022中国网络文学蓝皮书》。
7　数据来源于澎湃新闻、阅文集团《2022网络文学十大关键词》，中国社会科学院《2022中国网络文学发展研究报告》。
8　数据来源于中国社会科学院《2022中国网络文学发展研究报告》。

二、数字阅读行业版权保护与运营管理状况

（一）北上广版权纠纷高发，典型案件标杆效应明显

总体而言，数字阅读版权纠纷高发地区与数字阅读企业集中地区基本一致。目前，中国数字阅读注册企业主要分布在广东，其次为北京、浙江等地区，江苏和四川的数字阅读企业数量亦相对较多。[1] 笔者在中国裁判文书网上以"文字作品""信息网络传播权"为关键词，"2022年1月1日至2022年12月31日"为时间限定进行检索，相关版权纠纷的高发地区依次为北京（940件）、广东（862件）、上海（133件）、江苏（79件）、湖南（78件）、福建（53件）、浙江（40件）（见图4）。

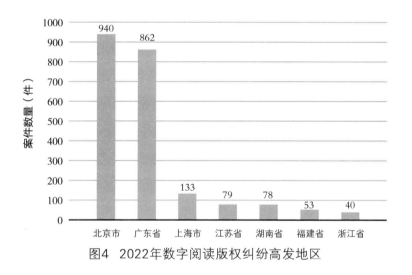

图4 2022年数字阅读版权纠纷高发地区

2022年，海南自由贸易港知识产权法院作出了首个数字阅读领域的诉前行为保全裁定，低成本、高效率地制止了知识产权侵权，防止了损害扩大。"UC浏览器"和"神马搜索"中存在大量侵犯网络小说《夜的命名术》信息网络传播权的盗版链接，并且存在诱导用户阅读盗版的行为。法院裁定进行

---

1 参见前瞻产业研究院《2023年中国数字阅读行业产业链现状及市场竞争格局分析 企业加快布局优质内容》。

诉前行为保全，责令UC浏览器、神马搜索立即对侵犯《夜的命名术》信息网络传播权的链接采取删除、屏蔽、断开链接等必要措施。该案中，法院结合信息网络传播权的稳定性，案涉作品的时效性，该侵权行为对著作权人的损害，诉前禁令的实施是否会影响被保全人的合法权益和公共利益等方面综合考虑，最终认定在该案中对搜索引擎、浏览器传播盗版内容的侵权行为采取"必要措施"具有紧迫性与必要性。[1]该案不仅在社会层面引发热烈反响，也为法院对类似案件的审理提供了借鉴，对于涉及搜索引擎的著作权侵权问题治理具有标杆意义。

（二）执法部门严厉打击，剑网行动再现成效

2022年9—11月，国家版权局、工业和信息化部、公安部、国家互联网信息办公室四部门联合开展了打击网络侵权盗版的"剑网2022"专项行动。"剑网2022"紧紧围绕迎接宣传贯彻党的二十大精神这条主线，聚焦网络重点领域，加大打击网络侵权盗版力度，查处了一批网络侵权盗版大要案件。全国各级版权执法部门共检查实体市场相关单位65.35万家（次），查办侵权盗版案件3378件（网络案件1180件），删除侵权盗版链接84.62万条，关闭侵权盗版网站（App）1692个，处置侵权账号1.54万个，版权环境进一步净化。[2]

2023年2月，国家版权局等四部门发布"剑网2022"专项行动十大案件，其中的天津谭某某运营盗版网络文学App案和浙江黄某网络传播电子书案严厉打击了数字阅读行业隐蔽的盗版行为。在天津谭某某运营盗版网络文学App案中，谭某某以合法公司为掩护，指使他人利用自行编写的"爬虫"软件从国内知名网络文学网站盗取网络文学作品1万余部，投放至自行设立的App中运营，并注册多家空壳公司通过网络平台投放广告，非法获取会员费、广告费7500余万元。侦办过程中，执法部门充分运用大数据技术，通过数据分析寻线

---

1 海南自由贸易港知识产权法院（2022）琼73行保1号民事裁定书。
2 2022年中国版权十件大事发布，网址：http://www.xinhuanet.com/politics/2023-02-28/c_1211733906.htm，最后访问日期：2023年5月30日。

追迹掌握犯罪团伙的全部网络链条，对查办类案具有借鉴意义。浙江黄某网络传播电子书案中，黄某等成立公司，通过"扒书"等形式盗取电子书，再通过电商平台销售侵权盗版电子书密钥，涉及电子书20余万部，非法经营额100余万元，该案以公司形式实施侵权盗版，组织严密、分工明确、涉案人员多、受众面广，具有严重社会危害性。该案的查办有效揭露了网上销售盗版电子书的行业"潜规则"，有效震慑了此类数字作品盗版侵权行为的嚣张气焰。

（三）事前事后协同保护，平台自治成效卓著

目前的盗版网络文学具有数量多、成本低、产业化程度高、盈利迅速的特点。盗版问题严重影响了数字阅读平台的营收，国内众多数字阅读平台也高度重视盗版治理工作，从事前、事后各环节击破盗版产业链。以阅文为例，2022年，阅文正式将版权保护提升至公司战略高度，阅文从事前技术防范、事后立体维权两方面发力推进版权保护工作，在基本解决自动化批量盗版难题、创新诉讼维权方式、推动行业反盗版战线等层面取得了重大突破。

就事前防范而言，阅文自主研发了一套更主动和高效的反盗版体系，以解决困扰行业多年的自动化批量盗版难题。阅文综合运用人工智能、大数据等10多种前沿技术，建成智能化的反盗版中台，拦截盗版网站访问攻击。反盗系统在2022年上线200多个技术策略、迭代3000多次，拦截盗版访问攻击1.5亿次，相当于每天拦截41万次盗版网站的访问攻击，在解决自动化批量盗版的难题上取得重大突破。数据显示，阅文旗下起点读书App在启用反盗系统后，每500本书的单日泄漏链接数由18万条下降至0.8万条；30日内新增用户中由盗版转化而来的用户占比高达40%；作品单章最长防护时长从48小时提升到7天，为作家打开了收入空间。"[1] 可见，阅文的反盗版技术措施直接提高了作者收益，带动了平台发展。

----

[1] 仇飞：网络文学反盗版的"三维一体"，网址：http://www.legalweekly.cn/fzzg/2023-04/27/content_8849157.html，最后访问日期：2023年6月1日。

自事后维权的角度观之，以阅文为代表的网络文学企业逐渐形成线上投诉、行政举报、民事诉讼、刑事追究等多维立体化打击网络。2022年，阅文为7万余部作品进行维权诉讼，精准打击有效盗版线索62.5万条；累计发起100多起民事、刑事案件，追踪盗版团伙20多个，打击恶意盗版者3900多人。[1]

（四）汇聚行业力量推进全民阅读，呼吁公众版权保护意识提升

2022年，数字阅读行业组织了丰富的行业活动，积极承担推动全民阅读、促进网络文明建设的社会责任，推动行业高质量发展。2022年4月23日，首届全民阅读大会数字阅读分论坛暨第八届数字阅读年会在京举行，大会以"阅读新时代，奋进新征程"为主题，发布了《2021年度中国数字阅读报告》，与会者围绕数字阅读热点话题开展交流研讨。[2]7月6日，中国作家协会联合相关行业发起《网络文学行业文明公约》，呼吁加强网络文明建设，优化网络文学行业生态，推动网络文学高质量发展。[3]

版权保护问题是数字阅读行业的沉疴旧疾。2022年数字阅读行业凝聚行业力量，积极呼吁各界加大版权保护力度，进行版权共治，有效提高公众版权保护意识。2022年5月26日，中国版权协会联合多地作家协会、多家网文平台以及多位网文作家发布倡议书，呼吁社会各界联合起来对网络文学侵权盗版行为予以曝光、公示，呼吁搜索引擎和应用市场停止侵权，共同保护网络文学的原创内容生态。与此同时，"盗版网站笔趣阁年入62亿元"登上微博热搜，盗版问题引发社会关注。[4]

1　阅文集团公布反盗版进展，一年为7万余部作品发起维权诉讼，网址：https://www.sohu.com/a/670971736_121375869，最后访问日期：2023年5月23日。

2　"阅读新时代 奋进新征程"第八届数字阅读年会在北京举行，网址：http://www.cadpa.org.cn/3271/202204/41501.html，最后访问日期：2023年7月19日。

3　网络文学界发起《网络文学行业文明公约》，网址：http://www.chinawriter.com.cn/n1/2022/0707/c404023-32468559.html，最后访问日期：2023年7月19日。

4　网文盗版损失达62亿元：522名作家联名抵制，网址：https://www.sohu.com/a/551479312_351788，最后访问日期：2023年6月15日。

（五）版权运营多元布局，IP开发融合AIGC

我国数字阅读行业在IP运营布局上均呈现出多元化趋势，数字阅读企业在优质数字阅读内容的基础上开发有声书、影视、动漫、游戏、衍生品等业务并取得了不俗的市场反响。以数字阅读行业龙头企业阅文为例，阅文以三层架构拓展内容产业链，对IP版权内容进行重塑与价值提升。第一层为IP产品立体化，旨在强化影视、游戏、动漫视觉化业务。第二层为IP大众化，即通过衍生品的发售推广使得IP形象走出屏幕，通过授权赋能消费品、潮流玩具和线下实景消费领域等，增强IP的影响力和变现能力。第三层为IP生命力延伸，力图通过作品系列化、经典化、产品衍生形态多样化等造血IP的持久生命力。[1] 具体来说，2022年，阅文与头部影视平台合作，通过影视、动画、漫画等多种形式对文学作品进行改编。游戏领域，阅文积极与外部研发商展开合作，将其自有IP内容转化为游戏。影视领域，阅文与爱奇艺等推出的《人世间》《卿卿日常》等IP改编影视作品引起了巨大反响。其中，《人世间》创下央视一套黄金档近8年收视新高；云合、酷云、猫眼及灯塔等多家专业数据平台显示，《卿卿日常》在热度值和播放量排行榜中均位列全年第一。动画领域，2022年腾讯视频上新的国产动画热度榜前10的作品中，有7部改编自阅文的IP。漫画领域，截至2022年年底，阅文与腾讯动漫合作推出了230多部漫画，并出现了多部一线作品，如《大奉打更人》《从红月开始》《全球高武》等。在此基础上，阅文搭建了IP衍生品体系的框架，并建设了专门的IP衍生品团队，在消费品、潮流玩具等领域取得突破性进展。但不同企业的IP开发侧重点有所不同，掌阅科技则更着力于对旗下IP作品进行漫画改编、短剧影视化改编。[2] 此外，元宇宙概念的兴起开拓了IP开发的新领域，2022年中文在线发布了以《流浪地球》为世界观基底打造的国内首个科幻主题元宇宙RESTART（重启宇宙）。

----

1 参见中信建投证券《阅文集团研究报告：网文龙头升维IP赋能文创产业链，打造公司成长新引擎》。
2 参见《掌阅科技股份有限公司2022年度报告》。

2022年，AIGC的发展也对数字阅读行业的IP开发产生了深刻的影响。AIGC可以助力文字作品的有声化、动漫化、影视化，降低IP变现、试错的难度和成本，缩短IP从上游到下游的变现周期，拓宽IP变现的维度，最大化释放IP价值潜能。在中文在线发布的RESTART中，AI作为一种高效的生产技术不仅大量运用于人物、道具、情节等的构建中，成为元宇宙内容生成的解决方案，也赋予玩家更丰富的玩法和更个性化的体验。[1]阅文也表示将升级AIGC赋能原创的多模态多品类内容大平台，构建新的IP上下游一体化生态体系。[2]

三、数字阅读行业发展的未来趋势

（一）从文本到生态，数字"出海"发展空间巨大

在目前政策、技术、产业多方合力的背景下，网络文学"出海"作为"创新中华文化传播路径，提升国际传播能力"的重要形式，未来还有很大的发展空间。从政策上看，在文化强国战略的指导下，国家出台了《关于进一步加强网络文学出版管理的通知》《关于推动数字文化产业高质量发展的意见》和《关于推进对外文化贸易高质量发展的意见》等文件，着力促进文化贸易规模增长和结构优化，把握数字文化发展新机遇，增强我国文化产品和服务的国际竞争力，向世界展示、推广更多中华优秀文化，提升国家文化软实力和中华文化影响力。此外，互联网技术的发展为网络文学"出海"提供了技术基础，尤其是近年来AI技术的发展大幅提高了网络文学翻译和传播的效率。例如，推文科技研究开发的全球首个网文AI翻译生产分发系统能够全自动在全网监测、抓取、翻译和发布中文小说，使行业效率提高了3600倍，而成本只有原来的1%。在推文科技网文"出海"内容开放平台funstory上，国内拥有海量网络文

---

1 参见《中文在线集团股份有限公司2022年年度报告》。
2 阅文集团宣布组织升级：成立四大事业部，建设AIGC等关键技术能力，网址：https://www.thepaper.cn/newsDetail_forward_23537219，最后访问日期：2023年6月23日。

学作品版权的公司可以实现零成本翻译生产、分发变现的全链条数字出版。[1]
从网络文学产业本身看，国内网络文学产业市场产能溢出，企业积极寻求海外
发展机会也为网络文学"出海"提供了内在动力。

我国网络文学"出海"历经版权"出海"、文本"出海"、生态"出海"三个阶段。目前我国的网络文学"出海"属于文本"出海"和生态"出海"相结合的阶段，未来网络文学"出海"将进一步拓展生态"出海"规模。版权出版即向海外出售网文版权，文本"出海"即通过网文翻译平台进行内容输出。在生态"出海"模式下，一方面，"出海"企业在海外搭建包括"创作—运营—消费"全链条的原创网络文学生态，通过签约作者或内容提供商，以及开展征文活动等本土化运营，吸引海外的网络文学爱好者创作网络文学，并从创作中获得收益，达到向世界输出网文产业生态的目的。[2] 另一方面，"出海"企业对网络文学进行IP全链条开发，实现影视、动漫、游戏、漫画、互动阅读等多形态的IP输出，进一步挖掘海外市场，扩大内容影响力。

（二）全链条运营趋势明显，版权开发深度广度不断拓展

数字阅读企业在版权内容获取、版权运营、数字产品生产与推广等方面有着显著优势，数字阅读企业利用自身优势拓展消费市场，以优质内容为基础拓展版权全链条开发的广度和深度趋势日益明显。

欧美、日本是文化产业较为发达的地区，最具价值IP排行榜前10均来自欧美和日本，其文娱产业发展体现着全球版权运营的发展趋势。在全球范围内诸多起源于文学作品的原创IP形象中，哈利·波特系列IP无疑是最为知名的代表之一。以奇幻题材的优质内容为依托，哈利·波特系列IP已经完成了多领域全覆盖的IP矩阵化布局，其内容生产涉及书籍、电影、游戏、主题公园等领域，并逐渐衍生出玩具、服饰、联名产品等众多衍生品。哈利·波特系列IP以约

1　陈莹：推文科技：AI翻译使网文出海效率倍增，网址：http://www.cbbr.com.cn/
contents/520/50982.html，最后访问日期：2023年6月15日。
2　参见艾瑞咨询《2021年中国网络文学出海研究报告》。

346亿美元的营收位列全球最具价值IP排行榜前10，其细分收入位列前5的领域分别是票房收入、衍生品销售、书籍销售、家庭娱乐、电子游戏。[1]

我国并不缺乏上游优质IP内容，不论是以四大名著为代表的中国传统文学，还是当下面向精品化方向发展的网络文学，都为IP开发提供了肥沃的土壤。但是如同哈利·波特系列IP长期维持活力的IP并不多见。如上文介绍，目前，作为我国数字阅读行业发展风向标的头部企业均对版权全链条开发运营展现出了积极进取的态度。可以预见的是，数字阅读企业将把版权全链条开发作为战略重点，在上游内容资源方面进行深耕的同时逐步扩展下游市场，拓展IP开发的深度和广度。未来，我国数字阅读行业可借鉴国外版权运营的成功经验，以中国传统文学、网络文学为依托，孵化影视、动漫、有声、游戏以及衍生消费品，进而实现IP产业链条反哺，在此良性循环下，优质IP的价值将不断提升，其影响力将扩大和延伸，我国数字阅读行业的盈利能力将得到进一步增强。

（三）AI赋能质效提升，数字阅读企业加速布局AIGC

AIGC对数字阅读行业带来了重大影响。一方面，ChatGPT的爆火触发了公众对"网文会是AIGC颠覆的第一个文娱产业吗"问题的讨论。AIGC的应用可以大幅提高作者写作效率和更新速度，但目前其质量无法保证。因此，短期来看，AIGC的应用对数字阅读领域带来的冲击可能更加集中在免费阅读板块，对于更加强调质量的付费阅读、高质量头部作者的冲击并不显著。另一方面，AIGC在助力数字阅读行业的商机挖掘、降本增效等方面有着巨大潜力，我国数字阅读行业也对AIGC表现出积极的态度，数家大厂积极"拥抱"AIGC。中文在线是国内最先布局AIGC的公司之一。2023年2月16日，中文在线公告与澜舟科技签订战略合作协议，双方将在AIGC领域展开合作，中

1　List of Highest-grossing Media Franchises，网址：https://wikimili.com/en/List_of_highest-grossing_media_franchises，最后访问日期：2023年7月21日。

文在线本身拥有丰富的海量正版内容，可以为AIGC提供核心的生产要素。中文在线推出的国内首个元宇宙产品RESTART，其中的场景、人物、道具以及配乐等全部由AIGC参与创作完成。6月19日，阅文CEO侯晓楠发布全员内部信启动新一轮组织升级，并表示公司的中长期业务蓝图，是升级AIGC赋能原创的多模态多品类内容大平台，构建新的IP上下游一体化生态体系。[1] 2022年，掌阅科技推出了个性化推荐、智能审核和TTS（Text To Speech，从文本到语音）等人工智能相关的产品和服务。[2] 可以预见的是，随着AIGC技术的发展及该技术在数字阅读企业中的广泛运用，数字阅读行业将迎来深刻变化。首先，AIGC将在创作成本、提高创作效率方面发挥不可忽视的作用。AIGC使作者能够通过自动化和智能化的方式更快速地生成文字内容，同时AI审核的应用可以提高文本审核、作品发布的效率。其次，AIGC还可以根据用户兴趣生成个性化的内容，从而为读者呈现更具个性化和针对性的阅读体验。这一特点不仅可以提高读者参与度，还可以打造更具互动性的数字阅读业态，为数字阅读行业提供新的盈利增长点。最后，AIGC将与版权全链条运营深度结合。运用AIGC生成音乐、图片、音频、视频、3D可以缩短版权孵化的周期，提高版权开发的效率。综上，伴随着AIGC的不断创新和发展，我们可以期待数字阅读领域在未来取得更加引人注目的进步。

---

1 阅文集团宣布组织升级：成立四大事业部，建设AIGC等关键技术能力，网址：https://www.thepaper.cn/newsDetail_forward_23537219，最后访问日期：2023年6月23日。
2 参见《掌阅科技股份有限公司2022年年度报告》。

2022年中国数字音乐行业版权保护与发展报告

王欣辰*

2022年，我国数字音乐市场日新月异。随着"非独家版权时代"的到来，尽管"一超一强"的竞争格局未发生根本性变动，各大数字音乐平台纷纷走上更加多元、可持续的转型升级之路。以抖音、快手为代表的短视频平台以及生成式人工智能、虚拟现实等数字技术，正越来越深度地介入数字音乐行业的发展和转型。新一轮产业变革与市场重构正在酝酿。据此，本报告立足于我国数字音乐行业的发展现状，以音乐版权为切入点，借助政府部门公开数据、行业研究、企业财报和学术论文等资料，对我国2022年数字音乐行业的竞争格局、技术应用、行业困境、保护路径、运营手段和发展趋势进行分析，以期为打造开放包容、竞争有序的数字音乐市场提供借鉴。

一、2022年中国数字音乐行业总体发展情况

（一）行业增长步伐放缓，海外市场持续拓展

在国内需求趋于稳定、经营成本持续走高的大背景下，我国的数字音乐行业遭遇下行压力，增长步伐逐步放缓。2022年，我国数字音乐市场的多项

---

* 王欣辰，中国科学技术大学。

指标呈现出下滑趋势。[1]例如，在市场规模上，2022年我国数字音乐市场规模为494.7亿元，同比下降3.4%（见图1）；在用户规模上，截至2022年12月，我国数字音乐平台的活跃用户为5.64亿人，同比下降6.4%（见图2）；从新歌数量上看，2022年华语新歌数量为101.9万首，相较2021年减少约12.6万首（见图3）。多项核心指标的下滑，可能存在以下几方面原因：第一，我国数字音乐行业正逐步走向成熟期，用户红利逐步消减，市场整体正由增量市场向存量市场转化。第二，近年来我国加大了对演艺行业的整治力度，强化了对排行打榜行为和粉丝团体的约束手段。第三，在"腾讯音乐反垄断案"[2]后，独家版权时代终结，各大数字音乐正尝试探索更加新颖、可持续的商业模式。第四，在技术的推动下，短视频平台借助自身优势（见表1），吸引了大量来自传统数字音

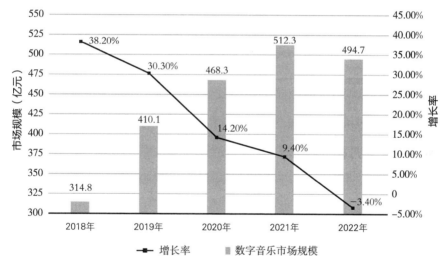

图1　2018—2022年中国数字音乐市场规模及增长率[3]

1　尽管统计口径不同，但用户规模的下降可以得到多份数据的验证。如中国互联网络信息中心第51次《中国互联网发展状况统计报告》显示，我国网络音乐的用户规模从2021年12月的7.29亿下滑至2022年12月的6.84亿。又如易观分析《2022中国数字文化娱乐产业综合分析》显示，我国音乐行业的活跃人数从2021年第四季度的9.13亿下滑至2022年第三季度的9.01亿。
2　国家市场监督管理总局行政处罚决定书（国市监处〔2021〕67号）。
3　参见Fastdata极数《2022年中国数字音乐行业洞察报告》。

乐平台的用户。第五，数字音乐用户特征趋向多元，作为新增用户主力的年轻群体更看重音乐的场景和社交属性，[1]难以实现统一引导和激励。

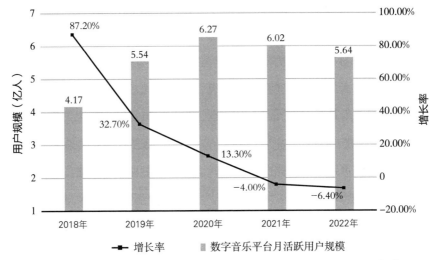

图2 2018—2022年中国数字音乐平台月活跃用户规模及增长率[2]

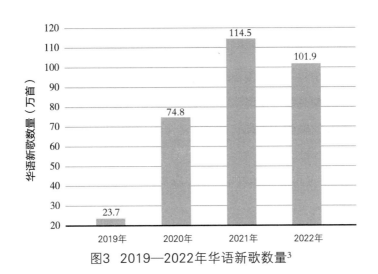

图3 2019—2022年华语新歌数量[3]

----

1 参见Fastdata极数《2022年中国数字音乐行业洞察报告》。

2 参见Fastdata极数《2022年中国数字音乐行业洞察报告》。其中对于用户规模的统计仅包含数字音乐平台，不包括提供数字音乐服务的视频平台。

3 参见腾讯音乐《2022华语数字音乐年度白皮书》。

表1 音乐平台与短视频平台的对比[1]

对比内容	音乐平台	短视频平台
代表平台	QQ音乐、网易云音乐、酷狗音乐、酷我音乐	抖音、快手、西瓜视频、哔哩哔哩
内容特征	版权覆盖率高 音乐人入住率高	版权资源持续补强 音乐人入住率高 二次创作内容量巨大
获取方式	用户自主搜索为主，个性化推荐为辅	个性化推荐为主，用户自主搜索为辅
媒介形式	音乐+评论	音乐+视频场景+评论

与此同时，我国数字音乐行业逐步加快拓宽海外市场，创新数字音乐的"出海"模式。总体而言，在政策、技术和产业的合力推动下，我国对外文化贸易规模及顺差逐步扩大，从2016年的688.3亿美元增长至2021年的1226.9亿美元。然而，在六大文化业态中，数字音乐在国际市场中的关注度和认同度处于中下游水平，其出口地域则以北美洲、南亚、西欧等地区为主，存在较大的优化空间。值得欣喜的是，越来越多的数字音乐平台将"出海"作为业务发展新的增长点。在产品方面，腾讯音乐的"出海"从具备一定用户基础的东南亚区域入手，推出了WeSing（类似全民K歌）、JOOX（类似QQ音乐）两款应用。面向旗下的本土音乐人，腾讯音乐于2022年4月26日推出了"一键出海"功能，帮助歌曲直接推送至200多个国家和地区超过150家主流媒体平台，让作品被世界听见。与此同时，字节跳动也不甘落后，其瞄准印度、巴西和印度尼西亚等地的市场，在沿用TikTok核心算法逻辑的基础上上线了音乐流媒体应用Resso，发展势头迅猛。

音乐是世界的语言，随着国内数字音乐行业的成熟，跳出国内音乐市场的"红海"转而面向海外听众，正成为我国数字音乐平台的转型重点之一。但

---

1 参见Fastdata极数《2022年中国数字音乐行业洞察报告》。

在此过程中，如何把握中国特色与地方偏好、传播效率与版权收益之间的平衡，仍是亟待各大平台和原创音乐人思考的命题。

（二）一超一强格局延续，"新人"入局大展拳脚

从平台规模上看，腾讯音乐和网易云音乐仍是我国数字音乐市场的两大巨头，但二者在发展模式上差异明显。2022年，腾讯音乐全年营收283.4亿元，其中在线音乐订阅收入增长23.5亿元，同比增长20.6%；网易云音乐全年净收入90亿元，在线音乐服务收入36.99亿元，同比增长12.4%。其中，腾讯音乐的增长主要来自对原创音乐人的投入、大规模举办在线演唱会和有效控制经营成本，如2022年第三季度，腾讯音乐的营业成本较上一年度同期的55亿元下降至49.6亿元；而网易云音乐则通过扩充头部版权、扶持原创音乐和跨界合作营销等方式实现了突破，同样在2022年第三季度，网易云音乐先后与YG娱乐、梦响强音等多家公司达成合作，推动了BIGBANG、BLACKPINK、黄子韬等多位艺人歌曲的回归。

此外，其他数字音乐平台在不断塑造自身的"比较优势"。例如，咪咕音乐在发布《2022年年度听歌报告》后，允许用户将报告中的3D虚拟形象制作成DIY视频彩铃，在通话时以独具特色的方式展示自己的年度听歌报告；讯飞音乐则凭借自身在语音AI上的丰厚积累实现了跨越式增长，其在2022年推出的"首位AI虚拟歌手Luya"以及连续多年举办的"AI公益音乐节"，在数字音乐用户中广受好评。

与此同时，一大批短视频平台和新兴音乐平台开始涉足数字音乐市场的竞争。一方面，短视频平台加入音乐用户争夺战，甚至在多项指标上实现对传统数字音乐平台的反超。例如在2022年第四季度新增的数字音乐用户中，短视频平台的覆盖率达83.7%，而传统数字音乐平台仅占71.4%。与此形成鲜明对比的是，数字音乐平台流失的用户有81.4%投入了短视频平台的怀抱，这无不展现出短视频平台对用户超强的吸附力。另一方面，汽水音乐、波点音乐等新兴平台异军突起，深受年轻用户青睐。其中，汽水音乐首创"独家首发模式"，

即向音乐人支付数额可观的费用，但仅换取一段时间内的"网络首发权"，而不再苛求达成独家授权；波点音乐追求"大道至简"，以极简的界面设计风格和独特的单曲推荐模式，为用户营造了纯粹、清洁的音乐体验。

（三）技术驱动产业变革，内容价值充分释放

版权乃技术之子。技术与产业发展的关系从来不是单向的，数字音乐产业在缔造一个个行业巨头和现象级作品的同时，也被技术深刻地塑造着。在数字技术与数字经济蓬勃发展的背景下，数字音乐作品的文化和商业价值被进一步挖掘。

一方面，线上演出走向繁荣。由于新冠疫情，线上音乐演出在2022年迎来了蓬勃发展的风口，各大数字音乐平台都对线上演出模式进行了探索。当前，我国线上音乐演出的商业化路径主要有两种：一是免费的线上演出，主要依靠广告招商、礼物打赏和周边售卖实现盈利；二是网上售票的线上演出，这种模式的变现能力取决于歌手的影响力和粉丝黏性。尽管线上音乐演出的商业模式尚未稳定，无论是罗大佑线上演唱会超过4000万的累计观看人次，抑或孙燕姿线上唱聊会结束时2.4亿次的点击，无不展现出线上演出的独特魅力。实际上，线上演出的成功背后，离不开"技术+情怀"的双重支撑。其中，VR（虚拟现实）、AR（增强现实）、MR（混合现实）等扩展现实技术的运用，最大限度地还原了观看现场演出的视听感受；4K超高清、5G网络、人工智能等技术的组合，让声画的传播效率迈入了新高度。

另一方面，虚拟偶像强势崛起。数据显示，2022年虚拟人产业的市场规模为120.8亿元，预计2025年将增长至480.6亿元。在虚拟人市场大热的背景下，各大平台也纷纷展开了虚拟音乐偶像的布局。其一，乐华娱乐旗下的虚拟偶像女团A-SOUL借助多次哔哩哔哩直播和VR演唱会，在2022年中国虚拟偶像年度Top10中位列第二，仅次于已出道十年的虚拟歌姬洛天依。其二，讯飞音乐于2022年8月26日推出了旗下的首位AI虚拟歌手Luya（露芽），讯飞运用x-vocal技术，在解构人声的基础上为虚拟歌手打造与其形象高度贴合的专

属音色，为Luya这个角色注入了"灵魂"。其三，腾讯音乐旗下的首个虚拟音乐人LUCY（鹿晓希）在2022年12月12日出道，发布了其首支音乐单曲《叠加态少女》，该作品一经上线便在QQ音乐、酷狗音乐、酷我音乐三大平台上获得了惊人的热度，并被打上了"极具自己的音乐风格"和"深受Z世代用户喜爱"的标签。

（四）版权红利大幅收紧，行业困境浮出水面

2021年7月24日，国家市场监督管理总局依法对腾讯音乐处罚50万元，并责令其解除独家音乐版权、恢复相关市场竞争状态。至此，我国数字音乐行业正式进入"非独家版权时代"。尽管"非独家版权时代"的到来在一定程度上恢复了我国数字音乐市场的竞争秩序，但也引发了新一轮的问题和更深层次的困境。在确立一种崭新的、健康的商业模式前，数字音乐平台、消费者和音乐人三者的处境很难得到根本性改善。

首先是版权方（通常为唱片公司）遭遇经营难题。在业内，独家版权往往与预付金绑定，即在音乐作品上线前就向版权方支付一笔可观的预付金，无论作品产生的后续收益如何，预付金都不退还。因此，独家版权取消的同时，版权方也随之失去了"预付金"这枚重要的砝码，容易在与平台的议价过程中处于弱势地位。这种非对称的谈判局面容易导致如下三种后果：其一，平台认为有理由降低音乐作品的授权费用，而版权方则认为作品的价值被低估了，形成沟通壁垒。其二，版权方可能通过"变相独家"的方式提高议价能力，即保持名义上的非独家合作，但仍拒绝向其他平台授权。其三，如果版权方的许可收益大幅下滑，其在发行、宣传、维权上的投入也难以维系，这些成本可能会优先转嫁到音乐人身上。

其次是平台维权动力的下滑。囿于高昂的诉讼成本，实践中，相当比例的音乐作品著作权维权案件由平台而非音乐人或唱片公司发起。但依据《著作权法》和《民事诉讼法》的相关规定，如果平台对音乐作品的许可不再构成"专有许可"，则很难认定与被诉侵权行为具有直接利害关系，也就很难

作为原告提起诉讼。此外，当音乐作品的版权开始被多方共有、独特性不复存在时，可能会酿成"公地悲剧"——音乐作品上的权益将陷入无人主张的尴尬境地。

最后是音乐人收入情况的改善困境。许多业内人士表示，取消独家版权之后，音乐人的作品流量和收入会普遍下降，但维权成本却随之提升。在独家版权时代，平台为了避免竞争对手抢占先机，往往会对作品支付一定的"溢价"；而在取消独家版权后，作品收益不确定性的风险通常会被转嫁到音乐人身上，他们也就失去了让大笔预付金落袋为安的机会。为了改善自身的处境，有不少音乐人选择用"独家音乐人合同"取代"独家版权合同"。该现象一方面让平台方承担了更多孵化优秀音乐人的职责，另一方面也可能形成新一轮的版权集聚和垄断效应。

在2022年1月对数字音乐相关企业的约谈中，国家版权局曾提议平台方采用"保底金+实际使用量分成"的许可费结算模式，这一举措为版权方、平台和音乐人探索新的商业模式、实现稳定健康的利益格局提供了新思路。

二、2022年中国数字音乐行业版权保护与运营管理状况

（一）诉讼数量保持高位，司法保障成效显著

截至2023年6月23日，以"音乐作品+数字"或"音乐作品+网络"或"音乐作品+在线"为关键词，将案件类别限定为民事案件，将时间限定为"2018—2022年"，以"著作权合同纠纷"和"著作权权属、侵权纠纷"为案由，不限制地区、法院层级、经办法院、审判程序和文书类型，在"法研灯塔实证分析平台"进行检索，共得到相关案件52495件。其中2019年的案件数量最多，高达15327件，2022年的案件数量最少，为5148件（见图4）。尽管案件数量在2022年有所下降，但仍然在各类数字版权案件中保持高位。

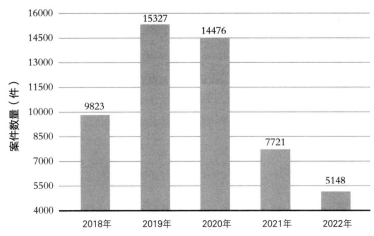

图4　2018—2022年全国法院审理数字音乐版权纠纷案件情况

在地域分布方面，2022年，广东省以2978件的数量遥遥领先，占全国数字音乐版权纠纷案件的57.85%，北京市次之，案件数量为873件（见图5）。广州作为我国流行音乐的发源地，其数字音乐总产值约占全国的1/4，其庞大的数字音乐市场和公民较强的法律意识催生了更多的版权纠纷。

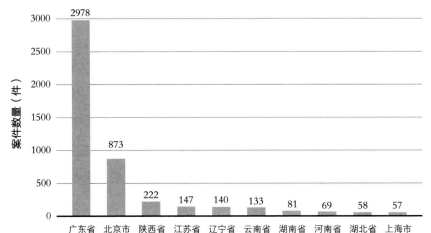

图5　2022年全国法院审理数字音乐版权纠纷案件地域分布排名前10

从审理级别来看，2022年，高达61.26%的数字音乐版权纠纷案件能够在一审顺利解决，人民法院强化音乐作品著作权保护、维护数字音乐行业公平竞争的职能进一步凸显（见图6）。

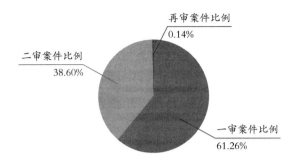

图6 2022年全国法院审理数字音乐版权纠纷案件审级情况

从案件标的额来看，2022年我国法院审理的数字音乐版权纠纷案件中89.87%的案件标的额为1万—5万元（见图7）。

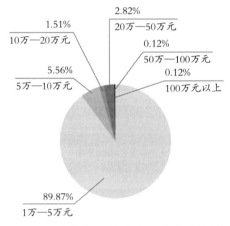

图7 2022年全国法院审理数字音乐版权纠纷案件标的额

2022年，司法机关继续压实数字音乐作品保护责任，紧跟数字音乐行业的新模式和新业态。第一，加大对短视频、直播平台等新场景下数字音乐的版权保护力度。比如在北京东乐公司诉内蒙古跆拳道协会侵害作品信息网络传播权纠纷一案[1]中，被告在未经著作权人许可、未支付使用费的情况下，擅自使用《追梦赤子心》制作了视频短片并上传至抖音账号，法院判决停止侵权并赔

---

1 内蒙古自治区高级人民法院：典型案件看这里！网址：https://mp.weixin.qq.com/s/ HuezPAByfeoCHKczL-ekiQ，最后访问日期：2023年6月23日。

偿损失1万元。第二，通过《反不正当竞争法》实现数字音乐作品的全链条保护。在咪咕音乐有限公司与淘宝（中国）软件有限公司、杭州阿里巴巴音乐科技有限公司不正当竞争纠纷案[1]中，"虾米音乐"以盗链等技术手段向用户免费提供同行业竞争对手曲库中的歌曲，法院认定其属于不正当地获得竞争优势，抢夺交易机会，构成不正当竞争，赔偿原告经济损失及合理开支共计150万元。第三，提高数字音乐案件的涉外审判水平。如在陈某与腾讯音乐娱乐（深圳）有限公司侵害录音录像制作者权纠纷案中，深圳前海合作区人民法院依法适用香港地区法律，认定原告对案涉58首录音制品享有信息网络传播权，判决被告赔偿原告经济损失174000元及合理开支34920元，在一定程度上体现了内地法律与香港地区法律的共通性，对推动两地知识产权法律规则的衔接具有重要意义。[2]

（二）执法措施包容审慎，"剑网"行动步履不停

数字音乐尤其是短视频相关的音乐作品是我国网络版权行政保护长期关注的重点领域。2022年，我国政府部门在加大数字音乐版权保护力度的同时，也特别关注执法方式的灵活性和谦抑性。2022年1月6日，国家版权局采用了约谈方式，在北京约见了唱片公司、词曲版权公司和数字音乐平台，要求数字音乐行业的各方遵守著作权法律法规、采取符合音乐传播规律、公平合理原则和国际惯例的授权模式、完善自身的版权管理制度和纠纷解决机制。[3] 相较于带有强制性、惩罚性的行政处罚手段，以批评教育、指导约谈、督促整改等为内容的柔性执法措施无疑更具灵活性和谦抑性，既体现了国家版权局对数字音乐行业包容审慎的监管逻辑，也更能实现"促发展"和"化

---

1 四川省高级人民法院（2021）川知民终2116号民事判决书。

2 深圳市中级人民法院：2022年度深圳法院知识产权十大典型案例，网址：https://mp.weixin.qq.com/s/iV0_-LYLOKdg3_Nup3VD_Q，最后访问日期：2023年6月23日。

3 国家版权局：国家版权局约谈数字音乐相关企业 推动构建数字音乐版权良好生态，网址：https://mp.weixin.qq.com/s/UEJ7bT8ue5j0SvUaTDBy7w，最后访问日期：2023年6月15日。

风险"的双重目标。

无独有偶，"剑网2022"专项行动由国家版权局联合工业和信息化部、公安部、国家互联网信息办公室如期联合展开，时间从2022年9月延续至11月。行动期间，执法部门共查办涉网侵犯著作权案件1180件，删除侵权盗版链接84万条，关闭侵权盗版网站（App）1692个，处置侵权账号1.54万个。[1] 在本次行动中，"网络音乐"被作为提升网络版权执法效能、巩固重点领域专项治理成果的重要组成部分。其中，上海与江苏联合查办了"车载U盘侵权案"。[2] 该案中，两大犯罪团伙在未经许可的情况下，从网络平台上获取大量音乐作品，并通过U盘等载体在电商平台上以几元至数百元不等的价格进行非法销售，涉案金额近1亿元，社会危害性巨大。截至2022年11月，已有35人被采取刑事强制措施。该案不仅案情复杂、数额巨大，还涉及多地区、多部门的衔接合作，其成功查办为打击网络盗版音乐和版权执法部门的跨区域执法提供了范例。

除此之外，相关部门还加快了区块链技术在版权保护领域的布局。2022年1月30日，中央网信办、中央宣传部等十六部门联合发布《国家区块链创新应用试点名单》，其中包括中国版权协会、中国版权保护中心、北京市版权局等12家"区块链+版权"的试点单位。据悉，本次"区块链+版权"试点工作旨在发挥区块链技术在促进数据共享、优化业务流程、降低运营成本、提升协同效率、建设可信体系等方面的作用，[3] 为我国的版权登记、授权管理、版权交易、版权运营等业务提供解决方案。

- -

1 国家版权局：中国打击侵权假冒工作年度报告（2022）新闻发布会在京举办，网址：https://mp.weixin.qq.com/s/AOaMuReYnwD8Pibp4p3ycA，最后访问日期：2023年7月13日。

2 国家版权局："剑网2022"专项行动十大案件，网址：https://mp.weixin.qq.com/s/QPcwCTFU1t4FGbpva1Fl1A，最后访问日期：2023年8月3日。

3 网信中国：中央网信办等十六部门联合公布国家区块链创新应用试点名单，网址：https://mp.weixin.qq.com/s/uC2ECCmsNxWbnV66AmR90g，最后访问日期：2023年7月13日。

（三）平台参与版权治理，打通正版交易渠道

随着版权保护逐渐凝聚为社会共识，我国数字音乐平台开始主动规范数字音乐付费市场，助力行业的健康发展。一方面，部分数字音乐平台尝试为需求方提供便捷、多样的商用版权授权服务。如网易云音乐先后于2022年1月和2022年7月上线了一站式Beat交易平台BeatSoul和音乐版权授权平台"云村交易所"，前者旨在解决线下Beat交易存在的容易跑单、纠纷频发等问题，[1]后者则专注于数字音乐版权的授权服务，覆盖了短视频剪辑、K歌、直播、社交、健身、广告等多样的商用场景。腾讯音乐也于2022年7月上线了"曲易买"商用音乐授权平台，其音乐作品来自制作家、S制造、繁星音乐等厂牌或公司，能够为用户提供一体化、分类式的正版音乐授权。另一方面，技术突破也为平台的数字版权治理提供了新可能。例如，腾讯音乐天琴实验室开始使用音频指纹识别技术对上传的音乐作品进行检测，该项技术可以类比为音乐创作领域的"查重措施"，可以快速识别音乐中是否存在采样行为，进而从源头上遏制作品侵权。[2]

此外，一些电商平台也加入了打击盗版音乐的队伍。曾经，在电商平台上，用户可以用低至几毛钱的价格，自由收听、下载周杰伦等知名歌手的全部歌曲。近年来，随着版权保护趋严，淘宝、京东都制定了相应的平台规则，逐步扭转了兜售盗版资源的现象。例如，京东制定了专门的《知识产权管理规范》，并规定商家出售盗版商品，平台有权视违规程度采取包括但不限于下架违规商品、降低店铺星级、店铺屏蔽、店铺清退等处理措施。[3]就连昔日"盗版泛滥"的拼多多也上线了自己的知识产权保护平台，试图建立起

1　Beat行业新风向 网易云音乐BEATSOUL解决版权纠纷，网址：http://ent.china.com.cn/qitaneir/detail2_2023_07/03/4032990.html，最后访问日期：2023年7月13日。

2　范志辉：一次有趣的意外发现，是如何终结盗版采样的？网址：https://mp.weixin.qq.com/s/LE-qegGrR4CUyMXNbB58WQ，最后访问日期：2023年6月13日。

3　京东开放平台商家违规管理总则，网址：https://rule.jd.com/rule/ruleDetail.action?ruleId=2754，最后访问日期：2023年6月13日。

严格的知识产权保护体系和健全的合作机制，巩固平台、消费者和商户之间的长期信任。

（四）行业协会积极作为，构建良性版权生态

作为我国重要的著作权集体管理组织，中国音像著作权集体管理协会（以下简称音集协）和中国音乐著作权协会（以下简称音著协）正以越来越多元的方式参与数字音乐版权的管理与保护工作。此外，中国音像与数字出版协会（以下简称音数协）作为音像和数字出版行业组织先后成立音乐产业促进工作委员会与数字音乐工作委员会，在连接政府主管部门和数字音乐产业上亦发挥了举足轻重的作用。

首先，广泛参与维权诉讼。著作权集体管理组织对纠纷解决的高质量参与，正日益成为我国数字音乐版权保护的重要力量。第一，在著作权集体管理组织参与的诉讼中，最具代表性的莫过于"中国音像著作权集体管理协会诉天合文化集团有限公司等合同纠纷案"，该案作为唯一一件司法案件入选了国家版权局发布的2022年中国版权十件大事。[1] 该案中，被告天合集团存在不兑现"三统一"的承诺、多次迟延履行结算义务等情况，致使音集协不能按时向会员单位给付版权费，法院判令解除涉案合同，由天合集团及其子公司承担违约责任，有效维护了我国著作权集体管理组织的行业职能和社会形象。第二，音集协开创的以包房为单位计算版权使用费的侵权损害判赔"新思路"已获得山东、广东、四川等20个省（自治区、直辖市）法院的支持，维护了卡拉OK行业的有序发展。[2] 第三，由音著协作为原告的"杨千嬅MY BEAUTIFUL LIVE演唱会侵权案"也产生了一定的社会影响，法院在该案中首次使用音著协公示的使用费标准（即音乐会、演唱会等现场表演的音乐著作权使用费=座位数×

---

[1] 汪舟：北京知产法院权威解读"天合案"，网址：https://mp.weixin.qq.com/s/0pJxrB7YYBEJJ4fm246pMw，最后访问日期：2023年6月15日。

[2] 中国音像著作权集体管理协会：中国音像著作权集体管理协会2022年报，网址：https://www.cavca.org/annual_reports，最后访问日期：2023年6月17日。

平均票价×4%）对侵权使用者进行了判赔。[1]

其次，积极探索行业标准。2022年至2023年5月，为促进我国数字音乐行业的有序发展，音数协制定了一系列行业标准。在宏观层面，《数字出版内容资源管理通则》（T/CADPA 39—2023）对数字音乐作品管理的原则、对象和方法提出了要求，[2]《数字内容分发与运营指南》（T/CADPA 38—2023）为数字音乐平台的内容分发、产品运营、收益结算等过程提供标准化指引。[3]具体到数字音乐行业，音数协积极推动了《音乐平台术语》（T/CADPA 26—2022）和《音乐平台歌词格式要求》（T/CADPA 27—2022）两项标准的制定与落地。结合2023年5月8日音数协发布的团体标准立项公告，该协会正从生成式人工智能技术应用、版权"出海"、数字藏品、弱势群体保护等方面加快数字音乐行业的标准化进程。[4]

最后，持续优化服务职能。从宏观数据上看，音集协和音著协的会员数量都在2022年迎来了不同程度的增长，[5]其中前者的著作权使用费收入达4.4696亿元，创下历史新高，[6]而后者的著作权使用费（明确为到账金额）约4.17亿

1　中国音乐著作权协会：演唱会组织者侵权 按音著协使用费标准被判赔偿10万，网址：https://mp.weixin.qq.com/s/aSik4ZoFR4dQx-RvNKyHrA，最后访问日期：2023年6月17日。

2　中国音像与数字出版协会：关于发布团体标准《数字出版内容资源管理通则》的公告，网址：http://www.cadpa.org.cn/3281/202304/41599.html，最后访问日期：2023年6月15日。

3　中国音像与数字出版协会：关于发布团体标准《数字内容分发与运营指南》的公告，网址：http://www.cadpa.org.cn/3281/202304/41600.html，最后访问日期：2023年6月15日。

4　中国音像与数字出版协会：关于2023年度中国音像与数字出版协会团体标准立项的通知，网址：http://www.cadpa.org.cn/3281/202305/41601.html，最后访问日期：2023年6月15日。

5　其中音集协新发展会员87家，音著协新发展会员723人，数据来源于《中国音像著作权集体管理协会2022年报》。

6　中国音像著作权集体管理协会：中国音像著作权集体管理协会2022年报，网址：https://www.cavca.org/annual_reports，最后访问日期：2023年6月17日。

元，同比减少5.6%。[1] 从具体措施上看，音集协和音著协都加快了业务数字化的步伐：音集协积极开展互联网许可和直播业务，合作对象包括快手、字节跳动、腾讯云、彩视等；音著协的工作重心则为官方App的升级整改，涉及界面设计、会员系统、身份识别和作品登记等方面的优化。此外，两家集体管理组织还承办或参与了大量与音乐版权保护相关的学术会议和行业论坛，就著作权法修改、新形势下著作权集体管理组织的问题和挑战等问题进行了研讨，努力构筑产、学、研沟通的渠道。

三、数字音乐行业版权保护与发展的未来趋势

（一）版权竞争日趋多元，平台走向长期主义

自腾讯音乐的独家版权模式被叫停后，各大数字音乐平台对音乐版权的关注点逐渐从"占有"转变为"培育"。许多平台开始积极参与音乐作品的创作和转化环节，试图摆脱传统商业模式的窠臼，寻求新的增长点与突破口，实现自身的可持续发展。

一方面，大量数字音乐平台推出了形形色色的原创音乐人扶持计划。音乐人尤其是原创音乐人作为音乐行业的核心生产力，其创作的类型、数量和水平，对我国数字音乐行业的持续发展至关重要。然而，音乐人群体在我国的生存环境却迟迟未得到充分改善，兼职人数占比高、收入满意度低、社会认同感缺失、维权难度大等问题仍然存在。[2] 为此，各大音乐平台近年来均加大了对原创音乐人的扶持力度，试图通过解决创作者的"痛点"以获取竞争优势。例如，腾讯音乐曾多次推出围绕音乐人和原创歌曲的培养计划，如亿元激励计划4.0、与Billboard合作的"中国音乐引力计划"等。在"新势力计划2023"中，腾讯音乐设置了乐队、说唱和流行三个赛道，为优质音乐人提供收入、流量、

----

1 中国音乐著作权协会：音著协2022年工作亮点，网址：https://mp.weixin.qq.com/s/lbUFcscZhPaK7JmCk04pXw，最后访问日期：2023年6月15日。
2 参见中国传媒大学《音乐人生存现状与版权认知状况调查研究报告》。

涨粉、商业合作、演出机会等全方位的扶持。[1]

另一方面，数字音乐平台的产品战略开始从"炒热曲"走向"造金曲"。音乐市场的特殊性在于，对少数金曲版权的占有构成了数字音乐平台竞争力的重要指标，具有极高的商业价值。如在中国，对以周杰伦、五月天、蔡依林等人为代表的华语乐坛黄金十年（2000—2010年）版权资源的占有率往往能成为决定用户去留的关键。金曲不同于流行一时的"热歌"，而是具有"品质底线"和"持久流传度"的优质作品。[2]进言之，对于企业而言，金曲经久不衰的播放量、传唱度，无疑能够成为平台增长的重要驱动；对于社会而言，金曲能够启动音乐行业的学习效应，发挥精神消费和文化传承的双重功能。而金曲不仅来自市场的自然选择，也根植于数字音乐平台对长期主义策略的遵循。具言之，平台打造金曲的措施主要分为两类：一类是开放性的创作培训，如网易云音乐在2022年12月举办了第四季星辰集词曲创作营，邀请华语乐坛的知名词曲作者、制作人和歌手为新人的创作提供建议；另一类是专业音乐榜单的推出，如腾讯音乐主办的"浪潮音乐榜"强调"以专业定义好音乐"，邀请百位乐坛顶级创作人评审月度好歌，为音乐艺术审美行业标准的形成作出了贡献。

总体而言，数字音乐平台对音乐作品创作、推广环节的介入，是我国数字音乐行业进一步走向成熟的表现，其背后对长期主义的遵循也有助于营造更健康的市场环境和用户审美。但这种初露头角的商业模式能否在根本上改善原创音乐人的生存状况，又是否会造成数字音乐平台"权力"的再度扩张，仍然有待观察。

（二）AI音乐时代到来，重塑音乐行业生态

随着生成式人工智能的发展，用户可以轻易通过声音克隆技术（"SO-

1　小鹿角编辑部：腾讯音乐人"放大招"：说唱、乐队、流行三大赛道齐发，发掘潜力音乐人，网址：https://mp.weixin.qq.com/s/JwLTQh5eb0XR3CHlE97J8w，最后访问日期：2023年6月16日。

2　参见腾讯音乐数据研究院《金曲研究实验：探索音乐制作的长期主义》。

VITS-SVC"模型）训练出具备目标歌手音色的声学模型，再下达指令对其他歌手的歌曲进行翻唱，AI音乐时代正悄然到来。在境外，美国国家录音艺术与科学音乐学院（National Academy of Recording Arts and Sciences）于2023年6月16日对格莱美奖的评选细则进行了更新，表示部分包含AI素材的音乐作品可以提名格莱美奖，但人类作者必须做出明显的贡献，且只有人类创作者才有资格获奖。[1] 在我国，从2023年年初开始爆红的"AI孙燕姿"的翻唱作品已累计超过1000首，远超孙燕姿本人的作品总和，"AI出来后第一个失业的是孙燕姿"词条成功登上微博热搜榜。尽管孙燕姿本人在微博上表达了对AI歌手的宽容态度，但毫无疑问，生成式人工智能已经为数字音乐行业带来了颠覆式的影响。

从积极的方面看，如果说互联网技术的发展让人人都可以成为自媒体，那么AI音乐技术的突破则让每个用户具备了成为音乐人的基本条件。当前，谷歌、微软、亚马逊、腾讯、阿里、百度、科大讯飞等企业均推出了音频类的生成式人工智能项目，许多平台不仅支持多种语言，还支持用户上传声音来训练自定义语音模型。[2] 当前，AI在音乐生成环节已能够实现一系列"骇人"的功能，包括但不限于根据旋律生成歌词、根据歌词生成旋律、转换曲风、和弦生成、音乐续写、即兴创作。可以说，生成式人工智能"让每一个人都拥有借助音乐语言，连接、理解和改变世界的力量"。[3]

从消极的方面看，音乐AI的流行也引发了全局性的法律风险。一方面，利用生成式人工智能生成音乐并进行传播，可能侵犯他人的著作权和邻接权。例如，在训练模型时使用歌手的作品音频，涉嫌侵犯音乐作品著作权人的复制

1　益佰：AI作品也能参评格莱美了，但获奖的只能是人，网址：https://mp.weixin.qq.com/s/NebozShHs7PwQdYqYren7g，最后访问日期：2023年7月14日。
2　周菁：生成式AI在视听领域的应用现状，网址：https://mp.weixin.qq.com/s/4XAoqaV5SWPZPz2lFu1juw，最后访问日期：2023年7月14日。
3　小鹿角编译组：ChatGPT给音乐行业带来的"震惊"，2023年将是生成式AI大量落地的一年，网址：https://mp.weixin.qq.com/s/e463mCPikC8TISlQYxAWwg，最后访问日期：2023年7月14日。

权、表演者的复制权和录音制作者的复制权；将生成作品直播播放/在公共场所播放并拒绝支付报酬，涉嫌侵犯录音制作者的传播录音制品获酬权。[1] 至于 AI 歌手对其他音乐作品的使用能否构成著作权法意义上的"合理使用"，学界和实务界尚未达成共识。另一方面，生成行为本身还涉嫌侵犯歌手的一般人格权。依据《民法典》第1012条、第1018条和第1023条之规定，自然人依法享有姓名权、肖像权和声音权（益）。[2] 即如果未经歌手本人授权而以其名义或形象发布"翻唱"歌曲，行为人面临侵犯他人人格权的风险。

2023年8月15日施行的《生成式人工智能服务管理暂行办法》（以下简称《办法》），确定了生成式人工智能技术发展的法律框架。《办法》第3条明确规定，"国家坚持发展和安全并重、促进创新和依法治理相结合的原则"，并"对生成式人工智能服务实行包容审慎和分类分级监管"。因此，尽管《办法》对生成式人工智能服务提供者提出了个人信息、数据安全和知识产权等方面的义务，但总体上仍对生成式人工智能的发展持积极和包容的态度。相应地，我国数字音乐行业也获得了充分利用和推广生成式人工智能技术的机遇。如何在充分释放技术价值的同时，确保数据处理、内容传播等行为的合法合规，是我国数字音乐行业尤其是音乐AI服务提供者亟须考量的问题。

（三）音乐作品频繁"破圈"，版权撬动发展势能

版权是一项综合权利，兼具创意文化和产业经济属性，涉及经济文化发展的各个方面。[3] 数字音乐作品的版权保护与发展状况不仅是衡量数字音乐行业发展水平的重要参照，其本身也会为行业乃至经济社会的发展提供动能。有

1　朱开鑫："AI孙燕姿"背后的版权迷宫，网址：https://mp.weixin.qq.com/s/fDk_ w-CqnTNsZYbgG9Q2yA，最后访问日期：2023年6月5日。
2　声音究竟属于独立的具体人格权还是人格利益，理论上仍存在争议。相关内容参见姜晓华：声音的法律属性论争与证成——我国《民法典》第1023条第2款的法教义学分析，载《北方法学》2022年第5期。
3　于慈珂：让版权更好为经济文化高质量发展助力赋能，载《中国新闻出版广电报》2023年4月13日第6版。

研究利用2005—2019年281个城市的面板数据设计了准自然实验，发现知名数字音乐产品对国内旅游经济的发展具有显著的促进效应，且这种影响不局限在本地，甚至能拉动邻近城市的旅游经济。[1]

例如，《早安隆回》这首由优质内容与开放版权共同缔造的"金曲"，就是音乐作品"破圈"后带动当地经济发展的典型案例。中国人民大学国家版权贸易基地副主任李方丽在接受采访时表示，《早安隆回》之所以可以在创作两年后翻红，甚至登上央视春晚的舞台，可以归结为"好的歌曲+好的传播方式"。[2] 综合来看，该曲取得的惊人社会效益主要源于以下几个方面：第一，该曲与短视频形式充分融合，借助抖音平台实现"破圈"。第二，袁树雄主动选择了"开放版权"，非但不对使用《早安隆回》的短视频进行追责，甚至欢迎网友进行传播或翻唱，最大程度释放了作品的社会效益。第三，《早安隆回》的"爆火"恰逢新冠疫情、世界杯、元旦、春晚等时间节点，能够以更低廉的成本获取网络中的活跃流量。截至2023年7月，"袁树雄"的抖音主页显示，《早安隆回》的全网播放量已经突破1300亿次。隆回县文旅部门统计显示，2023年春节期间，该县境内游客人数同比增长56%，旅游收入同比增长61%。[3]

又如，自得琴社在国外视频平台上产生的巨大影响力，则构成了另一种意义上的"破圈"。自2017年10月发布首条视频《琵琶语》至2023年5月，自得琴社在YouTube上的粉丝数量已突破65.1万，单条视频最高观看次数达1342万次，总观看次数近9000万次，[4] 成为在国际舞台上中国传统文化创新传播的标杆。自得琴社的"破圈"密码可能与以下因素有关：其一，持续创新的内

---

1 吕德胜，王珏，高维和：数字音乐产品与慕"名"而来的目的地旅游经济效应——一项准自然实验，载《旅游学刊》2022年第11期。
2 窦新颖：版权"金曲"唱响春晚！《早安隆回》再"出圈"，网址：https://mp.weixin.qq.com/s/lFFLVCd0XajP0UAApxSej5A，最后访问日期：2023年6月5日。
3 《早安隆回》走红后的隆回县：从"拼流量"转型到"拼经济"，网址：https://mp.weixin.qq.com/s/kEUwnMvLr3lZAx8TqV4ANQ，最后访问日期：2023年7月14日。
4 自得琴社：国风音乐出海，破圈爆红海内外，网址：https://mp.weixin.qq.com/s/pf4PsGecuegal9GTGWpI1A，最后访问日期：2023年7月14日。

容。自得琴社不仅拥有大量优秀的"二创"作品，还完成了《大夏》《长安幻世绘》等杰出的原创作品。其二，视听效果的完美融合。自得琴社的音乐视频中，团队成员会身着古代服饰并搭配绢帛质感的背景、书法形态的字幕，让中国文化和美学体验相得益彰。其三，内容题材的丰富多样。自得琴社不仅发布音乐视频，还会通过音乐会、讲座、教学等方式，积极传播中国传统的服饰文化和音乐文化。

在数字音乐作品层层"破圈"的背后，既有媒体技术跃迁带来的沉浸式体验，也有创作者为寻找不同文化圈层之间"最大公约数"所做的努力。可以预见，在促进地方经济和推动文化"出海"的大背景下，独具特色的地方音乐、形式新颖的国潮音乐将继续成为跨界传播和对外交流的重要载体。

2022年中国网络视频行业版权保护与发展报告

沈子宜*

.

随着网络视听市场规模进一步稳定，行业增速逐渐放缓，网络视频行业的发展从快速增长阶段进入发展平稳期。现阶段，主要视频平台尝试打造出独特的平台风格，调整整体发展策略，积极探索多元化的版权运营模式。本报告将详细剖析2022年网络视频行业的发展情况及其版权的保护与发展现状，以预测本行业版权保护的发展趋势，为网络视频行业未来的发展提供借鉴。

一、2022年网络视频行业总体发展情况

（一）网络视听市场规模稳中有进，市场竞争格局渐趋稳定

截至2022年12月，我国网民规模达10.67亿人，较2021年12月增长3549万，互联网普及率达75.6%。数字经济新动能持续释放，短视频用户规模首次突破10亿，用户使用率高达94.8%。[1] 网络视听超过即时通讯，成为第一大互联网应用。泛网络视听领域市场规模超7000亿元，其中短视频、直播以及综合视频成主要增量。2021年泛网络视听产业的市场规模为6964.5亿元，较2020年

---

* 沈子宜，中国政法大学。
1 数据来源于中国互联网络信息中心第51次《中国互联网络发展状况统计报告》。

增长15.9%。2022年泛网络视听产业的市场规模为7274.4亿元，较2021年增长4.4%。其中，短视频领域市场规模为2928.3亿元，占比40.3%，是产业增量的主要来源；其次是网络直播领域，市场规模为1249.6亿元，占比17.2%，是拉动网络视听行业市场规模的重要力量。[1]

综合视频与短视频竞争格局与2021年相比并无较大变化，整体格局逐步趋于稳定。短视频市场呈现出金字塔梯队式竞争格局。与2021年相比，短视频行业头部产品依然由字节系与快手系产品包揽。第一梯队为抖音、快手，第二梯队为快手极速版、抖音极速版、西瓜视频与抖音火山版，第三梯队为好看视频、微视、皮皮虾以及优喱视频。[2] 综合视频头部平台依然为爱奇艺、腾讯、优酷、哔哩哔哩与芒果TV。

（二）减量增质成为发展大方向，多元化运营产生"破圈效应"

从内容供给趋势来看，2022年各大综合视频平台更注重提质减量，降本增效，聚焦头部内容，放大精品内容价值，提升内容质量和用户体验。相比2021年，2022年全年剧集播放项目数量减少16.3%，但排名前10的作品正片市场占有率上涨7%，头部作品播放表现更为强势。全年剧集正片播放指数前10中优酷与爱奇艺各占4部，腾讯视频两部剧上榜。在悬疑题材、女性题材等细分内容上，优酷表现更为抢眼。同时，微短剧市场火热，相关数据显示，在2022年全年广电总局系统进行规划备案的微短剧已达3348部，而在2021年，全年内备案的微短剧数量仅为398部。"2022网络视听精品节目集锦"中腾讯视频入选17部作品，爱奇艺以16部作品数量紧随其后，优酷、芒果TV分别入选13部和10部。[3] 相关数据显示，2022年共上线剧集301部，比2021年减少18部，呈下降趋势。但剧集热度明显回暖，电视剧平均播映指数同比提升15.9%，网剧平均播映指数同比上涨20.7%。古装、悬疑、都市、剧情各个类

---

1 数据来源于《中国网络视听发展研究报告（2023）》。
2 数据来源于MobTech，2023年5月。
3 数据来源于灯塔专业版《2022剧集市场观察》。

型百花齐放。[1]

综合视频平台从影视作品、体育赛事、综艺节目等传统内容的播放转向多元内容输出。平台通过提供更多题材和类型的视频以及跨界联动等多元化内容运营，加强与不同品类、行业、平台的互动与合作，为用户提供更广泛的选择以满足不同群体的需求。爱奇艺、腾讯视频、优酷、芒果TV等主要网络视听平台与主流媒体双向赋能，深入开展"奋进新征程　建功新时代"重大主题宣传和"我们的新时代"主题创作展播活动，加强"首页首屏首条"建设，统筹运用新闻、理论节目等各类形式，策划实施电视剧、纪录片等重点项目，全景式、多维度、多形态地展现我国新时代历史性成就，加强舆论宣传功能。[2] 同时，短视频的兴起亦为主流媒体扩大传播影响力提供了新契机，主流媒体与短视频平台在内容、技术、渠道上深度融合，更好地发挥舆论引导作用。例如，武汉市洪山区人民检察院联合斗鱼推出了新型普法直播。网易积极与宣传部门合作，在庆祝中国共产党成立100周年大会、北京2022冬奥会等多个重大时刻推出正能量歌曲，对年轻群体进行爱国主义等社会主义核心价值观的引导。[3]

在2022年2月4日至20日北京冬奥会举办期间，各大视频平台纷纷以赛事直播、转播或推出冰雪综艺、剧集等相关衍生节目等形式参与到冬奥盛宴当中。围绕北京冬奥会，网络视频平台通过聚焦热点内容、打造"虚拟形象"等方式吸引用户关注。在内容层面，各大视频平台纷纷借势推出与冰雪运动、冬奥竞技相关的综艺节目，提升用户对体育竞技题材的触达深度和广度，营造"三亿人上冰雪"氛围。如爱奇艺的《超有趣滑雪大会》、优酷视频的《冬梦之约》等节目，均取得了不错的收视效果。在技术层面，各大视频平台依托5G、8K、AR等数字技术，通过创新运动员直播、"虚拟形象"互动等方式，进一步提升内容价值，促进用户参与。咪咕视频推出谷爱凌的"虚拟形象"Meet Gu，在演播间与观众进行直播互动，并参与多场滑雪赛事的解说，

1　数据来源于艺恩数据《2022大剧年度市场研究报告》。
2　参见《2022年网络视听发展报告》。
3　参见中国网络社会组织联合会于2022年8月1日发布的《未成年人网络保护现状研究报告》。

助力冰雪运动普及，将用户关注点由赛事本身延展至运动员故事、冰雪运动科普等方面，在挖掘内容价值的同时提升用户参与度，进而拉动平台出圈。[1]

（三）长短视频平台合作时代到来，视频"出海"热潮面临挑战

2022年，长短视频平台通过尝试开展版权合作，积极解决版权侵权问题。3月17日，抖音与搜狐视频达成合作。6月30日，快手宣布与乐视视频达成合作。7月19日，抖音宣布与爱奇艺达成合作，围绕长视频内容的二次创作与推广等方面展开探索，爱奇艺向抖音集团授权其内容资产中拥有信息网络传播权及转授权的长视频内容用于短视频创作。[2] 9月，抖音公布"二创"激励计划，活动期间平台创作者可使用"爱奇艺影视内容精选"片单创作视频，参加活动的视频下添加了内容对应的影视综艺标签，标签详情页可以跳转爱奇艺播放，缩短流量转化路径。短视频平台作为数字版权领域的新兴产业，加强与长视频平台的版权合作以合法获得更多长视频版权授权。长短视频平台合作将成为解决短视频平台版权侵权问题的重要方式，为优质短视频内容创作与传播提供充分保障，为用户创造良好的使用体验，对行业版权治理和共赢发展具有积极意义。[3]

2022年8月中共中央办公厅、国务院办公厅发布的《"十四五"文化发展规划》提出提升文化贸易国际竞争力，大力发展数字文化贸易。[4] 在此背景下，腾讯视频和爱奇艺通过一系列爆款剧集以及内容差异化的打法，过去几年

---

1 2022年2月视频行业用户洞察：冬奥吸引全民关注拉动平台出圈，综合视频用户规模回升，网址：https://36kr.com/p/1669822376293385，最后访问日期：2023年6月26日。

2 爱奇艺和抖音集团达成合作，开启长短视频共赢新模式，网址：https://www.iqiyi.com/kszt/news2022071901.html#:~:text=%E4%BE%9D%E6%8D%AE%E5%90%88%E4%BD%9C%EF%BC%8C%E7%88%B1%E5%A5%87%E8%89%BA,%E7%94%A8%E4%BA%8E%E7%9F%AD%E8%A7%86%E9%A2%91%E5%88%9B%E4%BD%9C%E3%80%82，最后访问日期：2023年6月28日。

3 2022年中国版权十件大事发布，网址：http://www.xinhuanet.com/politics/2023-02/28/c_1211733906.htm，最后访问日期：2023年6月28日。

4 参见《2022年音视频社交出海市场研究报告》。

在东南亚一路"高歌猛进"。2021年，《你是我的荣耀》热播，YouTube上相关剪辑片段播放量超过1500万次。近两万人在海外最大的亚洲影视资讯网站My Drama List上给该剧打出8.8分的高分，与现象级韩剧《黑暗荣耀》仅差0.1分。2022年，腾讯视频和爱奇艺在东南业的华语爆款剧数量骤减。除了《星汉灿烂》和《卿卿日常》，几乎没有出现产生出圈效应的影视作品。

而Disney＋、Amazon Prime等国际流媒体巨头也开始将目光聚焦于东南亚。[1] 相较于国际流媒体巨头，国内综合视频平台在海外市场上的内容规模较小。据不完全统计，截至2022年10月，包括爱奇艺国际版、腾讯WeTV和芒果TV国际版等多家平台海外版内容总量仅1500余部。与之形成鲜明对比的是内容量庞大且在国际市场上具有绝对影响力的美国影视平台。截至2022年12月，Amazon Prime影视剧数量高达9668部，Netflix在线影视剧数量为8807部，Disney+的影视剧数量为1450部。同时，我国"出海"视频平台的国际化程度相对较低，其中约90%的内容为国产影视剧。虽然提供了字幕、配音等译配服务，但"出海"视频内容的国际化程度较为有限。相较之下，上述美国影视平台的节目源自其本土的比例分别占3%、32%、69%，呈现出内容多样化且具备较高的国际化水平。[2] "出海"视频平台面临着各国的监管环境、版权制度以及审核标准各异的困难。

二、2022年网络视频行业版权保护与运营管理状况

（一）探索新型版权侵权案件审理规则，算法推荐平台责任进一步明晰

通过在中国裁判文书网高级检索中输入条件——"案由：侵害作品信息网

---

1 "中国老公"失宠东南亚，爱奇艺和腾讯视频出海路漫漫，网址：https://mp.weixin.qq.com/s/oKYE1Nf_u_bqHsuu-zH8ZQ，最后访问日期：2023年7月3日。
2 我国长视频平台"内容＋平台"联合出海路径日益清晰，网址：https://new.qq.com/rain/a/20230216A028KO00.html，最后访问日期：2023年7月1日。

络传播权""全文：视频""文书类型：判决书"进行检索发现，2022年侵害作品信息网络传播权案件共6384件，其中网络视频著作权纠纷案件共2737件（见图1）。相较于2021年，无论是侵害作品信息网络传播权案件量，还是网络视频著作权纠纷案件量，均有所下滑，但网络视频著作权纠纷案件占全部涉网著作权纠纷案件比例却有所上升。

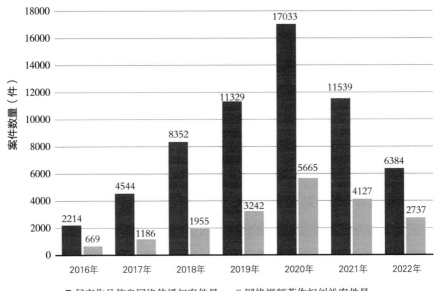

图1 2016—2022年侵害作品信息网络传播权案件量

面对不断涌现的作品新形式，相关审理规则逐步确定。在首例智能机器人网络直播侵权案中，杭州互联网法院通过对直播模式中的机器人形象、直播话术、直播页面等各项元素能否得到法律保护进行了分析。法院认为，虚拟数字人作为一种人工智能技术的具体应用和多个技术领域的集合产物，某种程度上仅是作者进行创作的工具，其不具有作者身份，不享有著作权和邻接权；虚拟数字人表达了作者美学选择和判断的可构成美术作品，使用虚拟数字人制作的相关视频则可构成视听作品、录像制品；而真人驱动型虚拟数字人背后的"中之人"则可能构成《著作权法》中的表演者。[1] 在首例人机互动视听作

----

1 杭州互联网法院（2022）浙0192民初569号民事判决书。

品著作权侵权案[1] 中，浙江省杭州市中级人民法院对人机交互智能生成物是否具备著作权法上的独创性这一问题，从画面呈现状态、上下衔接、体现的画面感，结合人机交互生成内容表达空间等角度进行综合判定，最终认定"窗花剪剪"作为人机交互形成的视听成品构成作品。

在层出不穷的网络视频侵权案件中，被告多为视频平台。对于诉争行为，被告平台多会以避风港规则以及技术中立原则为抗辩事由。2022年以来，对于此类案件的审理，法院逐步加重了视频平台对平台内部UGC内容的注意义务与审查义务，例如短视频平台需要对算法推荐承担责任等。[2] 2022年3月1日实施的《互联网信息服务算法推荐管理规定》进一步规范了平台算法推荐责任，规范算法发展与使用、抑制算法滥用等现象，针对具有"舆论属性或者社会动员能力"的算法推荐服务明确了建立算法分级分类安全管理制度和针对性监管要求，落实"以主流价值导向驾驭算法"。北京爱奇艺科技有限公司诉北京字节跳动科技有限公司侵害信息网络传播权纠纷案系全国首例短视频平台算法推荐侵权纠纷，该案对短视频平台的算法推荐注意义务，以及提供基础网络接入、自动传输、自动存储的网络服务提供者的侵权责任等进行明确认定。[3] 在字节跳动公司等诉腾讯公司等侵害信息网络传播权纠纷案[4] 中，杭州中级人民法院认为网络服务提供者对于其所提供的算法推送结果中的短视频是否为侵权视频，应承担更为严格的注意义务。在北京爱奇艺科技有限公司与广州虎牙信息科技有限公司侵害著作权及不正当竞争纠纷案[5] 中，北京知识产权法院认为判断直播平台是否履行注意义务需要结合直播平台是否就其直播内容进行分类及分类意图、涉案直播间所处频道、位置以及涉案直播间直播涉案电视剧的

---

1 浙江省杭州市中级人民法院（2021)浙01民终12535号民事判决书。

2 为算法推荐发展树立法治路标 | 专家解读《互联网信息服务算法推荐管理规定》，网址：https://mp.weixin.qq.com/s/V1QHEPhE-2z6VUVe5mbgFQ，最后访问日期：2023年7月1日。

3 江苏省无锡市中级人民法院(2022)苏02民终4040号民事判决书。

4 浙江省杭州市中级人民法院（2022）浙01民终3098号民事判决书。

5 北京知识产权法院（2021）京73民终4439号民事判决书。

频道、热度等因素进行综合考量。在"深圳市腾讯计算机系统有限公司等诉北京微播视界科技有限公司等侵害信息网络传播权及不正当竞争纠纷案"[1] 中，陕西省西安市中级人民法院认为短视频平台有义务对其平台内发生的侵权行为进行管控和治理，并且应利用各种技术措施对用户上传的内容进行管理。

（二）聚焦重点领域，版权监管力度不减

2022年1月27日，国家版权局、工业和信息化部、公安部、文化和旅游部、国家广播电视总局、国家互联网信息办公室联合印发《国家版权局等关于开展冬奥版权保护集中行动的通知》，明确2022年1月至3月着力整治未经授权非法传播冬奥赛事节目的行为，重点打击短视频平台公众账号未经授权提供冬奥赛事节目盗播链接、集中批量传播冬奥赛事节目的行为，网络主播在直播中未经授权传播冬奥赛事节目的行为。[2] 集中行动期间，全国各级版权执法部门共出动执法人员18.5万人次，推动网络平台删除涉冬奥侵权链接11.07万个，处置侵权账号10072个，有效保证了冬奥会期间的版权保护秩序。[3]

国家版权局、工业和信息化部、公安部、国家互联网信息办公室联合组织开展打击网络侵权盗版"剑网2022"专项行动，开展短视频专项整治，集中对超授权使用传播他人作品、未经授权对视听作品删减切条、改编合辑短视频等侵权行为进行打击；加强对网络平台版权监管，坚决整治滥用避风港规则的侵权行为，压实网络平台主体责任，及时处置侵权内容和反复侵权账号，便利权利人依法维权；持续加强对院线电影、网络直播、体育赛事的版权保护，不断提升网络版权执法效能。"剑网2022"专项行动共清理违规短视频235万余

---

1 陕西省西安市中级人民法院（2021）陕01知民初3078号民事判决书。

2 参见孙悦：《多措并举 构建版权保护长效机制》、张辉：《北京冬奥会版权保护举措与成效》、严波：《北京冬奥会版权保护工作回顾及思考》，载《版权理论与实务》2022年第4期"北京2022年冬奥会版权保护专栏"。

3 赵晓雯："剑网2022"行动下半年启动 去年共关闭盗版网站、App1066个，网址：http://news.china.com.cn/2022-04/26/content_78188470.html，最后访问日期：2023年7月19日。

条，处置处罚违规主播、短视频账号22万余个。与此同时，地方对院线电影、网络直播、影视作品等领域都进行了重点监管，网络版权执法的效能得到不断提升。湖北武汉针对违规主播的行为，共封禁了367名违规主播，处理了1199个违规直播间，以及3754个违规用户账号。湖南邵阳等地对"小影吧"、酒店等场所未经授权营利性使用影视作品的行为加大了执法检查力度。在福建地区，针对网络直播和短视频等开展了专项整治活动。四川地区也对短视频等领域进行了重点检查，以维护版权方的合法权益。

2022年，国家版权局加大重点作品版权预警力度，共公布10批62部重点作品版权保护名单。各地通过网络巡查等方式加强对重点网站的版权监管监测。北京针对重点作品预警名单向各平台及时发布预警信息，以提醒相关平台注意版权保护。上海累计监测重点作品网络传播链接39.2万条，总体通知下线率超过90%。福建重点对视频制作企业进行预警，针对"洗稿"和"换皮"等侵权行为进行监测和处置。

（三）作品批量授权，构建视频行业版权合作机制

短视频中最为突出的"二创"侵权并非视频行业版权治理难题的"病根"。长视频手握版权资源，但在短视频领域的传播能力相对有限；短视频平台在传播和吸引用户方面更具优势，但对于版权的控制相对较弱。由此导致短视频创作者经常未经授权使用他人作品，致使短视频侵权问题频发，不同视频平台间产生商业利益分配冲突。短视频侵权治理的根本在于，面对短视频"二创"的蓬勃兴起，如何建立一个多方参与的商业机制，使得短视频平台、长视频平台、版权方以及"二创"创作者之间达成共赢，成为行业发展的新方向。这可能指向一种更加灵活的版权授权方式，使得长视频平台可以更好地与短视频平台合作，共同推动优质内容的传播。对于短视频创作者，提供更多合法合规的创作素材，可以激励他们创作原创内容，避免侵权行为的发生。

2022年，抖音率先与搜狐达成合作。抖音获得搜狐全部自制影视作品和综艺节目的"二创"授权，抖音平台内容创作者可以对《法医秦明》《匆匆

那年》等搜狐海量版权作品，进行5分钟之内的剪辑、编排或改编。此种长视频版权方向短视频平台批量授权大量正版作品的合作模式，相当于双方建立了开放互惠的长视频版权库。通过相对开放的影视剧版权生态，让创作者可以在合法合规范围内制作"二创"短视频，进一步推广宣传影视作品等长视频。同时，在抖音与爱奇艺的合作中，爱奇艺将向抖音集团授权其内容资产中拥有信息网络传播权及转授权的长视频内容，包括"迷雾剧场"在内的诸多优质剧目，进行短视频创作。抖音集团旗下抖音、西瓜视频、今日头条等平台用户都可以对这些作品进行二次创作。双方对解说、混剪、拆条等短视频"二创"形态作出具体约定，将共同推动长视频内容知识产权的规范使用。

短视频平台通过行业合作、获得授权的方式保护版权，避免视频侵犯他人知识产权。长短视频平台则建立了视频侵权监控制度以降低侵权风险，例如抖音的原创者联盟计划与哔哩哔哩的UP主版权保护计划。据统计，2019年1月至2021年5月，82.5%的原创短视频作者选择通过向平台举报的方式维权，平台在原创作者维权过程中起到重要作用。而针对12426版权检测中心受委托监测的影视综艺及体育赛事等作品，主流视频平台"通知—删除"的治理成功率也超过98%。[1]

（四）多元化版权运营管理，拓展平台服务新场景

2022年年初，多家网络视听平台宣布全面升级会员权益，为付费会员提供从文娱视频内容到生活多场景的"一站式"服务。通过多元化的版权运营管理增加用户黏度。网络视听平台陆续与汽车品牌合作，推动车内移动影院场景落地，将娱乐生活延伸至出行空间。2022年1月，爱奇艺发布适配于车载端的App，同时宣布与一汽大众达成合作，在车载应用商店提供下载服务。[2] 2022年6月，芒果TV宣布与十余家车企品牌展开合作，共同探索车载屏视频娱乐服

---

[1] 数据来源于《2021年中国短视频版权保护白皮书》。

[2] 车内秒变移动影院！爱奇艺App"上车"一汽大众，网址：http://www.techweb.com.cn/news/2022-01-28/2876290.shtml，最后访问日期：2023年6月28日。

务，通过车载系统内的芒果TV客户端，让用户畅享平台热门节目。[1]

同时，综合视频平台正在积极打造全方位观看影视作品的套餐和立体观剧场景。为了提供更加个性化的观影体验，平台为会员用户配备了各种弹幕头像挂件和特殊效果选项，用户可以根据自己的喜好和兴趣进行定制，从而在观影过程中增添乐趣和互动性。不仅如此，综合视频平台还将官方周边的售卖有机地融入影视剧的讨论区和播放画面，为用户购买相关产品和衍生品提供更多选择。用户在观看影视作品的同时，可以轻松获取官方授权的周边商品，如周边海报、人物立牌、服装等，平台在丰富观众观剧体验的同时，也为影视作品的品牌推广提供了有效途径。综合视频平台正致力于不断提升用户体验，为用户提供多元化多场景服务的同时也能够创造更多商业交易机会，通过官方周边售卖等方式，为影视作品的宣传推广和商业运营创造更多可能性。

三、网络视频行业版权保护与未来发展的趋势

（一）各平台通力协作，构建"破墙""破圈""破界"的共荣生态圈

短视频满足了观众"高效"了解复杂视频内容的需求。在短视频平台上，对影视作品的二次创作成为一种常见的内容分类。2021年腾讯优酷爱奇艺等发表联合声明，将对侵权剪辑影视作品发起维权，短视频二次创作的话题引发各界关注，长短视频之争引发各方主体的担忧。长视频版权拥有方认为其版权受到了侵犯，夺走了其流量，而短视频平台观众也担心二次创作内容的消失。但是短视频此种二次创作在剧作的宣传推广上也发挥了重要作用，它使得内容的传播性大为增加。不仅如此，一些冷门作品在短视频平台上受到关注，也起到了为综合视频平台引流推广的效果。

---

1 爱优腾芒争夺汽车终端，车载视频娱乐成新风口，网址：https://lanjinger.com/
d/188923，最后访问日期：2023年6月28日。

长短视频达成合作，建立了先授权后使用的机制，体现了对知识产权的尊重和保护，是推动影视内容知识产权使用规范化的重要一步。长视频平台通过确立授权使用机制，展示了对其版权资源的尊重和保护，同时也有利于网络视频资源的宣传和推广。这一合作机制使得长视频平台能够盘活片库资源，提升增值空间，对于长视频平台的发展具有重要意义。对于短视频平台和创作者而言，获得授权让二次创作合法合规，名正言顺，降低了法律风险。创作者得以合规使用各类视频资源，不仅避免侵权争议和风险，还获得了更多的创作素材，进而拓展创作空间，激发创作者的才华与潜力，激励其创造更多精品内容，更好地满足受众的观看需求。这种合作机制为全行业的发展带来积极影响，促进了影视内容创作的繁荣与创新。

长短视频侵权纠纷的批量和解标志着网络视频共荣发展的良好开端，这为网络视频行业提供了一个妥善的版权解决方案，从而优化了网络视频的创作生态，实现创作者、版权方和用户的共赢。通过打破割据、实现互联互通，建立一个同时严格保护知识产权、兼顾公共利益和激励创新的平台，同时确保各方公平合理的利益分配机制。在此基础上，实现不同平台之间的包容与并行，从而进一步实现可持续发展，更好地满足消费者的视听需求。

（二）扎根中国传统文化，"国风"视频"出海"成新模式

国务院2022年1月印发的《"十四五"数字经济发展规划》支持我国数字经济企业"走出去"，积极参与国际合作。文化和科技的融合为我国文化产业带来了新的机遇，为其发展注入了新的动力，同时也开启了文化"出海"的全新模式。这种融合不仅是提升全球文化竞争力的重要突破口，更是为我国文化产业的可持续发展开辟了广阔前景。

根据海外专业影评网站"烂番茄"的评分，中国传统神话故事题材电影《哪吒之魔童降世》获得了80%的好评度，同时观众满意度达到100%。该电影在越南、澳大利亚、新西兰等地取得了近十年来华语影片最佳成绩。此外，影视剧的海外传播已经突破传统类型如古装和青春偶像，进入了文化影响力扩大

的新阶段。年代剧《人世间》在开拍仅1个月后，版权已被美国一线流媒体平台Disney+收购。[1]

相关数据显示，在TikTok上，中国传统文化相关的作品内容日益受到海外用户关注，如"汉服"（hanfu）话题下的短视频内容，浏览量已突破3亿次。作为四大文明古国之一的中国，凭借深厚的文化底蕴和丰富的文化内涵，正在社交媒体平台上吸引着世界更多的目光。北京市文化和旅游局在海外平台上推广系列短视频《京·粹》，收获了上百万国外"驴友"的关注。以非遗题材为例，TikTok上的时评内容涵盖了水墨画、传统戏剧、传统手工艺等门类，包括非遗传承人生活、非遗项目的传承等多重视角。这些文化元素赋能视听内容开发，使中华文化在海外有效落地。截至目前，TikTok上非遗相关内容视频播放总量逾308亿次。随着短视频的兴起，非物质文化遗产的传承和发展迎来了崭新的时代。诸如武术、竹编、榫卯、皮影戏等几近淡出主流生活和公众视野的非遗文化，在短视频平台上焕发出新的生机与活力。这些非遗文化成功"出海"，在海外拥有了众多粉丝，成为传播优秀中华传统文化的新载体。[2]从非物质文化遗产到中国的美景美食，从功夫绝技到民族音乐，富有内涵与历史沉淀的中华传统文化为短视频"出海"开启了全新的模式。同时，海外平台中规模庞大、题材多样且富有创意的优质短视频，让更多海外观众深刻体会到中华文明的厚重感与时代感。

（三）AR/VR 技术成视频平台发展新风口，初显直播新业态

在全民直播风口下，将虚拟现实与直播技术集于一身的VR直播"破圈"而出，受到业界瞩目。用户坐在家中就能"身临其境"般地观看一场新闻直播、演唱会或体育赛事。5G、VR终端的普及大大降低了VR直播的门槛，相较于其他直播，VR直播大大提升了视频内容输出的流畅性，以及用户互动氛

---

1 参见《中国数字文化出海年度研究报告（2022年）》。
2 参见《2022年非物质文化遗产在海外短视频平台上的影响力报告》。

围渲染方面的体验感。以直播、短视频起家的平台企业率先将VR直播纳入了重点布局板块，很大程度上弥补了VR视频内容的短板。抖音、快手、哔哩哔哩、爱奇艺等皆已陆续开设VR直播、VR视频相关的功能板块。快手宣布全面支持全景4K视频和直播播放。[1] 2022年9月中旬，"2022爱奇艺iJOY悦享会"上，爱奇艺发布了"全域沉浸项目《风起洛阳》VR"。项目以电视剧《风起洛阳》为故事背景，结合实景、角色扮演、真人演绎等多元形式，打造了虚实融合的线下"全感"沉浸式VR娱乐体验。玩家通过VR穿戴设备体验，体验互动式的全域沉浸国风朋克的神奇之旅，让用户可以身临其境地感受影视剧情，参与到角色的世界中。通过技术创新加持丰富的内容，打破传统观影方式的界限，为用户带来更加丰富多样的观影体验。除此之外，爱奇艺还宣布推出AR应用，并先后与AR眼镜品牌Nreal和雷鸟Air达成合作。[2]

VR直播是"赋能产业，降本增效"的结果。而VR直播的普及，本质上也是一个降本增效的过程。以往，VR设备造价成本高，网络延迟大，用户体验多停留在初级阶段。而如今5G网络以及消费级头显设备的普及，让用户可以以更低的成本体验VR内容和应用，各行各业也能借助VR直播赋能，以更高效的方式进行行业拓展。2022年4月、5月，歌手王晰和郑钧分别在Pico平台举办了虚拟演唱会，这是Pico首批面向公众的8K、3D、VR互动实时直播，歌曲定制化的舞美视效，为观众带来了全新的观演方式与沉浸式视觉体验。

1　火爆出圈，围观VR直播那些事儿，网址：https://mp.weixin.qq.com/s/kL2D1O6Su-V1wev6fWfQvA，最后访问日期：2023年7月3日。

2　AR、VR频频发力　爱奇艺的"科技+内容"这张牌还要怎么打，网址：https://mp.weixin.qq.com/s/muk0vJUotrNRQXNof19gSQ，最后访问日期：2023年7月3日。

2022年中国网络新闻行业版权保护与发展报告

刘艳花　冀一冰★

网络新闻具有多面化、多渠道等特点，在视听感受、互动交流方面给读者带来了崭新体验。《"十四五"文化发展规划》强调了网络新闻行业建设的重点和加强版权保护的必要性，要求加快推进媒体深度融合发展，健全全媒体传播体系。同时，其也指出应当强化新闻信息采编转载管理，规范网络转载版权秩序。2022年国际国内大事频发，网络新闻行业整合媒介资源、创新报道形态、运用高新技术，生产了众多优质新闻，提升了国际传播能力。基于此背景与发展趋势，本报告围绕网络新闻行业展开研究。

一、网络新闻行业总体发展情况

（一）行业规模稳步扩张，营收模式日益多元

网络新闻行业在规模和营收模式方面呈现出稳步上升和日益多元化的趋势。首先，网络新闻用户数量稳步上升。一方面，截至2022年6月我国网络新闻用户规模达7.88亿人，较2021年12月增长1698万人，增长率为2.2%，占网民

★ 刘艳花，中国人民大学国家版权贸易基地；冀一冰，吉林大学。

整体的75%（见图1）。[1] 另一方面，2022年9月中国移动互联网新闻资讯月活跃用户规模达6.95亿人，用户使用总时长在网络服务中占比7.3%。[2]

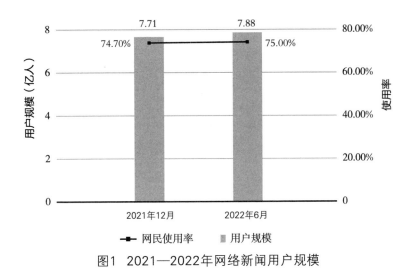

图1　2021—2022年网络新闻用户规模

其次，网络新闻主体规模稳中有升，类型不断丰富。在信息服务单位的数量上，互联网站增幅较小，应用程序增幅明显，自媒体总数和增幅均位居第一。在信息服务单位的类型上，新兴主体如论坛、博客、微博客和直播平台等的加入，进一步拓展了新闻传播渠道。截至2023年3月31日，经各级网信部门审批的互联网新闻信息服务单位总计3469家，具体包括：互联网站1909个，应用程序3199个，公众账号8365个（见图2），论坛97个，博客17个，微博客3个，网络直播21个，其他48个，共计13659个许可服务项。[3]

主流新闻媒体方面，生态格局基本保持稳定，中央广播电视总台、人民日报和新华社传播效果位列前三。截至2022年年底，8家央媒共有18款新增下载量过百万次的自有App产品，超1200个第三方平台活跃账号。[4] 商业新闻媒体

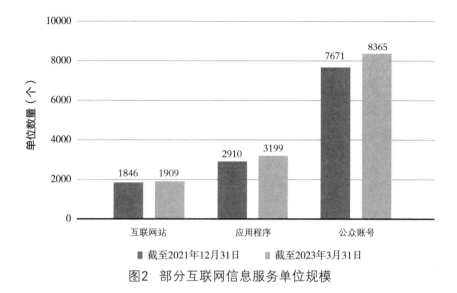

图2 部分互联网信息服务单位规模

方面，聚合平台成为行业主流，今日头条、腾讯新闻、新浪新闻三强鼎立。新闻聚合平台融合各途径的新闻资源，并通过智能推送手段实现个性化分发，占据行业主导地位。在用户规模、月人均使用时长方面，今日头条稳居第一，新浪新闻、腾讯新闻位列其后。

在盈利模式上，广告收入仍为网络新闻媒体主要盈利来源。2022年中国互联网广告市场规模达到6639.2亿元。其中，泛资讯广告占比14.6%，共计969.3亿元。[1] 随着移动互联网行业下半场入局，用户结构逐渐稳定，流量竞争也更为激烈。基于此，网络新闻媒体由传统的广告营销模式转向更加多元和创新的营销模式，通过网络新闻平台创新融合媒体生态，助力品牌赋能。例如，在沃尔沃品牌宣传中，新浪新闻策划了原创节目与行业大咖对话，利用高端资源联动拉升品牌调性。后续新浪微博实现"破圈"宣传，扩大受众群体提升了影响力。[2] 通过新浪新闻与微博协同合作，网络新闻媒体成功地融合了用户规模、消费场景和情感共鸣，充分发挥了聚势营销的价值潜力。

---

1 数据来源于QuestMobile《2022中国互联网广告市场洞察》。
2 参见艾瑞咨询《新浪新闻生态聚势营销价值研究报告》。

用户订阅、知识付费、新闻电商等多元收入模式拓宽了网络新闻媒体营收渠道。在数字广告增长乏力的情况下，网络新闻的经营更加依赖于高品质的新闻内容，并受益于读者逐渐增强的版权保护意识。具体而言，新闻付费订阅正在成为高质量媒体的可持续盈利方式。以财新为例，截至2022年7月，财新付费订阅用户已经攀升至85万人，位居全球第九，较2021年上半年增长了21%。[1] 为了更好地满足用户需求，各个内容型新闻媒体也在尝试打破单一媒体边界，三联、财新、南方周末纷纷推出联合会员服务，提供全面信息拓展会员群体。此外，由于知识付费相对于新闻付费更加容易实现，网络新闻媒体开始积极开发知识付费产品，将自身积累的历史、文化等知识领域高品质内容整合利用，推动媒体进入更大的内容产业，如南方周末自主研发打造具有自身特色的精品课程广受用户喜爱。同时，网络新闻媒体打造出"新闻+电商"的扩展融合型盈利模式。许多用户在做购物决策时会主动搜索商品相关资讯，网络新闻媒体借机通过自创平台或为电商网站提供导流入口，将自身积累的读者基础转换为消费用户。例如，央视网商城打造了集新品发布、互动体验、导购交易于一体的综合性电商平台；网易新闻则下设网易商城提供网游直充、彩票购买、团购及个性印品定制等多种服务。多样化探索为网络新闻媒体带来了更多的商业机会。

（二）媒体平台对接合作，文字视频并驱争先

数字时代，网络新闻逐渐与数字媒体平台展开形式互动和逻辑互嵌。截至2022年6月，微博、抖音、快手、哔哩哔哩四大平台上共有8028个媒体号，平均粉丝数量为138万人，百万粉丝账号数量占比19.5%，千万粉丝账号数量占比2.8%。[2] 网络新闻的生产编辑、内容分发与用户接收的各个环节不断与平台

1　财新成为英美之外全球最大付费媒体 订阅用户攀升至85万，网址：https://baijiahao.baidu.com/s?id=1738136548871280193&wfr=spider&for=pc，最后访问日期：2023年6月23日。

2　数据来源于中国互联网络信息中心第50次《中国互联网络发展状况统计报告》。

交融合作，呈现了多元化、多形式、多平台的新业态，逐渐实现与平台对接的转型发展（见图3）。

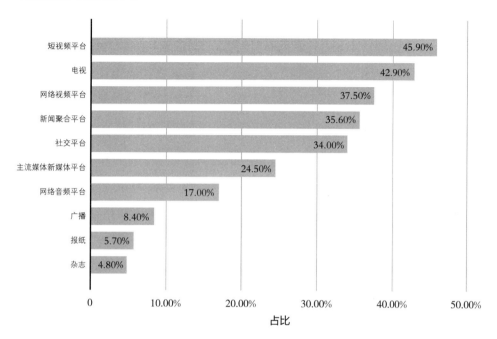

图3 获取新闻资讯的媒体类别占比[1]

网络新闻生产环节多元数字化得以实现。随着全媒体传播体系的建立，新闻内容的表达形式变得更加丰富，除了传统的图文新闻，新闻博客、新闻短视频等形式日渐普遍，网络新闻的采编过程也逐步优化。新闻生产流程更加高效，"一次采集、分类加工、多元生产、分众传播"的生产形式已成为常态。具体而言，该生产形式是将特定素材导入数据库，媒体各类传播渠道按需进行二次加工，生产出各种形态的新闻产品，从而实现新闻信息的多级开发。随着新闻媒体与平台的互动融合，网络新闻在内容呈现上更加多元化。相较于传统新闻视频，新闻短视频更加强调凸显事件的戏剧化冲突，注重背景音乐和特效，呈现出去语境化、极度放大性的特点；而新闻播客则以主播的讲述和观点

---

1 数据来源于中国网络视听节目服务协会《中国网络视听发展研究报告（2023）》。

为主，相对来说更具有主观性。[1] 随着社交媒体平台的发展，网络新闻生产主体更加多元，用户发布内容也成为网络新闻的重要组成部分。数据显示，目前今日头条入驻账号总数超过237万个，除了主流专业媒体，还包括业内大咖、行业领袖、明星名人等内容创作者，他们发表了内容更广泛、更贴近生活的新闻内容。[2] 这种新闻生产方式，使得新闻媒体能够更好地适应数字时代的要求，提供更加多样化、多层次的新闻内容，满足用户的不同阅读需求。

网络新闻分发环节更加注重价值导向。2022年，算法推荐新闻不仅局限于今日头条、抖音等平台，而且扩展到部分主流媒体。然而，算法推荐新闻会参考用户的兴趣偏好，过于关注"准不准"，缺乏关心"对不对"。因此，标题党和低质量新闻很可能取代严肃新闻的传播地位，使用户容易陷入算法构建的"信息茧房"之中。为了防止算法推送出现的价值偏差，主流媒体尝试为算法注入主流价值导向。例如，人民日报社通过"党媒算法"革新内容标签体系；中央广播电视台的"总台算法"在多个环节强调算法的价值取向，优化推送内容指标，以算法向善驱动智媒向善。[3]

网络新闻用户接收环节沉浸体验感不断增强。VR、全息投影等技术的应用使得沉浸式新闻逐渐成为现实，实现了感官在场、情绪在场、交互在场的效果。在感官上，新闻媒体通过360度全方位视角、计算机动画等技术构建虚拟空间，让用户获得身临其境的体验。在情绪上，网络新闻行业增添情感要素，唤起用户的情感共鸣。例如，人民日报在2022年建军节发布视频《帅出天际！第一视角军旅"大片"来了》，选取第一视角的素材并运用剪辑效果，激起读者对中国发展成就的自豪感。[4] 此外，网络平台的互动属性也提升了用户的参与积极性。在新闻报道的同时，用户可以通过点赞、转发、分享等方式对新闻

1　新闻创新实验室研究团队：2022年全球新闻创新报告，载《新闻记者》2023年第1期。

2　参见今日头条，巨量算数，Kantar《2022今日头条营销价值洞察报告》。

3　张志安，田浩，谭晓倩：专业媒体与互联网平台的"常态接合"——2022年中国新闻业年度观察报告，载《新闻界》2023年第1期。

4　人民日报客户端：帅出天际！第一视角军旅"大片"来了，网址：https://wap.peopleapp.com/article/6820850/6688737，最后访问日期：2023年7月5日。

进行二次传播和诠释。

（三）增进国内外媒体合作，提升我国国际传播能力

党的二十大报告指出，要"加强全媒体传播体系建设，塑造主流舆论新格局"。报告还强调要"讲好中国故事、传播好中国声音，展现可信、可爱、可敬的中国形象"。为实现这一目标，2022年网络新闻行业积极联合国际媒体展开横向合作，并加强国内媒体纵向合作，持续生产优质新闻。

一方面，网络新闻行业不断加强国内外组织合作。在国际上，持续强化与英国、美国等国家的媒体合作，并逐渐将合作范围拓展到巴基斯坦、老挝等共建"一带一路"国家。通过开展多地区同步报道，确保国内重大事件能够及时传播，以提高新闻报道对外传播的覆盖范围。在国内，央视总台与地方各级新闻媒体展开深度对接。2022年，央视总台为提升新闻内容生产效率成立了江苏和江西总站。各地市也推进全媒体四级架构建设，多部门联合下发《关于推进地市级媒体加快深度融合发展实施方案的通知》，重点加强市级和县级地方媒体的建设与合作。此外，网络新闻行业不断推进跨界运营"新闻+"战略。通过融合服务的方式在提供新闻报道的同时发挥更广泛的链接作用，以肩负起更大的社会责任。

另一方面，网络新闻行业聚焦热点事件传播中国声音。2022年，网络新闻媒体针对冬奥会、卡塔尔世界杯、党的二十大、神舟发射等事件生产了大量优质新闻报道。党的二十大期间，总台报道数据刷新多项传播纪录，首次实现覆盖全球233个国家和地区，总台党的二十大相关报道在自有平台跨媒体总触达252.01亿人次。总台直播信号和大量新闻素材被全球133个国家和地区的1818家海外主流媒体转播报道超4.2万次。[1]冬奥会期间，网络新闻媒体多平台全方位报道赛事。央视频北京冬奥会端内外总播放量超31.82亿次，App累计下

----

1 李雪昆：党的二十大期间报道数据刷新多项纪录，网址：https://baijiahao.baidu.com/s?id=1748893185390299782&wfr=spider&for=pc，最后访问日期：2023年9月7日。

载量突破4亿次。[1] 咪咕视频通过邀请知名冬奥运动员参与赛事解说等方式，增强了赛事解说趣味性，提升了用户观赛体验。[2] 此外，微博还开展了"我是火炬网络护跑手"等活动，超过4000万人在微博平台为火炬护跑。[3] 通过加强国内外媒体合作，网络媒体行业将持续推动中华文化走向世界，以加强和完善我国国际传播能力建设。

二、网络新闻行业版权保护与运营管理状况

（一）新闻转载配图侵权频现，司法实践明确图片保护规则

在中国裁判文书网中，以"侵害作品信息网络传播权"为案由、"新闻"为关键词进行检索，检索到2022年涉及网络新闻的司法案件共1961件，公开的案件总数相较于前两年有所回落。[4] 其中，1407件网络新闻纠纷案件发生在北京市，占比超过70%，而第二名的上海仅有183件。究其原因，北京是我国政治、经济、文化中心，新华社、央视新闻、人民日报等官方新闻媒体，今日头条、新浪新闻、网易新闻、腾讯新闻等新兴互联网媒体，以及各类自媒体等新闻媒体集聚，行业龙头企业、互联网企业众多，更易产生相关类型纠纷。

自2021年6月1日修改后的《著作权法》正式实施以来，网络新闻能否构成作品的界限更加明确，即单纯事实消息不构成作品，而加入作者创造性劳动的新闻报道则享有著作权，这也意味着未经授权转载构成作品的新闻报道将侵犯作者的著作权。当前，网络新闻转载已经成为媒体运作的常见方式，修改后

---

1 重磅！2022中国应用新闻传播十大创新案例发布 | 全景式呈现媒体深度融合实践成果，网址：https://www.thepaper.cn/newsDetail_forward_20314563，最后访问日期：2023年6月20日。

2 参见中国互联网络信息中心第50次《中国互联网络发展状况统计报告》。

3 参见中山大学互联网与治理研究中心、复旦大学媒介素质研究中心《2022中国网络传播年度创新报告》。

4 2021年为2787件，2020年为3852件，数据来源于中国裁判文书网，最后访问日期为2023年8月16日。

的《著作权法》能够有效维护新闻作者及新闻单位的权利，而新闻媒体在转载网络新闻时也更倾向于获取事先授权以降低侵权风险，大幅减少了新闻报道的作品属性争议以及转载新闻作品的著作权纠纷。

当然，新闻转载的图片侵权依旧是网络新闻行业的"顽疾"之一。在山东互联网传媒公司诉北京优图佳公司侵害作品信息网络传播权纠纷案中，被告公司在其转载的网络新闻中直接使用了原告的作品作为配图，从而被原告起诉侵权。即使被告抗辩声称，其所转载的文章为新闻报道、图片为原稿件配图，且被告公司转载时并不知情，法院仍然判决被告侵犯原告作品的信息网络传播权。[1] 产生此种现象的原因在于，新闻文字部分与图片的著作权相互独立，往往需要分别获得授权许可，而新闻转载的个人或单位在获取授权许可时常忽视配图的版权问题。即便转载者在转载新闻时获得了原文授权，但由于原文作者不享有图片的著作权，或者原新闻在发表时获得了图片作者的授权却无权进行图片的转授权，从而导致媒体在后续转载的过程中侵犯图片作者的著作权。此外，实践中还出现了转载者与图片作者或经销商签订了单独的图片合作协议，但因后者不享有著作权而承担侵权责任的现象。譬如在北京美好景象图片有限公司与广州坚和网络科技有限公司侵害作品信息网络传播权纠纷案[2]中，被告获得了第三方公司的授权许可，但因为第三方公司并未获得原告的图片著作权授权，从而导致被告在转载新闻报道时因使用原告配图而侵权。

为解决此类新闻报道转载使用原图的侵权问题，法院创造性地认可了新闻转载平台与图库公司的概括授权协议效力，为转载者解决新闻配图授权问题提供了新思路。在视觉中国诉新浪网侵犯作品信息网络传播权纠纷案中，北京市高级人民法院认为，新浪网与视觉中国签订了图片授权合作协议，虽然新浪网在转载其他网站报道时一并转载了来自原告方的配图，在图片来源上并不符合传统的授权使用方式，但新浪网本身已经取得视觉中国的概括性授权，因

---

1 北京知识产权法院（2022）京73民终295号民事判决书。
2 北京互联网法院（2022）京0491民初10189号民事判决书。

而新浪网转载新闻时一并转载原告图片的行为并不侵权。[1] 当前，"概括性授权—再使用—后结算"已经成为互联网平台建立授权合作的基本模式，司法实践认可了平台创新建立的许可模式效力，为网络新闻行业探索新的授权机制提供了指引。

（二）行政保护推进专项整治，规范网络新闻传播秩序

2022年，行政机关针对网络新闻行业虚假新闻、版权侵权等问题，继续加大整治力度，规范网络新闻市场竞争秩序。国家版权局在《版权工作"十四五"规划》中指出，推动新业态新领域版权保护；强化新闻信息采编转载管理，规范网站转载行为和网络转载版权秩序。2022年9月，国家互联网信息办公室、工业和信息化部、国家市场监督管理总局联合发布《互联网弹窗信息推送服务管理规定》，针对弹窗新闻乱象，强调未取得互联网新闻信息服务许可的单位不得弹窗推送新闻信息，新闻单位不得超范围转载，不得歪曲、篡改标题原意和新闻信息内容等。同时，中央网信办在全国范围内开展了为期3个月的"清朗·打击网络谣言和虚假信息"专项行动，针对疫情防控、突发事件、社会民生等领域谣言问题，督促指导网站平台加强监测查证，全面排查整治。截至2022年11月24日，微博、腾讯等重点网站平台关闭造谣账号共计5400余个，有力打击了自媒体造谣传谣行为。[2] 2022年，中宣部联合中央网信办等12个部门继续纵深推进打击新闻敲诈和假新闻专项行动，惩治了一大批利用舆论监督、删稿撤帖、虚假新闻信息等进行敲诈勒索的犯罪人员，处置了一批非法新闻采编的平台与网站，取缔了一大批假冒新闻单位的媒体记者站，从源头保障了新闻的真实性、时效性，有力维护了新闻行业的传播秩序。[3] 此外，国家版权局等四部门继续开展"剑网2022"专项行动，强调要继续持续加强新闻作品版权保护力度，提升网络执法效能。总体而言，"剑网2022"专项行动共

---

1 北京市高级人民法院（2021）京民再110号民事判决书。
2 数据来源于中央网络安全和信息化委员会办公室官网。
3 参见国务院办公厅官网。

删除侵权盗版链接84.62万条，处置了1.54万个侵权账号，进一步净化了网络版权环境。[1]

行政执法对未经许可擅自转载新闻信息大力查处。网信办约谈违规转载新闻信息自媒体，如自媒体公众号在转发"定兴好人"候选人事迹时，擅自增加了投票环节违规转载，约谈后自媒体公众号立马删除相关内容。[2] 与此相似，赣州某公众号也未经许可擅自转载新闻信息，且篡改标题引起公众误解。赣州市网信办依法查处了该公众号，责令其限期整改并停更7日。冬奥会赛事版权集中保护行动，也体现了行政保护的力度。集中行动打击非法转播等行为，共出动执法人员18.5万人次，删除相关侵权链接11.07万条，处置侵权账号1.01万个，维护了冬奥版权保护秩序。[3]

（三）平台持续强化新闻版权保护力度，凝聚合力提升行业维权水平

为有效保障新闻的真实性，减少新闻传播过程中的版权侵权现象，新闻媒体与互联网平台持续强化行业自律，加大虚假新闻整治力度，提升网络新闻版权保护水平。

一方面，平台加大了对虚假新闻信息的防治力度，今日头条持续开展辟谣类创作者扶持活动"谣零零计划"，微信官方"谣言过滤器"公众号制作辟谣日报等内容，抖音也设立了相应的辟谣专区。2022年，今日头条累计处理虚假谣言92万条，处罚违规账号4万多个。抖音则上线了"验证确知"功能，对热点事件或者存在争议的视频信息，提供时间脉络等参考信息。此外，平台在不断完善内部举报处理机制的同时，积极开展行业协作，与各方合作共建谣言样本库，为虚假信息鉴别算法提供数据基础。

1　数据来源于国家知识产权局《二〇二二年中国知识产权保护状况》白皮书。
2　网信定兴：【网络执法】定兴网信办对违规转载新闻信息自媒体进行约谈，网址：https://www.thepaper.cn/newsDetail_forward_17031025，最后访问日期：2023年6月30日。
3　国家版权局：2022年中国版权十件大事，网址：https://www.ncac.gov.cn/chinacopyright/contents/12227/357345.shtml，最后访问日期：2023年6月30日。

另一方面，网络新闻媒体内部竭力实施规范发展与打击惩治并重的举措，构建网络新闻版权保护网，持续加强作品全流程版权保护。媒体通过完善事前版权合作与内容发布审查机制，有效规避侵权风险。例如，人民日报与视觉中国合作建立"人民视觉网"，以提升图片版权保护水平、拓展版权交易渠道，实现创作者高效率收益转化。[1] 今日头条作为新闻聚合网站，则积极与多家媒体开展版权合作，获取内容正版授权。同时，新闻媒体也通过健全侵权监测与处理机制，及时解决侵权纠纷。人民日报旗下的"人民版权"平台能够为用户提供免费版权登记、自助授权交易、智能侵权监测、梯度司法服务等，为原创新闻报道的版权保护提供了一站式版权保护与管理服务。微信公众平台2022年累计为近3900万篇文章提供了原创标识，处置滥用原创文章达70余万篇，永封18900个低质账号的原创功能，有力维护了原创作者的合法权益。[2]

此外，网络新闻媒体还凝聚多方力量，不断强化网络新闻版权合力保护。早在2017年，新华社、人民日报、中央广播电视总台等10家中央新闻单位共同成立了中国新闻媒体版权保护联盟，在强化新闻版权管理、促进版权合作和支持成员维权方面扮演重要角色。该联盟研发了"媒体融合链"，已有45个节点和2650332个区块，能够提供版权存证、版权检测、侵权取证、违法举报、维权诉讼和授权交易等服务。[3] 截至2023年7月，媒体融合链共计监测新闻稿件超过10.31亿篇、新闻图片超过2.31亿张。累计监测到3788万个疑似侵权作品。[4] 在2022年召开的中国互联网法治代表大会上，"媒体融合链"作为法律科技成果案例代表，入选2022年国家区块链创新应用试点名单。2022年4月，在第22个世界知识产权日来临之际，抖音、哔哩哔哩等11家互联网企业共同发起联合倡议，号召加强企业诚信建设，完善企业知识产权合规体系建设，

---

1 人民网：版权合作页面，网址：http://gonggao.people.com.cn/GB/431942/index.html，最后访问日期：2023年7月10日。
2 数据来源于微信《2022年微信第三方版权保护报告》。
3 数据来源于中国新闻媒体版权保护联盟媒体融合链官网，日期截至2023年8月16日。
4 数据来源于中国新闻媒体版权保护联盟媒体融合链官网，日期截至2023年8月16日。

提升知识产权保护效率。

（四）保质增效深度挖掘新闻价值，多元运营实现媒体创新发展

2022年，新闻媒体着力关注社会时事、深度参与热点话题，以优质的新闻作品为核心，探索新闻作品的一体化运作与传播，打造全媒体传播矩阵，实现媒体资源的跨层整合，持续拓展新闻价值的深度与广度。在北京冬奥会期间，央视频独家推出新媒体产品"8K VR沉浸式观赛"，并创新性推出《闪闪发光的少年》《冬奥青年说》等原创新媒体节目等，多元化呈现冬奥精彩，推动央视频北京冬奥会端内外总播放量超31.82亿次，App累计下载量突破4亿。"浙江宣传"则是以优质内容宣传中国声音的又一典型代表。"浙江宣传"以普通人的视角平视现实，自2022年5月22日上线以来，截至10月11日，发布285篇文章，生产280篇原创文章，其中有168篇阅读量突破10万次，占比58.9%，《嘲讽"小镇做题家"是一个危险信号》《历史不会浓缩于一个晚上》等文章在移动端热传，引起读者的共鸣。江苏省广播电视总台打造了原创融媒体内容产品"荔直播"，形成"网络直播+电视直播+短视频"的运作方式，覆盖了电视端和互联网端的多个平台，实现大小屏积极互动，融合矩阵传播。截至2022年10月15日，"荔直播"总点击量超240亿次，荣获中国新闻奖等多项大奖。深圳广播电影电视集团积极开拓创新，主动开展移动化传播转型，以新闻传播、精品创作和体系重构为突破口，打造了以深圳卫视为龙头的全媒体矩阵和众多新媒体产品，深入推进全媒体融合运营。截至2022年年底，深圳广电实现全球全网覆盖用户规模近14亿人，为其他省市的广电集团转型作出了表率。

三、网络新闻行业版权保护与发展的未来趋势

（一）人工智能驱动自动生产，媒体坚守准确真实底线

近年来，5G、超高清视频、人工智能等技术的飞速发展，持续赋能媒体革新，为新闻行业发展带来了颠覆性机遇。AI技术的成熟颠覆了现有内容生产

模式，在大幅降低成本、缩短创作时间的同时极大地提升了创作与传播效率，而虚拟主播播报新闻、5G+VR直播也成为行业日常。2022年9月，百度在万象大会上发布多项AIGC技术工具，包括"创作者AI助理团"以及"百度App数字人计划"，后者可为媒体及创作者定制真人孪生数字人，并依据文本即时生成数字人口播视频，实现AI驱动24小时轮播。[1] 2023年2月，澎湃新闻、每日经济新闻等30多家媒体宣布接入百度开发的生成式人工智能"文心一言"，在新闻创作、传播中运用人工智能提速增效。可以预见，未来人工智能技术将持续推动新闻行业内容创作与传播模式的转型升级，加速网络新闻行业的智能化发展进程。

当然，AIGC在网络新闻行业的广泛应用可能带来两方面问题：一是AI生成新闻的真实性与准确性问题。AIGC的核心内容由人类主导，为博取流量，AI可能成为某些不良媒体创作虚假新闻或误导性报道的工具。譬如2022年3月，外国视频网站流传的有关乌克兰总统的视频，后被认定为人工智能深度伪造内容。[2] 从目前行业实践看，保障新闻的真实性与准确性是新闻媒体的底线，无论该假新闻是人工创作或者为AI生成，政府与行业本身都会持续加强对虚假新闻、谣言信息的监管，有效保障宪法赋予社会公众的知情权、监督权。二是AIGC带来的新闻作品著作权侵权问题。由于AIGC需要通过大数据运算得出最终的内容，在此过程中一旦未经许可使用他人有版权的新闻作品，将陷入侵权困境。同时，AI创作的新闻能否满足作品属性并受到著作权法保护，目前并未形成统一意见。在此前提下，未经许可转载AI创作的新闻是否属于著作权侵权行为也有待考量。虽然目前司法实践尚未出现涉及AI生成新闻的著作权纠纷，但AI技术发展带来的新闻作品著作权问题却不容忽视。对此，可以预见，国家将会出台更加严格的监管措施，以应对AI发展带来的伦理与侵权问题，同

---

1 内容来源于2022万象·百度移动生态大会。

2 参考消息：俄乌总统假视频引发对"深度伪造"技术关注，网址：https://baijiahao.baidu.com/s?id=1727878647740160472&wfr=spider&for=pc，最后访问日期：2023年7月13日。

时，行业也将持续探索海量新闻作品和AI生成新闻的授权方式，完善相应的使用准则，从而有效保障AI技术在新闻领域的使用合法合规。

（二）智能算法重塑分发模式，平台严守推送价值取向

如今，用户的新闻界面越来越呈现出"私人定制"的特点，今日头条将"你关心的，才是头条"作为宣传标语，一点资讯则将"为你私人订制的资讯客户端"作为标语。实现新闻与信息对用户的精准投放，离不开算法推荐的应用。从技术层面而言，系统能够根据用户的浏览记录和阅读爱好，自动推荐内容，实现了用户需求的精准定位。然而，算法推荐的过度使用也存在多重风险。第一，由于技术本身的复杂性和媒体机构、技术公司的商业政策等原因，用户难以把握算法推送机制的运作逻辑、算法意图，导致其既难以杜绝算法设置传播议程的行为，也难以对算法本身进行监督。此外，算法也因为过度迎合用户偏好而弱化了新闻的公共性，导致用户陷于算法创造的"信息茧房"。另外，算法推送还可能造成新闻的同质化、低质化创作。在算法推送的计算模式下，新闻创作者很可能趋向于流量竞争，在利益驱动下批量生产符合用户兴趣的类似内容。随着个性算法在新闻分发中的普遍运用，平台的角色也从消极中立的第三方转变为积极参与的传播者，这也意味着网络新闻平台的注意义务应当随之提升。因此，基于网络新闻行业健康发展以及保障社会公众文化权利的角度考量，无论是国家层面还是平台自身，对平台算法的监管力度必然持续逐步增强。2022年3月1日，《互联网信息服务算法推荐管理规定》正式开始实施，以深入推进互联网信息服务算法综合治理，积极促进算法推荐服务规范健康发展。在新闻领域，《互联网信息服务算法推荐管理规定》重点强调不得生成合成虚假新闻信息，或者传播非国家规定范围内的单位发布的新闻信息。在政策指引下，平台将进一步加强算法监管，优化算法推荐的权重配比，更好符合国家层面对算法的监管要求。由于新闻行业涉及我国舆论环境建设，未来，网络新闻监管逐渐从"党管媒体"转向"党管数据"，并迈向"党管算法"。总之，用户不仅希望新闻在数量上增长，而且在内容上要保证真实

且高质量。平台算法的价值导向将成为未来平台算法改进的关键因素，在保障新闻质量的同时，严守主流价值取向，确保用户获得真实、多样化且具有公共性的新闻内容。

（三）社交媒体成为传播重镇，共享合作创新授权机制

社交媒体基于庞大的用户数量，已经逐渐发展成为全功能应用，覆盖信息、视频、娱乐和支付等功能。随着年轻用户通过社交媒体查看新闻的比例逐渐扩大，媒体通过互联网平台发布新闻获取用户并完成变现的能力持续增强。在未来，新闻媒体将更倾向于在哔哩哔哩、抖音等视频平台率先发布新闻，从而吸引更多年轻用户关注。事实上，已经有许多明星、记者在视频网站上拥有较高人气，2022年多位央视记者在哔哩哔哩的粉丝数量过百万，央视也鼓励总台记者在社交媒体发声，通过新的方式与年轻受众建立联系。当然，对新闻媒体而言，如何在复杂的平台环境中探索新闻报道传播与变现空间成为新的挑战，优质的新闻内容、多元的表达形式、全媒体融合运营的策略仍然是其版权运营的核心。可以预见，网络新闻媒体将不断健全平台全媒体传播运营体系，进一步探索新闻内容的跨平台融合，顺应行业发展新趋势。

当前，各类互联网平台已经成为网络新闻传播与媒体开展版权运营的重要空间，新闻聚合平台、短视频平台、社交平台等均积极参与其中。在融媒体时代，新闻作品涉及众多权利人，包括文字作者、图片作者、新闻媒体和互联网平台，利益交织复杂，如何合理分配新闻内容产生的价值是当前解决多方利益冲突的关键。长期以来，作为传播渠道的平台在议价中占据优势地位，而新闻内容创作者则试图通过行业协会联合维护自己的合法利益。在博弈中双方已经意识到，开展深化合作是最优路径。从行业现实角度而言，传统的新闻作品授权模式难以适应当前海量新闻作品的授权需求现实，因此，寻求作品新的授权许可方式成为网络新闻行业实现健康发展的当务之急。对此，在现有合作的基础上，平台通过进一步加强与新闻媒体之间的版权合作关系，通过签订许可协议获得新闻媒体的一揽子授权，不失为一种更好的方式。同时，网络新闻行

业也呼唤着更加完善的版权交易体系，建立并推广新闻作品版权线上交易平台将成为行业发展的新方向。随着新一代年轻用户群体知识付费意愿的增强，网络媒体可以建立或加入新闻版权线上交易平台，为新闻版权授权提供便利途径，破解传统授权模式的版权困境，并在新闻创作、分发过程中完成变现，实现经济效益与社会效益的双赢。

（四）媒体持续扩展多元收入，技术措施助力版权保护

广告一直以来都是网络新闻媒体的重要收入来源，近年来，面对广告收益持续缩减的现实，网络新闻媒体将把精力更多地集中于新闻作品本身的版权运营上，包括提升用户订阅收入、开展版权转载授权等。未来，媒体可能通过降价、特别优惠等方式展开价格竞争，并通过增加服务类型拓展收入模式。在内容方面，除传统的"文字+图片"新闻外，新闻媒体也会更加重视音频、视频新闻和数据新闻的创作、分发。媒体试图通过多样化的新闻表现方式拉近与用户的距离，与用户建立更深层次的联系，从而获得更为稳定的订阅收入与流量。同时，新闻朗读也将变得更加"人性化"。目前，人工智能模仿人类声音的技术已经成熟，未来更加自然的人工智能"记者"播报将逐步取代现有的机械声音。此外，随着我国在国际社会话语权的提升，网络新闻的国际传播范围正持续扩大。但在国际市场中走出传递中国声音、传播中国价值观念的新闻版权运营的道路仍然挑战重重，需要我国新闻媒体特别是主流传媒的带领与探索。通过总结国内新闻创作与传播经验，参考借鉴其他国家的商业传播模式，提升环境与发展等国际新闻新兴议题的报道传播力度，我国新闻媒体能够在国际上发出更多的中国声音、贡献更多中国力量。

在智媒时代，随着技术措施与新闻作品版权保护持续融合，网络新闻版权保护也逐渐从"人工治理"走向"智慧治理"，从事后救济走向事前预防。区块链技术具有公开透明、不可篡改、来源可追溯的特点，能够在内容传播的过程中追踪检测，为新闻作品提供全方位版权保护。目前，我国已有司法判决肯定了区块链证据的效力，并总结了此类证据认定效力的基本规则。未来，

区块链将会进一步在版权侵权纠纷中发挥作用，全国统一技术标准和管理规范的司法区块链也将逐步建立。同时，新闻媒体也可以强化技术措施保护力度，加强对原创新闻作品的管理和保护，进一步通过技术手段解决技术发展带来的问题。

2022年中国网络动漫行业版权保护与发展报告

洪诗涛＊

2022年中国网络动漫行业市场规模持续增长，在创作端追求高质量发展，在运营端寻求新业态赋能，在"出海"层面成效与挑战并存。针对网络动漫版权侵权的规律性特点，司法实践与行政执法合力确保行业良性、有序发展。网络动漫版权运营管理方面的新策略有望增强国漫盈利能力，优质国漫IP的运营模式亦为行业发展树立了标杆。中国网络动漫行业在市场竞争格局、作品创作与版权运营、版权保护等方面都展现出新趋势。

一、2022年中国网络动漫行业总体发展情况

（一）发展概况：市场规模稳步增长，多方合力共促发展

2022年我国传统网络动漫行业的市场规模稳步增长。[1] 据有关数据统计，2022年我国网络动漫内容市场规模达342.1亿元，其中网络动画市场与网络漫

＊ 洪诗涛，中国人民大学。
1 传统网络动漫行业在市场上细分为网络动画市场、网络漫画市场。

画市场规模分别达285.8亿元[1]和56.3亿元[2]，较之2021年度的市场规模，[3] 增长率分别为16.7％和23.5％（见图1）。与此同时，随着网络动漫行业不断延伸既有产业链条、持续开发新商业模式、深入推进多元行业合作，市场上出现的新型网络动漫内容盈利模式也日益产业化，新兴网络动漫行业日趋形成。其中，虚拟偶像产业最令人瞩目。[4] 艾媒咨询数据显示，2022年中国虚拟偶像核

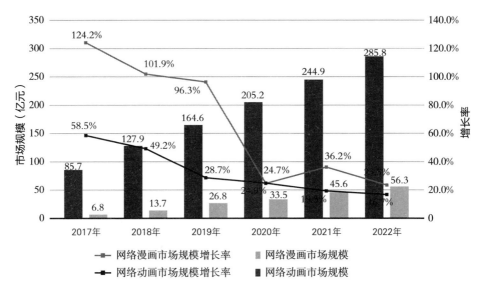

图1　2017—2022年中国网络动漫行业（含网络动画、网络漫画）
市场规模及增长率[5]

1　数据来源于《光明日报》2023年7月22日09版。
2　数据来源于观研数据中心《中国在线漫画市场发展态势分析与投资战略调研报告（2023—2030年）》。
3　数据来源于艾瑞咨询《2020年中国动漫产业研究报告》。
4　虚拟偶像在类别上分为二次元虚拟偶像、超写实虚拟偶像、数字孪生虚拟偶像。鉴于目前虚拟偶像产业的大部分收入主要通过基于二次元虚拟偶像（虚拟UP主、虚拟歌手）的商业模式获得，故本报告将其作为与传统网络动漫行业（以动画或漫画的制作发行、版权授权、衍生变现为主要产业布局内容）相对的"新兴网络动漫行业"，或者称为"网络动漫行业的新兴业态"。关于二次元虚拟偶像的创收在各类虚拟偶像总体创收中的占比，参见艾瑞咨询《2022年中国虚拟偶像行业研究报告》。
5　数据来源于国家版权局网络版权产业研究基地《中国网络版权产业发展报告（2021）》、艾瑞咨询《2020年中国动漫产业研究报告》、《光明日报》2023年7月22日09版、观研数据中心《中国在线漫画市场发展态势分析与投资战略调研报告（2023—2030年）》。

心市场规模为120.8亿元，同比增长94.2%；带动周边市场规模为1866.1亿元，同比增长73.6%（见图2）。[1] 值得注意的是，目前虚拟偶像核心市场规模大部分来自二次元虚拟偶像的创收。[2]

图2　2019—2024年中国虚拟偶像核心市场和带动周边市场规模及增长率[3]

　　在需求端，网民对以动漫内容为主体的二次元内容的需求依然旺盛。2022年我国二次元用户规模达到4.34亿人，同比增长7.69%（见图3）。这一增速虽然有所放缓，但庞大的用户群体不仅仍将在需求端为网络动漫市场规模的持续增长提供坚实动力，也预示着在传统的网络动画、网络动漫市场之外，开拓诸如虚拟偶像等新兴的网络动漫内容衍生营销市场，具有广阔前景。

1　数据来源于艾媒咨询《2023年中国虚拟偶像产业发展研究报告》。
2　参见艾瑞咨询《2022年中国虚拟偶像行业研究报告》。
3　数据来源于艾媒咨询《2023年中国虚拟偶像产业发展研究报告》。

图3 2017—2022年中国二次元用户规模及增长率[1]

　　2022年资方对于专营动漫业务（主要是动漫制作和配音）的公司的投资持更为谨慎的态度，全年仅有29家动漫公司获得投资，这一数据相较于2021年（40家）、2020年（55家）下滑明显。其中，获得亿元投资的仅有1家，即动画制作公司艺画开天。作为动漫公司的主要投资方，腾讯及哔哩哔哩也在2022年缩减了投资数量。哔哩哔哩主要对5家动漫相关公司进行了投资。2021年对动漫公司进行多项投资的腾讯，2022年仅对4家公司发起了投资。[2] 相较于专注投资主营动漫制作业务的企业，有关资方逐步倾向于更多地投资与网络动漫全产业链开发密切相关的企业。[3]

　　2022年，在网络动画行业的市场经营和竞争中，各大头部平台充分利用

1　数据来源于艾媒咨询《中国虚拟人产业运行大数据与消费行为调查数据》。

2　燕茹：动漫公司2022：29家公司获投资，B站投5家、腾讯投4家，仅1家获上亿融资，网址：https://mp.weixin.qq.com/s/Lbs--KlGiSsmpM8UehpZxg，最后访问日期：2023年6月11日。

3　例如，哔哩哔哩2022年在"文娱传媒"领域的投资，对游戏开发商的投资数量最多，达到10笔，除了对动漫相关企业的投资，哔哩哔哩还投资了轻小说平台、虚拟偶像制造商、MCN机构、粉丝社区服务提供商。对这些类别的公司进行投资，显然有利于对网络动漫内容展开全产业链运营。参见《哔哩哔哩2022年度财务报告》。

各自优势，逐步明晰各自的经营战略和布局重点。腾讯视频持续深化与阅文集团等企业的合作，依托优质网文IP资源进行网文漫改，打造面向全年龄段、品类繁多、大IP丰富的网络动画生态链。相较之下，哔哩哔哩的受众群体定位更偏向于青少年群体，其国创区头部动画作品的创作方式和表现形式也更加丰富。作品涵盖"续作""改编""原创"等多种创作类型，表现形式涉及"动态漫""泡面番"等新颖形式。[1] 总体来看，各大平台既相互竞争又互相补充，共同构筑繁荣而多元的网络动画业态。

2022年，我国网络漫画市场的竞争格局总体保持稳定的同时，头部效应越发明显。业内主要网络漫画平台包括快看漫画、腾讯动漫、哔哩哔哩漫画、看漫画、漫画台、网易漫画等。从市场份额上看，头部公司亦占据了主要的市场份额，其中，快看漫画市场占比最高，为23.6%，腾讯动漫市场占比为7.4%，哔哩哔哩漫画市场占比为3.6%，看漫画市场占比为2.3%。[2] 尽管头部平台间的竞争尚属良性，但头部平台凭借其先发优势，建立版权壁垒，使得中小平台的生存空间日益受到挤压。此外，大型市场主体凭借其资本优势和发展需求，收购经营困难的企业或者中小型市场主体并将原有的独立线上服务提供渠道整合进既有平台的状况亦值得关注。[3] 未来，网络漫画市场的集中度可能进一步加剧。

（二）作品创作：国漫创作增量提质，扎根本土立足时代

2022年，我国国产动漫在生产创作方面再现盛况。这不仅体现在全年制播国漫的总体"量"上，也体现在具体国漫作品的"质"上，更反映在国漫供给的"结构"上。

----

1 吴炜华，张方媛：赓续传承 继往开来 文化融合——2022年中国电视和网络动画发展综述，载《当代动画》2023年第1期。

2 数据来源于中研产业研究院《2023—2028年中国漫画行业深度调研与发展趋势预测研究报告》。

3 例如，2021年哔哩哔哩花6亿元全资收购有妖气平台；2022年12月31日，红极一时的人气漫画平台有妖气正式关停，宣布未来将在哔哩哔哩漫画为用户提供服务。

国产动画在产量上保持增长态势。2022年全国制作发行国产电视动画片331部，累计8.91万分钟，制作时长同比增长11.51%；电视动画片播出时长为46.53万小时，同比增长2.85%。[1] 另据统计，2022年全年共有98部国产新作动画番剧上线，其中平台独播作品92部，[2] 全年累计在播动画番剧超110部，是近三年来在播动画作品最多的一年。

与此同时，国产动漫艺术创作持续追求"高质量"发展。一方面，动漫制作技术的迭代、开发、应用为动画作品画面质量的改善和制作效率的提高带来了新动能。据统计，在2022年近百部动画番剧新作中，60%以上的作品为3D，30%的作品为2D，"3渲2"动画则占比5%左右。[3] 腾讯于2022年推出的热度最高的十部国产动画作品均为3D作品。除了3D技术的普遍应用，其他新的制播技术也开始得到探索和应用。即将应用于制作动漫《遮天》的虚幻引擎5（UE5）技术，[4] 能够提升动画制作效率，一定程度上缩短了动画生产周期，同时使画面更有层次、更加丰富、更有代入感。

另一方面，通过梳理2022年国产动漫佳作的叙事取向和取材来源发现，2022年"中国式"国漫佳作表现亮眼。广受好评的《中国奇谭》由上海美术电影制片厂与哔哩哔哩联合上线，在创作取材上选取了8个根植于中国传统文化的独立故事；在叙事取向上既蕴含普世关怀，又展现中式本土想象力。此外，神话主题、历史场景、本土文化也极大赋能2022年精品国漫的创作和发行。《新神榜：杨戬》《济公之降龙降世》《西行纪（第4季）》脱胎自神话故事；《如果历史是一群喵》《甲骨文之妇好传》《大理寺日志》扎根于历史背景；《梦幻书院》的"非遗+动漫"，以及虚拟推荐官"秦筱雅"的"戏曲+动漫"

---

1 数据来源于国家广播电视总局《2022年全国广播电视行业统计公报》。
2 在92部新作番剧中，哔哩哔哩独播41部，腾讯视频独播29部，优酷独播13部，爱奇艺独播9部。
3 2023年「国产动画番剧」趋势报告，网址：https://mp.weixin.qq.com/s/u7fNkZRaSjUj6-QTOnBWkQ，最后访问日期：2023年7月1日。
4 吴炜华、张方媛：赓续传承 继往开来 文化融合——2022年中国电视和网络动画发展综述，载《当代动画》2023年第1期。

创作模式，也实现了现代国漫创作同中华优秀传统文化创造性转化融合发展的良好统一。

随着传统文化、历史事件、民间文艺、新时代主旋律元素成为2022年国漫创作的取材米源，2022年我国网络动画供给结构趋于优化。相较于2021年，2022年我国生产创作的文化、现实、历史题材的国产动画都有所增多。[1] 这符合国漫作品供给提高"全年龄段"作品的需求，有助于提高国产动漫的影响力，拓宽受众面。

（三）产业运营：新兴业态赋能发展，价值延展深化"破圈"

国家统计局发布的《2022年全国文化及相关产业发展情况报告》指出了16个新业态特征明显行业，其中"动漫、游戏数字内容服务""游戏动漫和数字出版软件开发"赫然在列。[2] 2022年，我国网络动漫行业在产业运营上迅速捕捉新兴业态下的商机，尤其表现为开拓、培育、接轨虚拟偶像产业，开发数字藏品市场。

二次元虚拟偶像成为当前虚拟偶像行业的主要收入来源，其依托粉丝经济，借助网络平台，逐渐形成相对稳定的商业模式，业已具备强劲的盈利能力和广阔的盈利渠道。从具体商业场景上看，目前较为成熟的商业模式围绕虚拟歌手和虚拟UP主与粉丝的双向互动或单向表演展开。虚拟歌手的盈利渠道包括商业代言、联名、演出、周边及音乐授权收入，虚拟UP主的变现方式则涵盖直播打赏、商业推广、联名、周边及演出收入。二次元虚拟偶像在形象上表现为2D或3D动漫形象，就此而言，对虚拟偶像形象的后续使用都可能落入该动漫形象版权的所控行为范畴，处于版权运营的辐射范围。因此，二次元虚拟

---

1 截至2022年12月，国家广播电视总局备案公示的童话题材229部、68255.7分钟，占比49.2%，文化题材56部、19327分钟，占比12%，现实题材43部、11934分钟，占比9.2%，历史题材23部、3976分钟，占比4.9%，科幻题材39部、13196分钟，占比8.4%，教育题材63部、30953.4分钟，占比13.5%，其他12部、3393分钟，占比2.6%。数据来源于国家广播电视总局官网。

2 参见国家统计局《2022年全国文化及相关产业发展情况报告》。

偶像产业的发展和成熟为网络动漫行业的发展带来了全新机遇。

2022年，具有流量优势的平台型市场主体和具有技术优势的科技型市场主体在布局虚拟偶像产业方面表现越发强势。2022年2月，哔哩哔哩正式推出"虚拟主播"直播分区，至2022年，哔哩哔哩已经成为全球第一大虚拟主播平台，有超过23万的虚拟主播通过动画技术，以虚拟形象和观众产生情感链接。5月，海外虚拟主播Vox Akuma在哔哩哔哩进行了中国直播首秀，在不到两个小时的全英文直播中，有近4万人付费，营收达到了111.81万元。[1] 短短1.7个小时，Vox在哔哩哔哩营收就已经与其在YouTube一个月的直播打赏收益持平。百度推出的国内首个可交互虚拟偶像"度晓晓"也在2022年正式投入市场。凭借百度研发的产业级深度学习平台飞桨和产业级"知识增强"大模型文心等AI技术驱动，"度晓晓"能出色地在新闻主播、发布官、唱作人、艺术家等身份中自由切换，成为虚拟偶像中的"六边形战士"。"度晓晓"直接进行的活动包括主持产品发布会、主讲科技节目、表演歌曲和脱口秀等节目、创作MV和数字藏品等，通过动漫形象的演绎，在带来巨大流量的同时，也催生了粉丝经济，极大赋能和带动了相关产业的发展。[2]

除了颇引人瞩目的虚拟偶像产业，2022年网络动漫行业应科技变革，积极寻求发掘"动漫+元宇宙"的衍生市场。当然，在这一方面相对成熟的衍生市场应属数字藏品市场。较为成功的实践诸多，包括瞬元联合若森数字、众策文化、两点十分、七创社等国内动画公司联合发布了《画江湖之不良人》《凹凸世界》《我是江小白》等IP数字藏品；腾讯动漫也推出了包括《一人之下》《狐妖小红娘》等顶级国漫IP在内的"腾讯动漫十年限定"数字藏品。不难发现，销售数字藏品的多为知名IP，相关数字藏品亦在上线后大受欢迎，迅速售罄。

---

1 虚拟主播Vox中国首播，直播一个小时营收破百万，载《扬子晚报》2022年5月8日 A6版。
2 参见艾瑞咨询《2022年中国虚拟偶像行业研究报告》。

（四）国漫"出海"：平台"出海"持续推进，机遇初现挑战重重

继2021年国漫由单纯的"作品'出海'"开始转向"平台'出海'"，2022年国漫平台"出海"持续取得良好进展。网络漫画行业中的头部企业开始在海外上线专门的在线漫画内容平台。继哔哩哔哩漫画海外版（Bilibili Comics）于2021年4月在海外上线后，网络动漫行业的各大头部企业先后开始在海外上线专门的在线动漫内容平台。2022年2月，字节跳动旗下漫画App"Fizzo Toon"在日本上线；7月，快看App海外版"KK Comics"亦正式上线。在网络动画行业中，网络动画亦借助WeTV、IQIYI、MangoTV等早已打入海外市场的综合性视频平台实现内容传播。

平台"出海"对于国漫"出海"实现高质量发展具有战略意义。借势平台"出海"，我国动漫企业能够掌握内容分发的主动权，根据用户喜好、市场反应及时改良"出海"作品、调整作品"出海"规划，在降低沉没成本的同时提升了作品"出海"的效率。快看动漫在2022年国漫"出海"方面的强势表现即为适例。KK Comics在全球近200个国家和地区累计上线超过3100次的国漫作品，全年450次登上多个海外平台作品榜Top5，如《闪婚总裁契约妻》《魔皇大管家》《哑奴》《我来自游戏》等多部作品2022年全球漫画付费流水纷纷突破1000万元，其中，《闪婚总裁契约妻》更是以3400万元的成绩遥遥领先。此外，借势平台"出海"，快看漫画作品的海外分发效率得到大幅提升，作品连载三个月即可推向海外渠道，远快于业内平均水平（6个月至1年）。[1]

不过，目前国漫出海仍然面临严峻的挑战。一方面，由于国漫平台出海处于起步期，无论是综合性的视频平台还是专门性的漫画平台，都面临着覆盖用户数量较少、本地化建设不足等问题，难以支持国产动漫的规模化"出海"。而根据全球社交媒体数据营销管理平台OneSight的统计和评估，除WeComics和Manga Toon外，其他漫画平台对海外社交媒体的整体重视程度不

1　此系2022年12月23日快看于北京总部举办的"围炉漫话"2022快看媒体沟通会上，快看内容及版权负责人刘志鹏的介绍。

足，如KK Comics和Fizzo Toon在多个平台均无官方账号，导致其社媒影响力微弱，加剧了与海外线上文娱空间的疏离。此外，国产动画IP在海外社媒中的影响力也较低，各大国内知名IP的BrandOS评分远低于国外知名IP。[1]

二、2022年中国网络动漫行业版权保护与运营管理状况

（一）动漫版权侵权呈规律性，司法行政合力保障行业有序发展

从总体上看，网络动漫依然是版权侵权多发领域，司法实践和行政执法仍旧保持较大的规制力度。在司法实践层面，以中国裁判文书网为来源，选定裁判年份为2022年，以"动漫""侵害作品信息网络传播权纠纷"为关键词+案由，检索得到703篇裁判文书，占2022年全年动漫作品著作权侵权纠纷的相关文书数量（1465篇）的近一半。同时，在最高人民法院发布的2022年中国法院十大知识产权案件中，有两起案件涉及的作品为动漫形象，其裁判结果分别在不同维度推动了对网络动漫作品的著作权保护。[2]在行政执法层面，延续往年的执法态势和布局，2022年版权行政执法部门继续将网络动漫版权侵权行为作为重点整治对象，"剑网2022"专项行动特别强调了持续巩固游戏动漫领域的工作成果。

对近年来通过司法审判规制的侵权情形，以及经由行政执法打击的侵权行为进行梳理，能够发现网络动漫版权侵权已呈现出一定规律性。

首先，在侵权对象上，案涉被侵权作品多为知名IP，如冰墩墩[3]、熊大熊

1　例如，IP"熊出没"的BrandOS评分仅为39.26；IP"小猪佩奇"的BrandOS评分为233.49。参见OneSight《BrandOS出海品牌社媒影响力榜单Top30：动画IP类》。

2　最高人民法院（2022）最高法民再44号民事判决书；浙江省杭州市中级人民法院（2022）浙01民终5272号民事判决书。

3　中宣部版权管理局副局长汤兆志在全面加强冬奥知识产权保护专场发布会上介绍，北京于2022年快侦、快诉、快判一起制售盗版冬奥吉祥物冰墩墩、雪容融玩偶案，犯罪嫌疑人任某被判处有期徒刑一年，并处罚金4万元，成为全国首例侵犯北京冬奥吉祥物形象著作权刑事案件。参见《法治日报》2022年2月14日。

二[1]、猪猪侠[2]、超级飞侠[3]等。

其次，在侵权行为上，从司法实践和行政执法情况看，主要涉及两类行为：一是未经许可传播网络动画视频或网络漫画内容，或者以搬运、切条的方式侵权；二是未经许可在线上或线下使用网络动漫作品中的角色形象。根据对司法实践的经验梳理，后者又可归类为三种情形：生产销售如动漫形象玩具、蛋糕等衍生产品；将网络动漫形象作为网络游戏角色形象或短视频内容、表情包内容，并通过信息网络向公众传播；未经许可在商场、餐厅、游乐场等消费场所展示动漫形象，以吸引顾客。值得一提的是，许多衍生端未经授权使用网络动漫形象的案件，其本身争议不大，法律关系亦不复杂，进入司法实践中往往也经过调解结案。但痛点在于其多发且不易侦知，因此更多地需要行业自律、社会共治以及行政介入。

再次，从侵权领域上看，在与网络动漫行业相关的新兴业态中，对动漫内容的侵权状况往往较为严重，故而执法和司法通过强化对新兴业态中侵犯动漫版权行为的规制力度，以期在行业发展初期就推动形成良性的行业秩序。"剑网2022"专项行动特别将"严厉打击未经授权使用他人美术、音乐、动漫、游戏、影视等作品铸造NFT、制作数字藏品"作为4个年度重点整治领域之一。[4] 对整个数字藏品行业合规机制建设具有指引作用的"NFT第一案"，亦入选了最高人民法院发布的2022年中国法院十大知识产权案件。

最后，从侵权发生的地域上看，东部、南部沿海地区为侵权行为多发地。在前述检索自中国裁判文书网的涉及网络动漫版权侵权的703篇文书中，有340篇来自北京市各级法院，122篇来自上海市各级法院，86篇来自天津市各

----

1 陕西省宝鸡市陈仓区人民法院（2022）陕0304知民初278号民事判决书；山东省潍坊市奎文区人民法院（2022）鲁0705民初5123号民事判决书；陕西省西安市长安区人民法院（2022）陕0116知民初17号民事判决书。

2 广东省中山市第一人民法院（2023）粤2071民初10023号民事判决书。

3 上海市徐汇区人民法院（2023）沪0104民初8201号民事判决书。

4 国家版权局等四部门启动"剑网2022"专项行动，网址：https://www.ncac.gov.cn/chinacopyright/contents/12222/356942.shtml，最后访问日期：2023年6月29日。

级法院，41篇来自广东省各级法院。[1]东部、南部沿海地区公布的版权行政执法典型案件中，也屡见涉及网络动漫版权侵权的案件。[2]

（二）版权运营新策深挖作品价值，成功案例频现为行业发展树立标杆

版权运营是网络动漫行业延长产业链的核心机制，也是网络动漫作品延长价值链的重要手段。一直以来，网络动漫行业内的各方对此已有共识，着力创立创新有效的版权运营机制。

2022年，网络动漫行业在"全产业链运营"的理念指引和机制目标下，除了通过授权传播内容、参与广告分成、打造衍生变现、授权改编使用等传统机制开展运营，亦持续探索版权运营的新场景、新机制，以期挖掘新的价值增长点，培育、盘活新的衍生市场。

在运营场景方面，除了入局前述新兴业态，2022年"动漫+文旅"的运营模式受到重视并得到切实推进。具体体现在两个方面，一方面，通过挖掘文化内容，定制IP形象，塑造城市故事，既依托本土文化元素、情结创作传播网络动漫，又创设当地文旅品牌，深度推进文旅融合。这方面的成功范例如四川德阳打造城市超级IP《三星堆·荣耀觉醒》；福建石狮将城市超级IP《狮来运转》融入闽南狮文化，融合闽南民俗、建筑风格，体现爱拼才会赢的石狮人精神；作为"恐龙之乡"的自贡也打造城市超级IP《时空龙骑士》，吸引世界各地恐龙爱好者前来，亦为开拓"龙骑士"衍生市场奠定基础。另一方面，从动漫作品中取材，或者直接使用动漫卡通形象，打造线下沉浸式旅游场地，其中颇为突出的即成都市成华区人民政府联合四川旅投集团共同投资打造的天府国际动漫城项目。该项目意图打造集产业城、娱乐城、生活城于一体的"全国首

1　703篇文书中，还有25篇来自重庆市各级法院，17篇来自湖南省各级法院，16篇来自山东省各级法院，14篇来自江苏省各级法院，14篇来自辽宁省各级法院。

2　例如，在2022年度广州市打击侵权盗版典型案例中，即有三起案例涉及动漫形象版权侵权；在2022年度广东省版权十大案件中，亦有两起涉及动漫版权侵权的案件。

创动漫主题产商旅无界融合中心"，有望为网络动漫的线下衍生开发开拓丰富的新场景。[1]

在运营机制方面，"反向运营"[2]的成功案例昭示了这一全新运营模式的广阔前景。作为知名IP的吾皇猫早已在表情包、公众号、短视频、跨界联名等方面俘获了广大受众群体，在此基础上，吾皇猫首部动画《关喵什么事》PV于2022年10月正式亮相，引发较高热度。除此之外，曾经风靡QQ空间的火柴人"小蓝和小绿"亦被腾讯动漫开发为网络动漫。有评论认为，以吾皇猫、小蓝和小绿为代表新型动画的IP化，为国创动画作品开创了一条新的可复制的产业化道路，即从小成本的角色IP运营试水，成功后再以动画化为最终目标一步步反推IP内容建设。[3]传统的动漫作品运营模式多基于"好故事"宣传营销其IP，但在"流量经济"时代，一个IP的推出未必需要以故事先行的形式。当下，二次元平面形象完全可能在粉丝的追捧下成为广受欢迎的IP。例如，冰墩墩、雪容融作为动漫形象角色不存在特定的故事情节，但并不妨碍其具备商业价值。就此而言，理念和模式上的"反向运营"的确能够为网络动漫作品的开发运营带来启示。

此外，行业内某些头部企业关于优质国漫IP的版权运营机制及成功范例值得业界学习和推广。其中，腾讯动漫在"回归用户需求，共创'看聊买玩'IP

---

1 成都市成华区：高质量推动产商旅融合发展 打响世界动漫数娱文创品牌，网址：https://mp.weixin.qq.com/s/t4abMhGqG7lhGUSRTRdryA，最后访问日期：2023年6月24日。
2 传统的网络动漫作品的运营模式往往是先推出具有实质内容（故事情节+系列画面）的作品，而后寻找动漫形象的衍生渠道进行商业开发。"反向运营"则是围绕若干个或系列具有较高网络知名度的动漫形象创作故事情节、制作网络动漫。
3 动画产业大变局，反向运营IP的时代到来了？网址：https://mp.weixin.qq.com/s/HrG0u_LzBWgKr5ha8fVE1g，最后访问日期：2023年6月24日。

新价值"[1] 运营布局战略指导下对《斗罗大陆》这一现象级国漫IP[2] 的具体版权运营机制，尤其值得关注。从《斗罗大陆》这一动漫作品的IP来源上看，其改编自颇受欢迎、具有稳定的受众群体的网文，因而可以推测用户具有可视化观看的需求。在此基础上，腾讯与玄机科技合作，凭借创作队伍、资金、技术的优势，确立了"周更年番"的播映模式，实现5年不断更，从而较好地激活并维持了用户的需求和黏性，确保能够通过基于内容播映的用户付费、广告收入以及初步的衍生实现基础性盈利。

激发用户的广泛讨论，使《斗罗大陆》中的特定动漫IP及相关内容成为作品受众（乃至更大范围的大众）日常文化生活中的谈论对象，一方面强化了原有的用户黏性，另一方面扩大了IP的影响力和知名度，进而打破次元壁，打造品牌，以俘获更广泛的用户群体。为实现这一目的，腾讯除了通过建设社交媒体和内容分发平台上的话题讨论机制，还通过将动漫形象同康师傅绿茶、一汽大众开展联名等方式，在衍生品销售方面寻求各类品牌联动、跨界运营。

在《斗罗大陆》享有较高的知名度并在一定程度上实现"出圈"之后，腾讯又着力于挖掘剧中角色人物的商业价值，从而打造更丰富的"玩法"，其实质是在线上和线下两个维度更为极致地挖掘网络动漫IP的版权授权市场、延伸价值链。在线上维度，除了开发相应的游戏，腾讯还将《斗罗大陆》剧中人气角色小舞、宁荣荣、朱竹清开发为虚拟偶像实现"出道"，让角色独立于正片"营业"；与腾讯体育联动，让唐三担任国内首档二次元体育新闻播报栏目主播等。在线下维度，则通过主题展会、售卖会来吸引顾客。

1　此系腾讯视频平台增长和IP增值部总经理王莹在第十五届中国国际品牌授权高峰论坛上提出。参见：多重利好涌现！大咖解读2023中国品牌授权行业发展潜力，网址：http://www.wjyt-china.org/As/105643.html，最后访问日期：2023年7月8日。

2　根据中国信息经济社《新华文化产业IP指数报告（2022）》，在"文化产业IP价值综合榜Top50"中，《斗罗大陆》位居榜首。参见中国信息经济社《新华文化产业IP指数报告（2022）》。

三、2022年中国网络动漫行业版权保护与发展的未来趋势

2022年网络动漫行业内平台型、科技型企业的突出表现和良好发展势头，有望在此后的一段时间内得到延续，并逐步影响行业内的市场竞争格局。

（一）版权与互联网产业纵向融合，整体市场中平台型企业表现越发强势

在传统业态下，互联网产业内的市场主体主导传播和发行端，版权产业内的市场主体控制内容制作端，享有版权，两大产业各有优势，其盈利模式也有所区别。而在近年来网络动漫行业的市场竞争态势中，互联网产业融合版权产业的趋势及其带来的效应尤其值得关注。具体而言，互联网产业中的市场主体越发重视开拓版权业务、开发版权产品，乃至收购传统版权产业内的市场主体，使其法律身份逐步由内容传播方转向版权人。近年来，腾讯和哔哩哔哩在这方面的突出表现即为适例。

在互联网企业驱动产业融合的背景下，各大互联网平台在网络动漫领域表现越发强势，其逐步领军网络动漫行业成为必然趋势。这一方面是由于其凭借资金优势，能够大量地收购版权内容，从而为文字作品的动漫化改编、动漫作品的游戏化、影视化改编以及其他衍生开发方式扫清障碍。另一方面是其作为内容聚合和分发平台，能够精准而迅捷地把握市场动态和用户偏好，进而保障网络动漫内容开发的高成功率。此外，动画公司在参与分摊成本、给予推广和商务资源支持等方面对于平台的依赖，也将助长这一趋势。据统计，2022年超过90%的独播动画作品由平台参与出品。[1] 当然，在这个方面，竞争法层面的规制预计也将不断跟进，从而为网络动漫产业的良性健康

---

1 2023年「国产动画番剧」趋势报告，网址：https://mp.weixin.qq.com/s/u7fNkZRaSjUj6-QTOnBWkQ，最后访问日期：2023年7月1日。

发展保驾护航。[1]

（二）AI赋能动漫内容制作与营销，新兴业态下科技型企业有望异军突起

近年来，随着多模态交互技术、3D数字人建模、机器翻译、语音识别、自然语言理解等AIGC和人机交互技术的发展，科技型企业能够直接运用相应的内容生成技术生成动漫形象和动漫内容，并直接支撑起相应的用户服务和内容生态。值得注意的是，乘虚拟偶像等新兴网络动漫业态蓬勃发展之势，科技型企业亦越发不满足其作为单纯的技术提供方、动漫内容加工方的地位，逐步探求成为动漫内容的制作者和版权人。

相关的实例除了前文述及的"度晓晓"在技术赋能下的成功商用，还有科大讯飞在2022年推出其首位虚拟偶像歌手Luya，通过"发布单曲""演唱MV"、参与节目、衍生数字藏品和输入法皮肤等方式实现引流和营销。[2] 总之，随着AI等方面的科技创新能力对于网络动漫内容制作、分发、营销等方面的作用越发突出，科技型企业有望在网络动漫行业内的新兴业态下异军突起。

（三）作品创作日趋扎根本土元素，"出海"需求开始影响创作取向

在创作端打造国漫佳作对于推动我国网络动漫行业高质量发展具有重要意义，一直都是各界共识。在这一发展目标下，网络动漫行业日益寻求从本土元素中汲取有益的创作素材。从2022年及近年来的国漫创作上看，本土文化、本土时代性要素日益成为国漫创作的重要取材来源。2022年，《中国奇谭》《新神榜：杨戬》等取得良好市场反响和社会效益的国产动漫创作实践在打造成功范例、积累相关经验的同时，亦坚定了行业对于取材本土元素进行创作

1　例如，2022年腾讯收购铸梦动画15%的股权，因构成未依法申报违法实施的经营者集中被国家市场监督管理总局行政处罚，参见国家市场监督管理总局行政处罚决定书（国市监处罚〔2022〕23号）。

2　参见艾瑞咨询《2022年中国虚拟偶像行业研究报告》。

的信心。可以预见的是，从本土文化、本土时代性元素中攫取创作素材、定位叙事取向日益成为国产动漫在创作端提质的重要着力点。创作取材和叙事上的本土化，既有利于以作品独特性助推"国漫'出海'"，也有益于以"全年龄向"作品定位俘获消费能力较高的群体，还有助于基于本土文化要素打造国漫品牌，更能够基于此"讲好中国故事"，实现经济效益和社会效益的统一。

与此同时，在"国漫'出海'"的背景下，我国网络动漫行业内的市场主体也开始意识到，国漫创作在取材和叙事上应当协调好本土性与全球化之间的平衡。易言之，随着2022年我国国漫"出海"稳中向好，国漫创作不仅更加注重从本土文化要素中寻找内容创新源泉，同时也开始将全球观众的接受能力作为确定创作取向的重要考量因素。如奥飞娱乐在推进国漫"出海"的进程中，就充分研究归纳北美、欧洲、东亚等不同市场板块各自的主流内容风格特点，同时也注重归结不同市场用户的共同喜好。[1]动漫作品如果能够在题材或故事表达上体现中国特有文化的同时，触达普世化的人性层面，减少与国际观众的情感隔阂，就能够让国际观众真正理解内容寓意、切实领会中华文化，国漫"出海"方能行稳致远。

（四）知名IP越发成为开发重点，孵化品牌更加受到企业重视

从对象上看，业内的市场主体越发趋向将开发运营的重点置于较为成熟的IP上，这一方面是为了保障对内容的开发及运营收获较为稳定和可预期的收益，另一方面，也反映了我国网络动漫行业内的市场主体逐步开始有意识地孵化知名IP，进而打造品牌。这一趋势的具体表现如下：

其一，全产业链运营模式下的"网文漫改"越发受到重视。近年来，腾讯、哔哩哔哩、优酷、爱奇艺等主要市场主体，将网文漫改作为重要甚至主要

---

1 王嘉妮：对话奥飞娱乐：如何打造受孩子喜欢的内容？网址：https://mp.weixin. qq.com/s/pHXAXkEQDSS1sOoqoA5hrQ，最后访问日期：2023年8月22日。

的内容开发方式，[1] 并在此基础上展开全产业链运营。其二，系列作品成为重点开发对象。在这方面，除了网络动漫行业内各大市场主体加强对系列作品的开发，从广电总局公布的季度、年度推优情况和重点扶持项目名单可以看出，推优扶持呈现出了青睐系列作品的趋势。[2] 其三，前文所述的"反向运营"模式的出现，实际上也展现了这一趋势。"反向运营"的逻辑正是将业已存在一定粉丝群体和受众基础的动漫形象直接作为网络动漫作品的角色形象，以此吸引用户对在此基础上创作的新作品能够"闻声而来"，为新作及其衍生内容买单。

（五）动漫短视频制播展现广阔市场前景，不断得到探索推进

随着公众内容获取习惯发生变化，内容的短视频传播成为各类文化产品创新传播的重要方式。2022年，国产网络动漫亦逐步探索短视频传播方式，推出了不少"短视频动画"，在各大平台大受欢迎。如3分钟以内的《薇薇猫的日常（31—109集）》《萌马吼吼（第一季）》《纸浅情深——场景化体验人大立法新时代品格》等。还有一些动画片将故事浓缩到了5分钟，如《瑞奇宝宝》《墨墨奇游记》。较短的时长设置既适应了短视频时代的传播特征，又在有限幅度内保证了内容的有效传达。

可以预见的是，随着网络用户愈加偏好在短视频平台中获取内容，加之短视频平台上内容分发在流量增长、广告投放、直播带货方面的优势，网络动漫作品的短视频传播能够助益动漫行业探索盈利模式，实现盈利增长，因此动

1　在2022腾讯视频动画片单中，"网文漫改"共46部，占比最高。参见晓艳："优爱腾B"财报陆续公布：去年内容投入如何？项目如何？还有投资呢？网址：https://mp.weixin.qq.com/s/AhVVfOchXUmc_eZnQeEIhw，最后访问日期：2023年7月4日。

2　如入选"2022年重点国产电视动画项目"的《"红色印记系列"第一季》《"成语故事系列"第一季》《"节日里的中国系列"第一季》《"逐梦未来系列"第一季》和被评为"中国经典民间故事动漫创作工程（网络动画片）2022年重点扶持项目"的《孔子三十六圣迹图系列动画》《河宝传奇》第一季、《细说国宝》第二季等。参见《国家广播电视总局办公厅关于公布2022年中国经典民间故事动漫创作工程（网络动画片）重点扶持项目的通知》（广电办发〔2022〕244号）。

漫短视频将持续受到重视、不断得到探索。

（六）网络动漫作品版权保护策略渐呈差异化趋向

强化版权侵权治理的前提是存在版权侵权行为，而之所以存在大量版权侵权，是因为侵权对象具有传播价值，即其受众需求量高。从这一视角出发，很容易理解前文述及的当前网络动漫版权侵权行为多针对知名IP的特点。有鉴于此，随着市场主体强化对成熟IP的投入，网络动漫作品实际上分化为两类，一是知名度高、传播利用价值较高的作品；二是知名度低、传播利用价值较低的作品。

这两类网络动漫作品，其相应的版权保护策略可能逐步呈现差异化趋向。对于前者而言，任何未经许可实施受版权法控制的行为，都会导致不当减损其版权人应得的利益，故加强版权保护，方能保障发展。并且，除了着重关注线上平台的未经许可传播行为，还有必要根据动漫形象侵权所呈现出的规律性特点，对下游衍生环节的若干侵权多发领域进行排查。对于后者，其主要的发展需求在于提高知名度，扩大受众面，以此博取商业机会。从商业逻辑上讲，一味地强调加强版权保护其实未必能够真正促进有关动漫作品实现其商业价值，甚至某些未经许可传播的行为反而提升了作品的知名度，进而有可能在一定程度上激活这些作品的盈利能力。故而，对于后者来说，其权利人可能包容甚至接纳处于"灰色地带"的、合理使用定性存疑的未经许可使用行为。

2022年中国网络游戏行业版权保护与发展报告

孙悦*

2022年，全球游戏市场受多重客观因素影响普遍下行，中国网络游戏市场同样因此产生浮动，但在政策支持下仍展现出一定韧性与活力。2022年，网络游戏产业以2658.84亿元的实际销售额远超数字音乐、数字阅读以及电影等传统娱乐行业的市场规模，对我国文娱市场收入的贡献将近四成，[1] 系我国数字文化产业的关键组成部分。后新冠疫情时代，游戏企业遵规守律、多元创新地进行产业贡献、积极承担社会责任，使网络游戏在经济提升、科技进步、文化传输等方面的多元价值受到广泛认可。此外，游戏与NFT、元宇宙等技术的结合也焕发出了新的活力，网络游戏"出海"势头依然迅猛。本报告聚焦我国网络游戏行业整体发展状况，分析我国网络游戏版权产业运营和管理情况，预测网络游戏未来发展方向和趋势。

一、2022年网络游戏行业发展状况

（一）游戏市场收入首次下降，产业发展进入存量时代

2022年，全球新冠疫情反复与多点暴发，导致国内以及全球的网络游戏

---

* 孙悦，上海对外经贸大学。
1　数据来源于伽马数据《2022—2023移动游戏IP市场发展报告》。

市场较为低迷。从全球范围来看，2022年，全球游戏行业迎来了较为严重的衰退，同上一年相比下滑达4.3%。[1] 从国内范围来看，2022年，中国游戏市场实际销售收入为2658.84亿元，同比2021年减少306.29亿元，下降10.33%，[2] 系中国游戏市场实际销售收入近十年来的首次下降（见图1）。在宏观经济仍处于恢复阶段的背景下，国内的网络游戏企业面临着成本提升、吸引投资困难、用户付费意愿减弱等难题，导致发展受限。

图1 2012—2022年中国游戏市场实际销售收入及增长率[3]

基于同销售收入下降类似的原因，继2021年用户规模增长放缓后，2022年用户规模也出现了近十年来的首次微降。2022年中国游戏用户规模为6.64亿人，[4] 同上一年相比下降0.33%（见图2）。不难看出，游戏行业用户增长红利近乎消退，进入了存量竞争时代。[5]

----

1 数据来源于Newzoo《2022年全球游戏市场报告》。
2 数据来源于中国音数协游戏工委《2022年中国游戏产业报告》。
3 数据来源于中国音数协游戏工委《2022年中国游戏产业报告》。
4 数据来源于中国音数协游戏工委《2022年中国游戏产业报告》。
5 李婧璇：游戏产业发展进入存量市场时代，载《中国新闻出版广电报》2023年2月
　15日。

图2 2012—2022年中国游戏用户规模及增长率[1]

（二）移动游戏仍为市场主流，客户端游戏逆势增长

2022年，移动游戏市场实际销售收入为1930.58亿元，比2021年减少324.8亿元，同比下降14.40%（见图3），主要与新冠疫情影响、用户规模停滞及新品上线数量减少等因素有关。2022年，中国移动游戏在整个游戏市场所占比重为72.61%，不仅相较于2021年的占比（76.06%）有所下降，也低于2022年上半年的相应比重（74.75%），系近五年来首次降低。除此之外，调查数据显示，中国移动游戏市场的用户规模增长进入了停滞期，用户数量同比微降0.23%，达到6.54亿人。[2]可见，虽然移动游戏仍旧占据游戏市场主流，但市场规模和用户比重均有所降低。

1 数据来源于中国音数协游戏工委《2022年中国游戏产业报告》。

2 数据来源于中国音数协游戏工委《2022年中国游戏产业报告》。

图3　2012—2022年中国移动游戏市场实际销售收入及增长率[1]

比较之下，客户端游戏在2022年的表现更为亮眼。在我国游戏市场用户规模、总体收入普遍下降的背景下，客户端游戏市场的实际销售收入已连续三年呈现增长态势，并在2022年实现了4.38%的逆势增长，实际销售收入达到613.73亿元。市场份额方面，2022年，客户端游戏的市场比重相较上年增长了3.25%，占据整个游戏市场的比重达到23.08%，主要得益于客户端游戏稳定的用户黏性等因素。[2]

2022年，头部网络游戏类型呈现越发多元的趋势。在收入排名前100的移动游戏产品中，角色扮演类、卡牌类、策略类游戏占比明显，数量占比分别为24%、12%和11%（见图4）。但从数据表现来看，这三类游戏的总体比例呈现逐年下降的趋势，说明头部移动游戏正逐渐多样化。从创收能力看，2022年，在收入排名前100的移动游戏产品中，角色扮演类游戏、多人在线战术竞技类游戏、射击类游戏三类游戏的盈利数额占比最大，三者收入之和占总收入的48.42%。[3]

1　数据来源于中国音数协游戏工委《2022年中国游戏产业报告》。
2　数据来源于中国音数协游戏工委《2022年中国游戏产业报告》。
3　数据来源于中国音数协游戏工委《2022年中国游戏产业报告》。

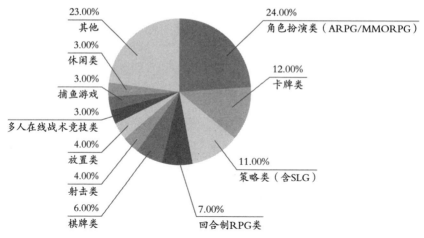

图4　收入排名前100的移动游戏产品类型数量占比[1]

（三）云游戏增长势头迅猛，助推多产业协同发展

云游戏是网络游戏走向精品化、智能化的标志。云游戏能省去下载环节，与传统网络游戏相比具有游戏门槛低、互动性强的优势。中国是全球云游戏产业发展最快、最具活力、市场空间最大的国家之一。随着算法、5G、AR/VR等技术的升级，云游戏产业的市场规模和用户规模实现高速增长。2022年，中国云游戏市场收入达63.5亿元，同比增长56.4%，预计到2025年，云游戏市场收入将达342.8亿元；2020—2025年，年均复合增长率预计达74.8%。[2] 同时，云游戏的用户规模也已大幅提升，据估算，目前已有将近1/10的用户接触过云游戏。随着核心技术的继续突破及流量平台的用户转化，到2025年，中国云游戏月活跃用户人数有望达到2.5亿人左右（见图5）。[3]

1　数据来源于中国音数协游戏工委《2022年中国游戏产业报告》。
2　数据来源于中国信通院《全球云游戏产业深度观察及趋势研判研究报告（2022年）》。
3　数据来源于中国信通院《全球云游戏产业深度观察及趋势研判研究报告（2022年）》。

图5 2021—2025年中国云游戏月活跃用户人数及增长率[1]

　　云游戏对于助力和引领互联网未来形态构建具有重要作用，其不仅可以赋能游戏产业，还能通过"云"渲染的方式与更多产业进行融合，挖掘全新商业模式的版权价值。例如，在体育产业，2022年世界杯期间，中国移动咪咕快游推出了数实融合足球游戏互动云游戏，精确且生动地在游戏画面中重构了球员们的动作细节。此外，云游戏和网络直播联动的模式也取得了初步进展，虎牙、斗鱼、哔哩哔哩、抖音、快手等平台均已对"云游戏+直播"的模式进行了布局，目的在于通过云游戏向用户提供更深度的参与体验。不仅如此，云游戏对基础算力和资源的需求也对云计算市场的革新起到了推动作用。例如，海马云依靠自研核心技术，提供实时互动内容云计算服务，支持多档算力规格和按天计费，比按月计费成本减少了25%。[2] 作为游戏与新一代信息科学技术融合的业态，云游戏的发展对相关技术的完善升级和未来形态的构建具有重要意义，其背后的版权价值正越来越受到关注。

----

1 数据来源于中国信通院《全球云游戏产业深度观察及趋势研判研究报告（2022年）》。
2 数据来源于中国信通院《全球云游戏产业深度观察及趋势研判研究报告（2022年）》。

（四）游戏版号审核持续收紧，网游"出海"创收可观

2022年，游戏版号审批从严从紧的趋势并未改变。据国家新闻出版署相关数据显示，截至2022年12月28日，2022年全年共有468款国产游戏版号过审，数量较上一年大幅减少。[1] 为应对游戏版号审核持续收紧的现状，"聚精减量"成为网络游戏企业策略取向。如今，越来越多的游戏企业将精力聚焦于精品游戏的研发和运营方面，通过提升网络游戏的版权价值，延长市场变现周期，增强整体竞争力。

在国内游戏版号骤减、用户规模增长停滞的背景下，网络游戏海外赛道受到众多游戏企业的关注。与此同时，国家文化产业"走出去"的战略引领也为游戏企业"出海"提供了支持和保障。2021年起，国务院及其他部门发布了包括《关于加快发展外贸新业态新模式的意见》在内的一系列文件，鼓励数字经济企业"走出去"，增强国际竞争力。[2] 在国家行政部门及游戏企业的努力下，网络游戏逐渐成为文化"走出去"的主力军，为我国文化传播与经济发展作出了贡献。随着游戏企业参与国际贸易与合作的步伐加快，游戏产业海外出口创收节节攀升，谋求"出海"发展已然成为众多游戏企业的重要增量来源，众多游戏企业开始高度重视对海外市场的开发以及全球化布局。

2020—2022年，我国自主研发游戏在海外市场的销售收入均超过千亿元规模。2022年，自研游戏海外规模进一步扩大，前两季度海外销售收入同比增长6.16%。在国内游戏市场全年指标下滑明显的前提下，2022年中国自主研发游戏海外市场实际销售收入为173.46亿美元，同比仅下降3.70%（见图6），展现出良好的抗压性和发展潜力。[3] 此外，海外游戏收入已经成为游

1　数据来源于国家新闻出版署游戏审批结果公示。

2　相关文件包括《关于加快发展外贸新业态新模式的意见》《关于支持国家文化出口基地高质量发展若干措施的通知》《"十四五"数字经济发展规划》《"十四五"服务贸易发展规划》《关于支持国家文化出口基地高质量发展若干措施的通知》等。

3　数据来源于中国外文局所属当代中国与世界研究院《中国数字文化出海年度研究报告（2022年）》。

戏企业重要的收入来源。2022年，中国游戏在海外游戏市场的占有率比重和实际收入稳步提升。中国自研游戏在美国、德国、英国等国市场占有率均超过20%，《万国觉醒》《PUBG Mobile》《原神》等爆款游戏频出。[1] 以我国"出海"游戏收入占比最高的美国市场为例，2022年上半年共有23款中国手游入围美国畅销榜排名前100名，吸金总量超14亿美元。[2] 中国游戏在海外的市场收入主要来自美国、日本、韩国等国家。以市场规模最大的移动游戏为例，2022年，美国、日本、韩国提供了超五成的海外收入（见图7）。[3]

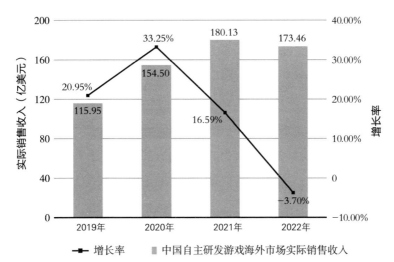

图6 2019—2022年中国自主研发游戏海外市场实际销售收入及增长率[4]

1 数据来源于中国外文局所属当代中国与世界研究院《中国数字文化出海年度研究报告（2022年）》。
2 赵熠如：文化输出展现张力 中国游戏跑步出海，《中国外资》2023年第5期。
3 数据来源于中国音数协游戏工委《2022中国游戏出海情况报告》。
4 数据来源于中国音数协游戏工委《2022中国游戏出海情况报告》。

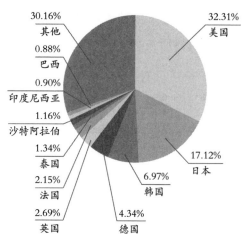

图7　2022年中国"出海"游戏收入构成[1]

　　精妙的故事背景、世界观和文化元素是国产游戏在海外市场提升竞争力的重要法宝。当下，越来越多的"出海"游戏开始通过结合传统文化或改编成熟IP作品的方式增强市场竞争力，提升网络游戏的版权价值。[2] 同时，由于跨境维权成本高、效率低，众多网络游戏企业纷纷在选定市场后及时进行版权规划布局以及维权预警，从而降低网络游戏的海外版权侵权风险。

二、2022年网络游戏版权保护和运营管理情况分析

（一）司法审判思路日趋成熟，反法条款灵活适用

　　2022年，司法实践对于网络游戏相关案件保护思路越发成熟，针对游戏外挂、代练等违法牟利行为的打击力度也进一步加大。长期以来，司法界关于如何对网络游戏本身及其所含元素进行认定和保护问题存在争议，相关判决经

1　数据来源于中国音数协游戏工委《2022中国游戏出海情况报告》。
2　黄敬惟：国产游戏靠什么走俏海外，载《人民日报海外版》2022年8月26日第10版。

历了从"对网络游戏元素拆分保护"[1]到"对网络游戏画面进行整体保护"[2]的变化,审判意见逐渐达成一致。网络游戏也开始作为"视听作品"这一著作权客体被纳入刑事保护范畴。[3]面对越发丰富的网络游戏类型及侵权形态,司法实践逐渐形成以《著作权法》保护为上,《反不正当竞争法》为辅的保护思路。2022年,《我的世界》案[4]宣判,判决认定迷你玩科技有限公司构成不正当竞争并判令赔偿。该案系通过《反不正当竞争法》对网络游戏侵权行为进行规制的又一次实践,创下中国游戏侵权纠纷的赔偿纪录。除对网络游戏整体画面构成视听作品的问题进行了再次确认外,该案判决对游戏视听画面与玩法规则的关系也进行再次厘清,标志着司法实践对网络游戏规制路径的进一步成熟。

2022年,我国首例游戏地图"换皮"著作权侵权诉讼被广东省高级人民法院列为年度知识产权司法保护十大案件。该案系司法判决首次确认游戏地图构成图形作品,并认定游戏地图"换皮"行为构成侵权,[5]为后续案件的审理提供了新的思路。此外,为保护游戏用户的合法权益,司法系统对网络游戏相关条款的合理性等问题也予以了关注。2022年,上海市第一中级人民法院作出游戏公司"如用户连续365天未登录游戏,公司有权删除账号"条款无效的判决,[6]对网络游戏用户的合法权益进行保障。

针对损害公平竞争的游戏机制,如架空"防沉迷"实名机制的游戏代练、外挂、私服等,相关判决逐渐增多。加大适用《反不正当竞争法》保护网

----

1 北京市第一中级人民法院(2006)一中民初字第8564号民事判决书;上海市第一中级人民法院(2014)沪一中民五(知)初字第23号民事判决书。
2 上海市浦东新区人民法院(2015)浦民三(知)初字第529号民事判决书;上海知识产权法院(2016)沪73民终190号民事判决书;江苏省苏州市中级人民法院(2015)苏中知民初字第201号民事判决书;浙江省高级人民法院(2019)浙民终709号民事判决书;上海市浦东新区人民法院(2017)沪0115民初77945号民事判决书。
3 上海市第三中级人民法院(2021)沪03刑初59号刑事判决书。
4 广东省高级人民法院(2021)粤民终1035号民事判决书。
5 广东省高级人民法院(2020)粤民终763号民事判决书。
6 上海市第一中级人民法院(2022)沪01民终249号民事判决书。

络游戏的趋势同样日渐明显。2022年，首个游戏厂商与游戏代练平台的不正当竞争案件一审有果。[1] 该案中，被诉代练平台"代练帮"以"发单返现金"等形式吸引游戏玩家使用其提供的付费代练服务，使未成年人能通过使用其服务绕开"防沉迷"机制。上海浦东新区法院审理后认为，被诉代练平台扰乱市场竞争秩序，损害游戏企业的合法权益，不仅会破坏游戏公平竞争机制，还会增加未成年人玩家沉迷游戏的风险，侵害社会公共利益。因此，法院认定代练平台提供商业化网络游戏代练服务的行为构成不正当竞争，并判决赔偿游戏公司的损失。随后，"电竞帮"等多个代练平台被法院判定构成不正当竞争，[2] 相继退出了网络游戏商业市场。此外，针对许多严重的外挂、私服等行为，各地法院也纷纷落槌，通过"侵犯著作权罪"给予刑事制裁。[3]

（二）行政执法越发严格，平台监管力度持续加强

2022年9—11月，国家版权局、工业和信息化部、公安部、国家互联网信息办公室联合启动"剑网2022"专项行动，推动规范发展与打击惩治并举，针对互联网盗版、侵权问题开展重点整治。其中，未经授权使用他人游戏等侵权行为受到严厉打击，网络游戏的版权保护工作成果得到加强，网络版权执法效能获得显著提升。随着我国对游戏产品的监管力度不断加大，危及游戏经济安全、账号安全以及黑灰产业等严重影响游戏产业生态的问题也受到了重视。2022年6月以来，包括江苏、上海、湖北、广东等十多个省市公布了近期违规运营游戏处罚案例，处罚数量明显超过上年同期。被处罚游戏公司主要涉及无版号运营游戏行为，另有部分游戏公司因未严格落实未成年人保护措施被罚。2022年，江苏泰州公安打掉一条网络游戏灰色"产业链"，针对非法收集公民身份信息、窃取身份

1　上海市浦东新区人民法院（2022）沪0115民初13290号民事判决书。

2　江苏省高级人民法院（2023）苏民终280号民事判决书；上海市浦东新区人民法院（2022）沪0115民初13290号民事判决书。

3　江苏省宿迁市宿城区人民法院（2020）苏1302刑初69号刑事判决书；湖南省汨罗市人民法院（2022）湘0681刑初38号刑事判决书。

证照片、利用技术对静态照片进行动态转换以完成刷脸认证的黑色产业链展开了深入调查，抓获了大肆向未成年人租售网络游戏账号、提供代刷等"一条龙"服务并从中获利的犯罪嫌疑人，起到重要的警示和威慑作用。

随着监管力度持续加大，违规运营网络游戏的企业数量下降明显，网络灰产的出现频率也大幅降低。目前，各个游戏应用市场对版号要求已十分严格，主流应用市场均已明确要求付费游戏提供版号。游戏产品内容合规，完善的未成年人保护机制已成为优质游戏的必需配置。

（三）未成年人保护持续升级，防沉迷认证机制卓有成效

2022年，在游戏主管部门、游戏行业和社会各界的共同努力下，未成年人保护工作取得良好效果。2021年，国家新闻出版署发布《关于进一步严格管理 切实防止未成年人沉迷网络游戏的通知》，要求所有网络游戏企业对向未成年人提供的网络游戏服务进行严格管控和限制。我国游戏行业总体上积极响应、认真落实了相关工作要求，取得较为明显的进展。新规落地一年后，在多方的共同努力下，批准运营的游戏已全部采用防沉迷实名认证系统。未成年人游戏总时长、消费额度等大幅减少。2022年上半年，各部门继续出台法规政策，进一步加大未成年人保护工作力度。依托行政部门指导，网络游戏平台遵规守律，通过自治管理，使得相关规定的落实效率有所提升。例如，腾讯、网易等游戏平台通过人脸识别、大数据、设立未保服务专线、建立家长监护平台等方式自行设置未成年人保护体系，并积极通过诉讼等方式对外挂、私服等架空防沉迷系统的行为进行打击，进一步发挥积极作用。2022年6月数据显示，腾讯游戏未成年人用户活跃账号数量比上年同期下降了76.15%。[1]

除未成年人保护问题外，网络游戏平台"霸王条款""格式条款"问题也逐渐引发关注。2022年9月6日，中国消费者协会对六类网络游戏领域不公平格式条款进行点评，包括不公平地限制账号及虚拟道具使用、游戏道具的实际

----

1 数据来源于中国音数协游戏工委《2022年中国游戏产业报告》。

效果与宣传不符、经营者单方面更改游戏内容时免除经营者责任、免除网络游戏经营者自身过错导致的责任等类型。中国消费者协会指出，网络游戏用户对创建的账号、角色和获取的虚拟财产享有权益，该权益受法律保护。网络游戏经营者免除自身过错导致的责任等同于通过"霸王条款"将责任强加给用户，侵害了用户的权益。该事件受到了包括央视新闻在内的多家主流媒体和社会公众的重点关注，对网络游戏平台自查自治、自我优化提出新的要求。

（四）跨界IP联动成运营新潮流，巧用传统文化赋能版权价值

游戏是IP营收的主要途径之一。2022年的游戏市场收入占据中国文娱市场总营收的近四成，已成为推动文娱IP变现的重要驱动（见图8）。作为我国网络游戏最大的市场，移动游戏逐渐形成初具雏形的IP产业链，包括IP供给方、IP运营方、IP衍生品出品方、衍生品生产方与渠道方五大主体。[1] 当下，IP改编已经成为移动游戏市场最主要的收入来源，提供近七成的市场收入。[2]

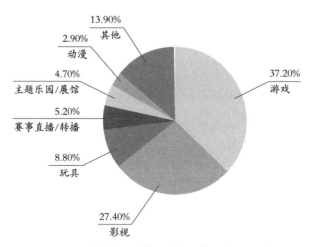

图8　2022年中国文娱IP市场收入来源分布[3]

1　李哲：游戏IP产业链羽翼渐丰　孵化变现能力有待提升，载《中国经营报》2023年6月19日第20版。

2　数据来源于伽马数据《2022—2023移动游戏IP市场发展报告》。

3　数据来源于伽马数据《2022—2023移动游戏IP市场发展报告》。

由于许多大型IP本身具有巨大市场影响力与用户吸引力，越来越多的网络游戏企业开始重视挖掘来自文学、动漫、影视等外部版权方的潜力IP进行改编。当下，许多企业更愿意以中下游衍生品出品方的角色进行相应游戏研发，对移动游戏原创IP相关尝试和经验略显不足。截至目前，虽然国内的IP改编游戏尚未出现"破圈"效应，但众多网络游戏企业正不断尝试通过提升角色丰富度，增强画面真实性等提高用户吸引力。在文学或影视圈较为火热的《流浪地球》《三体》《亮剑》等作品，均已进行相应游戏的IP授权。

相较于IP授权改编，网络游戏原创IP具有成本低、商业化价值高的优势。为进一步发挥网络游戏原创IP的版权价值，许多游戏企业纷纷开始采用"联动"方式构筑版权运营的蓝图。例如，《开心消消乐》举办了数次国风题材活动，与故宫、上海美术电影制片厂、敦煌博物馆等IP进行联动，实现了数次"破圈"效应，对我国传统文化的宣传具有推动作用。国产热门游戏《原神》IP和必胜客开启了"必胜邀约 寻珍之旅"联动活动，一经发布即受到众多游戏玩家关注。此外，《流浪地球2》与《明日之后》也开创了联动版本，在游戏中深度还原电影的剧情。该联动发布半天后在微博的浏览量已超千万，《明日之后》仅用6小时就重返了IOS畅销榜前10。IP联动已经成为网络游戏IP营销推广的重要方式，也对游戏IP和其他行业融合发挥的良好版权价值效应进行了有力的证明。

三、2022年网络游戏行业版权保护发展趋势

（一）"游戏+"模式迅猛发展，带动相关产业多元创新

如今的游戏产业不再是仅向公众提供娱乐产品的单一产业，而是对产业布局、科技创新具有影响力的重要行业。[1] 据估算，目前，游戏技术对芯

---

1 罗茂林：游戏产业上海"玩家"：数字文创驱动科技创新蝶变，载《上海证券报》2023年3月31日第5版。

片产业的科技进步贡献率为14.9%，对5G高速网络产业的科技进步贡献率为46.3%，对XR产业的科技进步贡献率达到了71.6%。[1]游戏产业的诞生和发展依赖底层技术升级和突破，游戏本身对画质和体验感等需求的提升也不断反向刺激和推进相关硬件产品的迭代升级，形成正向的促进和循环关系。

当下，许多应用于游戏产业研发和运营环节的基础技术，已在芯片、人工智能、5G、AR/VR等科技前沿领域发挥了重要作用。例如，索尼公司首发了VR游戏设备PSVR2，上线了包括《地平线：山之呼唤》《生化危机8:村庄》和《GT赛车7》等顶级游戏在内的30多款游戏，此外还有超过百款游戏正在研发。同时，其发起了面向中国本土开发者的"中国之星计划"，或将为PSVR2等游戏类型补充更多适于中国游戏玩家的内容。[2]

"游戏+"已经成为企业重点发力方向之一。未来，"游戏+"整体商业空间有望超过3000亿元，[3]游戏产品和相关产业的深度融合有望大幅降低发展成本、提升产业效率、提高整体收益。近年来，众多游戏公司纷纷开启了"游戏+"模式，将游戏技术与其他领域进行融合和交接，进而实现良好效应。例如，腾讯公司开展"数字长城""全动飞行模拟机""全变源追踪猎人星座计划"等项目研发，将游戏技术植入了文保、工业和天文等多个领域。网易公司将游戏中积累的多项技术应用于工程机械领域，打造了全球首台登陆4000米海拔高原作业的无人挖掘机。世纪华通开展数字红色文旅新业态探索，成为国内首家数字红色文化体验空间的运营者。[4]

作为数字技术的重要组成部分，一批游戏技术已被跨行业深度应用于多个产业领域。包括智慧城市、文旅文保、医疗健康、教育科普等与日常生活息息相关的多个方面都融入了应用于网络游戏的数字技术。"游戏+公益""游

---

1 数据来源于中国游戏产业研究院、中国科学院自然科学史研究所王彦雨课题组报告《游戏技术——数实融合进程中的技术新集群》。

2 王伟：索尼PSVR2有望繁荣VR内容生态，载《中国电子报》2023年2月28日第5版。

3 数据来源于伽马数据（CNG）和Game for Good《"游戏+"在中国2022》报告。

4 李哲："游戏+"破圈效应凸显：技术外溢利好数实融合，载《中国经营报》2023年3月6日第31版。

戏+医疗""游戏+教育""游戏+文化"等领域的延展越发宽泛（见图9）。例如，近年来故宫多次与网易、腾讯等游戏企业进行合作，推出《故宫：口袋宫匠》《绘真·妙笔千山》等以故宫文化为题材的游戏产品，推动传统文化的传播。上海师范大学与盛趣游戏联合开发的多款包含传统文化的"游戏+"产品，将作为上海市首套中小学戏曲教材的配套内容，助力基础美育教育，推进游戏和教育、文化资源的共享与合作。可见，"游戏+"的互动模式能够帮助实体产业数字化转型，有利于推动我国数实融合进程。

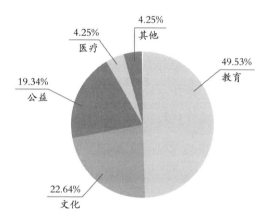

图9 2022年中国"游戏+产品行业分布"[1]

（二）电竞直播迈入成熟期，影游融合发展前景广阔

受到新冠疫情等因素影响，电子竞技市场和网络游戏直播市场的总体规模和销售收入均有所降低。然而，有赖于良好的市场活力与庞大的人口基数，2022年，我国电子竞技市场在全球市场仍然占据重要比重。中国电竞产业的收入主要由电竞游戏、内容直播、赛事活动、俱乐部经营等构成，与网络游戏产业的发展息息相关。数据显示，2022年，中国电子竞技游戏市场实际销售收入为1178.02亿元，同比下降15.96%[2]，但仍预计占据全球电竞收入的1/3。[3] 我国

---

1 数据来源于伽马数据（CNG）和Game for Good《"游戏+"在中国2022》报告。

2 数据来源于中国音数协电子竞技工作委员会《2022年中国电子竞技产业报告》。

3 数据来源于Newzoo《2022全球电竞与游戏直播市场报告》。

电子竞技行业发展迅猛的态势、庞大的市场份额及强劲的跨界融合潜能，引发了社会各界的重视。多地政府关注到电子竞技在经济与文化方面的双重效应与拉动作用，制定并实施了多项电子竞技产业发展促进政策，产生了良好的助推效果。此外，人社部认可的首批"电子竞技员"职业技能等级证书于2022年正式发放，标志着电子竞技人才规范化进入新阶段，我国电子竞技市场正逐渐走向成熟。就网络游戏直播市场而言，2022年，中国仍然拥有世界上最大的游戏直播观众市场。初步预计显示，2022年，中国网络游戏直播市场规模将会达到1108亿元，[1] 到2025年，中国的网络游戏直播观众将达2.675亿人。[2] 历经数年的发展，在多方面主体共同组成的完整产业链的支持和运营下，网络游戏直播由最早的萌芽阶段，已进入具有完整产业链的成熟阶段，并将进一步和周边产业产生更紧密的联系。

网络信息技术和数字技术的提升使得电影与电子游戏间的互动和关联越发紧密，在当下"互联网+""游戏+"态势急剧加速的背景下，电影与游戏互相融合的"影游融合"新业态成为发展重点，无论是影视IP改编游戏还是游戏改编电影均受到关注，尤其是后者近年来取得了不俗的票房成绩。据报道，2022年，《超级马力欧兄弟大电影》全球票房突破13亿美元，成为影史动画片全球票房亚军。改编自《魔兽》系列游戏（《魔兽争霸》《魔兽世界》）的《魔兽》在中国上映5天票房便突破了10亿元；《头号玩家》国内票房达到了12.96亿元。《神秘海域》《俄罗斯方块》《龙与地下城：侠盗荣耀》等由热门游戏改编而成的电影，也都收获了不错的口碑和票房。这些票房成绩均表明了受众对于影游融合类电影的欢迎和喜爱，也展现出了影游融合类电影巨大的发展潜力和空间。"影游融合"类电影将"影视"和"游戏"这两种艺术或产业形式进行充分交融，不仅能借助电影行业精良的画面制作、宣发等优势提升网络游戏的版权价值，也能借助网络游戏巨大的用户数量和经济效益带动电影

----

1 数据来源于TakingData《2022年中国游戏直播行业白皮书》。
2 数据来源于Newzoo《2022全球电竞与游戏直播市场报告》。

行业的收益效果。

（三）换皮游戏规制思路逐渐明晰，游戏规则可版权性争议凸显

对于网络游戏"换皮抄袭"保护路径和模式问题，司法实践经历了从"拆分保护"到"整体保护"的探索过程，后者多次为司法判决所确认，[1] 换皮游戏的规制思路逐渐明晰。然而，对于网络游戏规则的可版权性和保护边界问题，司法实践仍旧处于探索阶段。

在2014年《炉石传说》诉《卧龙传说》著作权纠纷案中，法院依据"拆分保护"思路，认定涉案游戏的规则属于"思想"，并非著作权法保护的客体。[2] 在2017年《奇迹MU》诉《奇迹神话》著作权侵权及不正当竞争纠纷案中，法院通过"整体保护"模式认定网络游戏"整体画面"构成类电作品，间接对涵盖于游戏整体的游戏规则进行了著作权保护。[3] 在2019年《太极熊猫》诉《花千骨》著作权侵权及不正当纠纷案中，法院将细化的游戏规则设计类比电影创作，认为应当根据游戏规则的具体表达方式，通过独创性判断网络游戏规则的可版权性。[4] 不难看出，对游戏规则的可版权性问题，虽然近年来与"换皮游戏"相关的司法判决多有涉及，但思考路径和判断依据却存在差异。2022年，《我的世界》诉《迷你世界》著作权侵权及不正当纠纷案二审宣判，明确了视听作品的保护不能笼统地延及游戏的规则玩法的观点。该案二审法院认为，视听作品只能在自身逻辑运行框架内发挥调节功能，不能指望由其"包打一切"。若试图一并通过游戏画面著作权来保护玩法规则，则难免"鞭长莫及"。[5] 就此，广东省高级人民法院对游戏玩法规则等非画面内容不能作为"视听作品"受著作权法保护的观点进行了明确。通过多个司法判决之对比

1 广东省高级人民法院（2021）粤民终1035号民事判决书。

2 上海市第一中级人民法院（2014）沪一中民五（知）初字第23号民事判决书。

3 上海知识产权法院（2016）沪73民终190号民事判决书。

4 江苏省苏州市中级人民法院（2015）苏中知民初字第201号民事判决书。

5 广东省高级人民法院（2021）粤民终1035号民事判决书。

可见，虽然当下法院对游戏玩法规则和网络游戏画面之关系的理解已经越发深入，但对于网络游戏玩法规则的可版权性问题仍未达成统一。

当下的网络游戏规则不再是简单且基础的"概念"与"想法"，而早已成为决定游戏核心吸引力及市场竞争力的关键。游戏企业无疑对网络游戏玩法规则的设计倾注了大量的时间和精力等，若不对其进行保护则可能打击网络游戏规则创新的积极性。然而，大量的劳动付出并非网络游戏规则获得可版权性的必要条件，对游戏规则的宽泛保护也会限制近似类型游戏的发展。网络游戏玩法规则究竟能否构成著作权法意义上的表达并被加以保护？若答案为否定，又应当以何种方式在维护市场竞争秩序的前提下对网络游戏规则进行保护？随着司法实践对"换皮游戏"侵权纠纷的理解日益成熟，对"游戏规则"的保护思路也在不断地变化和突破。对网络游戏规则的著作权法定性及法律保护路径选择，仍待理论界与司法实践进一步探寻。

III

案　例　篇

深化建设"版权之城"，助推数字经济高质量发展

——以2022年成都市数字版权保护与发展经验为例

何海燕*

版权是数字经济发展的关键要素，数字版权则是数字经济的重要组成部分。我国数字经济正进入快速发展阶段，数字经济规模持续攀升，《四川省数字经济发展白皮书（2022）》显示，2022年成都数字经济核心产业增加值位居全省第一，占比接近2/3。成都数字经济的发展离不开数字版权的贡献，自2009年成为全国首个版权示范城市以来，成都不断提升版权创造、运用、管理和保护的能力，为数字版权的发展与保护提供了"成都方案"。本报告旨在分析2022年成都数字版权工作在激励、保护与服务三个方面的做法，总结成都数字版权保护与发展经验。

一、成都市数字版权保护与发展概况

（一）成都"版权之城"的创建背景

"全国版权示范城市"是指能够有效实施著作权法律法规，版权保护措施得力，市场运作规范，版权产业在其经济发展中占有重要地位，版权创造、运用、保护、管理能力强，在全国具有示范效应的城市。版权发展和保护水平

---

* 何海燕，中国政法大学。

彰显着城市的品质、创新力和竞争力。成都高度重视版权保护与发展，自2009年2月国家版权局发布《全国版权示范城市、示范单位和示范园区（基地）管理办法》，成都市立刻全面启动创建工作，历时19个月，国家版权局作出关于同意成都市申请创建全国版权示范城市的批复，成都正式通过全国"版权大考"。近年来，成都市委、市政府高度重视版权工作，将版权保护纳入城市发展总体规划，通过采取提高自主创新能力、搭建综合服务平台、加大政策扶持力度、不断完善版权监管体系、规范市场经营环境等有效措施，促进了智力成果的创造、运用、保护与管理。由此，成都成为首个创建成功的全国版权示范城市，成都版权保护事业迈向新起点。[1]

自成都创建版权示范城市以来，知识产权事业不断取得新发展。2012年，成都成为全国首批知识产权示范城市；2015年，成都首批通过国家知识产权示范城市考核验收；2016年，成都成为副省级城市中唯一获批国家知识产权质押融资和专利保险双示范城市；2017年，成都获批国家知识产权强市创建市和国家知识产权运营服务体系建设重点城市，成为同时入围的三个副省级城市之一和西部唯一的国家知识产权强市创建市。得益于成都优质且丰富的版权资源，天府新区也拥有强大的版权产业集群，2021年，国家版权局批复同意在四川天府新区设立"国家版权创新发展基地"，其成为继深圳前海、上海浦东之后全国第三家"国家版权创新发展基地"。天府新区国家版权创新发展基地，将以版权"创造、运用、保护、管理和服务"为主轴，以"公共服务+运营服务"为重点，提供从创意到交易的版权全产业链服务，抢占版权产业发展制高点，为建设新时代版权强国贡献新区力量。[2]

---

1 成都档案：百年百档丨成都的"版权"成长路，网址：https://mp.weixin.qq.com/s/-lacqx-_caIr_YAVSiz4Hw，最后访问日期：2023年8月20日。

2 这个重要基地，全国第三家，网址：https://mp.weixin.qq.com/s/e22ed2U-8cwdKO2_ksNEew，最后访问日期：2023年8月20日。

（二）成都"版权之城"的建设成效

成都作为全国首个版权示范城市，自创建以来坚持"激励创造、有效运用、依法保护、科学管理"的基本方针，深入推进全国版权示范城市建设，不断提升版权创造、运用、保护、管理和服务的能力，取得了一系列成果。成都将创建版权工作纳入了政府工作目标考核体系，荣膺"中国版权金奖·管理奖"。[1] 通过积极创建"全国版权示范城市"，成都不断增强公民版权意识，提升版权创新创意能力，提高版权转化运用效果，完善版权管理服务体系，加强版权保护能力。成都版权建设成效显著，逐渐成长为版权强市并成功打造"版权之城"。

关于版权保护工作成效，第一，从版权登记数量来看，2022年全市文学、艺术、科学领域作品著作权登记18.24万件。其中，作品著作权登记9.86万件，同比增长6.85%；计算机软件著作权登记8.38万件，位列全国第5、副省级城市第3位。[2] 第二，从版权执法水平来看，成都实施"版权护航"工程、开展"双打""剑网""院线电影版权保护""冬奥版权保护"等数字版权保护专项行动，不断优化营商环境。第三，从软件正版化工作来看，自2012年成都获批成为全国第三个"中国软件名城"以来，软件产业就成为其现代化产业体系建设的重点布局。为促进软件企业创新，成都将软件著作权登记纳入《成都市促进软件产业高质量发展若干政策》，同时又将正版化工作与促进产业发展有机结合，将优质"成都造"软件产品纳入全市软件正版化目录。第四，从版权示范项目来看，截至2022年4月，成都拥有国家级版权示范园区（基地）3个、省级版权示范园区（基地）3个，国家级版权示范单位3个、省级版权示范

---

1 中国版权金奖是中国版权领域最高奖项，也是中国版权领域唯一的国际奖项。

2 推动版权创新创造，助力文化自信自强！Mossi莫西熊猫参与成都市版权宣传活动，网址：https://mp.weixin.qq.com/s/jKHD0rMJLuFfUqgOkdC7rw，最后访问日期：2023年8月20日。

单位4个、市级版权示范单位49个，市级版权示范园区（基地）4个。[1] 第五，从版权产业来看，成都版权产业近年来发展质量稳步提升，产业结构不断优化，核心版权产业发展尤为迅速，占版权产业比重逐步提升。近年来，成都全市完成登记且成功转化的作品涵盖设计、艺术、美术、文学、摄影、音乐等多个领域，因版权转化产生的经济价值逾千万元，版权助推经济建设和产业发展大局。

综上所述，成都能够成长为"版权之城"的原因在于，其高度重视版权创意产出，依托丰富的版权资源持续提升版权创新创造能力；重视版权产业发展，不断提升版权对经济的贡献值，培育新型文化创意产业业态；加强版权保护与发展的政策体系，打造健全的版权保护法治工作体系与具有吸引力的政策体系。

二、成都市版权保护与发展的政策激励

（一）持续加强版权创造激励，为产业发展提供政策保障

近年来，为进一步激励版权创造，成都结合版权产业发展状况，相继出台了涵盖方方面面的版权激励政策。具体而言，相关激励政策包括促进版权登记的政策，如《成都市作品著作权登记资助管理办法》《成都市计算机软件著作权登记资助管理办法》；促进版权示范建设的政策，如《成都市版权示范单位和示范园区（基地）评选管理办法》《成都市优秀版权作品管理办法》；促进版权服务体系完善的政策，如《成都市版权服务工作站管理办法》等；促进版权产业发展的政策，如《四川天府新区成都直管区鼓励知识产权创造保护和运用若干政策》《2022年四川天府新区版权创造保护和运用资助项目申报指南》。

上述政策为产业发展提供了一般性的制度保障，针对特定版权产业，成

1　西部首个、全国第四！2021年成都软件著作权超12万件，网址：www.sohu.com/a/541404856_120237，最后访问日期：2023年8月20日。

都还针对性地强化了政策激励。以音乐产业为例，2022年5月，成都发布《成都市人民政府关于支持音乐产业发展促进国际音乐之都建设的实施意见》，提出要激励原创音乐，强化版权服务，不仅鼓励相关数字技术在音乐版权确权、保护上的运用，还对音乐企业和机构发展原创音乐孵化平台、音乐版权交易平台、原创音乐作品或剧目等项目，视项目综合效益，给予实际投资额50%以内最高不超过200万元的支持奖励。

（二）重视版权登记管理，强化版权政策奖励

版权登记是版权管理的重要环节，也是确定版权归属的重要依据。成都高度重视版权登记管理工作，自2016年起，成都市全面实行作品免费登记服务（计算机软件著作权除外），权利人作品版权登记量骤增，且成功转化的作品涵盖设计、艺术、美术、文学、摄影、音乐等各领域。[1]

完善的登记服务是健全授权体系的重要条件，为鼓励知识产权创造保护和运用，成都天府新区于2021年发布了《四川天府新区成都直管区鼓励知识产权创造保护和运用若干政策》（以下简称《政策》），预计实施三年。《政策》对计算机软件著作权进行登记资助，对优秀版权作品提供奖励，同时鼓励版权服务工作站发展，对在成都市被评为年度优秀版权服务工作站的，当年一次性奖励三万元。

（三）创建版权示范单位，发挥标杆引领作用

成都全方位助力数字版权经济发展，出台产业政策，开展示范创建，搭建展会平台，大力提升数字出版、数字游戏、数字音乐、网络文学、传媒影视、数字发行等新经济业态创新驱动。目前成都数字版权相关企业数量达3000余家，展现了良好的产业基础和区位优势。为充分发挥版权示范主体对版权产

1　赖名芳：成都市全面实行作品登记免费服务，网址：https://www.ncac.gov.cn/chinacopyright/contents/12227/345430.shtml，最后访问日期：2023年8月20日。

业发展的引领带头作用，进一步提升版权创造、运用、保护水平，成都积极开展版权示范单位和示范园区（基地）申报评审工作。成都要求申报主体拥有自主创新能力与自主版权、健全的版权管理制度与服务体系以及完善的版权宣传教育机制等。通过设置系列考核标准，成都旨在为其他企业与园区树立标杆与典型示范作用，激励版权产业主体发展，增强企业参与版权创造、保护、运用的积极性与成就感。

成都市大力开展版权示范创建工作，整合地区和行业版权资源，有针对性地在优势产业集聚区、产业园区、产业基地精心培育一批拥有版权优势项目的版权示范单位（园区、基地），以示范引领带动版权相关行业、产业快速且高质量发展。截至2023年6月，全市现拥有国家级、省级、市级版权示范单位（园区）78个。[1] 此外，成都还借助多样化的版权宣传手段发挥示范单位的标杆引领作用。成都加强新媒体运用，搭建《蓉话版权，IP成都》宣传品牌，打造立体宣传体系，实时显示版权行业最新资讯，重点报道成都版权亮点、创新做法、优秀案例，以"版权+"打通文学、视听、图片、音乐、动漫、游戏等产业。[2] 成都以融媒体为版权宣传口径，切实扩大了成都版权影响力，提升了引领示范作用，创新了版权工作模式。

三、成都市版权保护状况

（一）技术助力保护路径创新，司法保护体系不断升级完善

笔者以中国裁判文书网为数据库，分别以"著作权权属、侵权纠纷""侵犯信息网络传播权纠纷""侵害作品放映权纠纷"为案由，检索了2018年至2022年各年度成都市各级人民法院一审案件审理情况（见图1）。检

---

1 版权赋能城市高质量发展 成都亮相第十九届文博会，网址：https://mp.weixin.qq.com/s/Gsmo6nhywdxj9mDyPNP5HA，最后访问日期：2023年8月20日。

2 2021年成都市知识产权宣传周版权宣传活动暨数字版权综合服务平台上线，网址：https://new.qq.com/rain/a/20210426A0BSV000，最后访问日期：2023年8月20日。

索结果显示，成都市著作权纠纷的案件类型绝大部分为信息网络传播权纠纷与侵害视听作品放映权纠纷。2022年，成都著作权权属、侵权纠纷一审案件总体数量大幅下降，主要原因在于成都知识产权案件管辖范围有较大调整，管辖权有所下放。2022年5月1日起，一般类知识产权案件管辖下沉后，新收案件数量下降。虽然案件总体数量下降，但从占比来看，信息网络传播权纠纷与侵害作品放映权纠纷仍占据一半以上。数字版权侵权纠纷案件类型是著作权纠纷案件中的重点领域。

图1　2018—2022年成都市各级人民法院一审案件审理情况

随着数字经济时代来临，版权产业蓬勃发展，数字版权成为司法保护的重点。成都高度重视数字版权司法保护，根据《2022年成都法院知识产权司法保护状况白皮书》显示，成都数字版权司法保护呈现以下特点：第一，从成都知识产权法庭受案情况来看，著作权案件占比最高。2022年共受理商标类案件1256件、著作权案件4791件、专利类案件1033件、技术合同类案件103件、不正当竞争案件87件、其他案件543件。第二，从受案类型来看，受案领域有所扩张。除传统知识产权纠纷外，涉NFT数字藏品、体育赛事直播等新产业、新领域案件明显增加，这些新产业、新领域也是数字版权的集中体现。第三，数字版权典型案例发挥示范引领作用。天府新区法院审理的"文化传播有限公司诉某计算机科技有限公司侵害作品信息网络传播权纠纷案"及"成都某科技有限公司诉上海某科技有限公司侵害作品信息网络传播权纠纷案"被四川省版权产业奖项评选活动评审委员会评为"版权卫视保护奖"。

在优化版权司法保护机制方面，为充分回应日益增加的知识产权司法保护和创新创业需求，成都法院不断探索更优权利保护路径，开展了以下三方面工作。其一，成都建立了全国首创、惠及四川的技术事实查明中心，引入3D建模及技术调查官流动站，化解知识产权案件举证难、审理难的困境。其二，完善诉讼保障体系，降低诉讼成本。成都升级了办案服务保障中心（南区），以"一心多能、专人专岗"为理念提升版权保护司法服务能力。其三，加快知识产权案件类型化快审机制改革。建设"蓉知·蓉智"智慧法院要素化审判系统，统合两级法院类型化案件快审、精审，以多层次、多渠道、多力量的体制机制改革，革新知识产权现代化司法治理体系。[1]

除了完善司法保护机制，成都法院还不断专业化数字版权审判队伍。成都法院始终坚持以建设专业化、现代化、具有国际视野的审判队伍为目标，强抓党建引领，充分搭建形式丰富、多点开花的业务培训平台，着力培塑专业、忠诚、干净、担当的知识产权司法队伍。为进一步加强知识产权专业人才培养，成都中院以"蓉知·蓉智"党建品牌为抓手，在两级法院中积极打造"蓉知大讲堂"。以《知产庭"蓉知大讲堂"活动方案》为运行指导，就审判经验分享、专业知识讨论、综合工作指导、职业共同体联动等主题开展多种讲坛活动。通过邀请成都两级法院及深圳、北京等多地业务专家共同参与，形成两级覆盖、地区互联、多点开花的运行态势，不断提高成都数字版权案件审判队伍的专业化能力。

此外，成都还创新数字版权"大保护"路径，进一步完善数字版权司法保护体系。一方面，成都设立版权e法保护服务中心，开辟数字版权"大保护"新路径。为打造"多维服务＋多元调解＋多方保护"的版权司法服务体

---

[1] 宋雅婷：2022年成都法院司法保护状况白皮书及十大典型案例发布，网址：https://new.qq.com/rain/a/20230426A06OW000，最后访问日期：2023年8月20日。

系，由成都知识产权法庭指导，成都市武侯区人民法院联合武侯区版权局、三国创意设计产业功能区管委会主办的版权e法保护服务中心挂牌成立。该中心的成立为版权"大保护"开辟了新路径，为企业创新驱动发展提供有力的司法综合服务和保障。2022年11月，该中心成功化解了一起音乐电视作品的版权纠纷案，展现了多元化纠纷解决机制，节约了诉讼成本与社会资源。此次版权纠纷调解充分发挥了知识产权人民调解组织和版权保护行政部门的专业优势，是体现"行政保护、司法护航、行业自律、多元共治"联动运行原则的一次有益实践。[1]

另一方面，成都市法检联手提升司法协同保护能力，多元化开展知识产权保护工作。2022年，成都法检两家搭建了协同保护知识产权合作框架。市中级法院与市检察院就知识产权刑事附带民事诉讼等问题进行专题研讨调研，建立信息共享会商机制，推动刑事案件证据指引制定、法律适用争议等类案加强磋商研判，促进司法标准统一。在强化行政保护与司法保护衔接方面，成都法检两家与市知识产权局、市版权局等会签实施意见，就加强知识产权"两法衔接"工作达成共识，发挥知识产权保护"双轨制"的制度优势。在此基础上，法检两家不断探索知识产权司法保护的多元升级，成都法院在天府英才综合服务区建立"天府英才知识产权维权服务站"拓展纠纷解决路径；与版权协会等签订《合作框架协议》，共同制定知识产权纠纷诉调对接工作流程，组建"商事争议调解中心"；在充分研判审判中问题基础上向相关部门发送司法建议。成都检察院则在天府中央法务区设立知识产权检察工作室，主动对接企业需求，提供涉知识产权案件受理、辩护与代理接待、法律咨询等服务；创新提供"定制化"检察服务，"随案会诊"，收集处理企业涉知识产权意见；创新推出"企业知识产权法律体检服务"。[2] 成都法检联手，打通知识产权保护全链

1 郑媛：创新版权"大保护"新路径丨成都市武侯区版权e法保护服务中心成立，网址：https://m.thepaper.cn/baijiahao_22376311，最后访问日期：2023年8月20日。
2 王一多，刘冰玉：成都法检联手 打通知识产权保护全链条，网址：https://www.meishanpeace.gov.cn/dltszs/20220428/2581415.html，最后访问日期：2023年8月20日。

条，强化了数字版权司法保护能力。

（二）开展数字版权保护专项行动，持续优化数字版权营商环境

产业的健康发展，离不开营商环境的优化。为培育良好的版权生态，成都实施"版权护航"工程，以推进版权民事、刑事、行政"三合一"侵权纠纷快速处理机制。在全市开展"双打""剑网""院线电影版权保护""冬奥版权保护"等专项行动。[1] 针对网络环境下版权侵权，成都建立了对应的版权保护监管机制。全市各知识产权行政管理部门不断强化行政执法水平，加大行政执法力度，2022年持续开展"春雷行动2022""铁拳""蓝天""剑网2022""北京冬奥会期间版权保护""龙腾行动2022""蓝网行动2022""净网行动2022"等知识产权专项行动，加大执法保护力度，严厉打击违法行为。成都在数字版权行政保护方面成效显著，全年共查办网络侵权盗版案件5件[2]，共立案查处版权案件23件，查处新希望置业有限公司未经著作权人许可通过信息网络向公众传播其作品案等典型案件，对全市查获的非法出版物及部分侵权盗版音像制品22万余册进行集中统一销毁，有效震慑和严厉打击侵权盗版行为。[3] 同时，成都牵头建立推进使用正版软件工作联席会议制度，制定《成都市软件正版化工作规程》《成都市软件正版化工作标准化指南》，不断完善使用正版软件工作体系。

软件是数字版权产业的核心内容，也是发展新经济培育新动能的重要载体。为应对新技术挑战，成都采取加大版权保护力度、强化互联网版权治理、打击网络侵权盗版等一系列举措。近年来，成都高度重视数字版权产业发展，

---

1 2021年成都软件著作权超12万件，网址：https://www.ncac.gov.cn/chinacopyright/2022xcz/12699/356591.shtml，最后访问日期：2023年8月20日。

2 康沙：2022年成都知识产权数量保持快速增长，网址：https://mp.pdnews.cn/Pc/ArtInfoApi/article?id=35321657，最后访问日期：2023年8月20日。

3 加强版权保护宣传，严厉打击侵权行为——总队多形式开展"4.26"知识产权宣传周系列活动，网址：https://www.cdwlzf.cn/contents/61/8196.html，最后访问日期：2023年8月20日。

加强软件版权登记，强化政策扶持和保障，优化产业发展生态，严厉打击网络侵权盗版行为，有力促进了全市软件研发创新，打造了一批具有竞争力、影响力的"成都造"软件。2019年，全市软件版权登记达44525件，创历年新高，较上年增长29.7%，位列全国第六。[1]

（三）注重顶层制度设计，构建版权"大保护"格局

在版权保护工作的开展中，成都注重顶层制度设计与整体工作布局。一方面，成都高度重视版权保护顶层制度的设计与完善，出台了《成都市知识产权保护和运用"十四五"规划》，同时，为贯彻落实国家、省、市"十四五"知识产权规划，市知识产权工作领导小组专门印发了行动方案。《成都市关于加强知识产权保护工作的实施方案》《成都市检察机关关于全面加强知识产权检察保护工作的实施意见（2021—2025年）》等配套措施接续出台。《成都市创建国家知识产权强市建设示范城市工作方案（2022—2024年）》完成编制，为全市知识产权事业发展提供了"规划图"与"施工图"。

另一方面，成都大力构建"严保护、大保护、快保护、同保护"工作格局，不断完善知识产权多元纠纷化解机制和快速维权机制。2022年7月，中国（成都）知识产权保护中心顺利通过国家知识产权局验收。该保护中心正式投入运行后，将为成都市企业提供知识产权创造、运用、保护、管理"全链式"服务。其将进一步健全完善知识产权投诉快速反应机制、多元化纠纷解决机制，助力成都构建行政执法、仲裁调解、维权援助、刑事司法衔接联动的知识产权快速协同保护格局。同时，成都市知识产权公共服务能力也将大幅提升，实现专利、商标、版权事务"一站式"受理和咨询，推动知识产权产业研究、专利导航运用、知识产权质押融资、人才队伍培养等专业化运营服务，助力成

都市经济高质量发展。[1] 除一般性版权保护工作外，成都市版权局还重点关注新领域的版权维权工作。通过与电商平台、在线音乐平台、云计算等企业合作，从而加强版权监管，打击侵犯版权的违法行为。同时，成都市版权局与国家版权局和其他地区的版权部门保持着良好的联系，共同推进版权保护工作。[2]

四、成都市版权社会服务体系建设

（一）完善版权服务体系，提升版权服务专业化能力

版权服务体系的完善，是助推数字版权产业发展的核心要素，更是城市发展的助推器。成都多措并举，不断完善数字版权服务体系，助力成都数字版权产业高质量发展。2021年年底，成都市政府正式批复实施《成都市知识产权保护和运用"十四五"规划》（以下简称《规划》），《规划》提出要逐步实现版权登记、技术存证、数据分析、在线监测、权益维护、渠道分发、转化交易等专业服务功能。

一方面，在数字版权平台建设中，成都以技术赋能版权服务。成都综合运用区块链技术，搭建数字版权平台，实现版权行政确权、瞬时技术存证、信息公开查询、在线网络监测等网上全链条服务功能。自2021年成都数字版权综合服务平台上线以来，成都链接23个区（市）县，打通50个重点园区版权工作站数据接口，实现版权服务"一网通办"，形成"1+23+N"多层次版权公共服务格局，极大地促进了版权创新创造。[3] 成都打造的数字版权综合服务平台，累计服务25万余人次，满意度达99.8%，被评为"2022成都首批国家区

---

1 张诗若：中国（成都）知识产权保护中心顺利通过国家知识产权局验收，网址：https://static.scjjrb.com/files/app/scjjbapp/html/News/202207/22/99103568.html?_t=1658487247，最后访问日期：2023年8月20日。

2 成都市版权局：版权资讯，网址：https://www.zhuboart.com/post/41892.html，最后访问日期：2023年8月20日。

3 昌思荣：四川成都数字版权平台已提供9万余人次服务，网址：https://new.qq.com/rain/a/20221114A019RJ00.html，最后访问日期：2023年8月20日。

块链创新应用试点项目"。[1] 依托这一平台，成都实现了对作品从确权到运用的全链条保护，从源头降低了侵权风险，有效激发了版权创新活力。2022年2月，国家正式全面启动"东数西算"工程，明确了成渝国家算力枢纽节点定位，将天府数据中心集群作为全国10个数据中心集群之一。成都紧扣这一国家政策，入选国家区块链创新应用综合性试点，不仅对区块链建设提供补贴，还大力深化区块链场景应用。《成都市建设国家区块链创新应用综合性试点专项政策》提出要加快建设行业联盟链，支持企业或机构围绕数字版权这一特色领域，建设行业联盟链。同时，每年遴选不超过10个重点行业联盟链予以支持，按其建设及运营总投入的20%给予最高50万元的一次性奖励。

另一方面，成都不断完善版权服务工作站，打通版权保护"最后一公里"。通过版权工作站，将版权工作直接延伸至园区内文化创意企业，帮助企业逐步建立版权保护机制，营造成都发展文化创意产业的良好氛围。[2] 同时，成都积极开展版权专业培训会，切实提升版权行政管理人员及从业人员的专业素养和业务水平以及公众的版权意识。[3] 成都不断创新优化版权工作模式，极大地推动了成都数字版权服务体系的完善。

（二）成立产业联盟，推进数字版权行业交流与自治

成都高度重视发挥数字版权产业集聚效应，成立数字版权产业联盟，强化数字版权行业自治。一方面，成都参与发起多个数字版权产业联盟的成立。

1　成都市委宣传部版权管理处获评成都市建设具有全国影响力的科技创新中心先进集体，网址：https://finance.sina.com.cn/jjxw/2023-01-19/doc-imyastzn8747258.shtml，最后访问日期：2023年8月20日。
2　深入推进全国版权示范城市建设　成都IP不断走向世界舞台，网址：https://mp.weixin.qq.com/s/5LY4cfMN5_e_yrZkeItzFQ，最后访问日期：2023年8月20日。
3　2021年成都软件著作权超12万件，网址：https://www.ncac.gov.cn/chinacopyright/2022xcz/12699/356591.shtml，最后访问日期：2023年8月20日。

2022年12月,成都数字版权交易博览会在中国西部国际博览城开幕。[1] 成都市广播电视台会同部分城市台成立了中国城市台数字版权产业联盟。同月,成都创意设计周还携手成都市动漫游戏协会,首次联合"中国八大美院",聚焦动漫游戏标准,共同发起成立"四川动漫游戏标准化委员会"联盟。相关行业同样注重将数字技术深度应用在版权保护领域,成都"文创链"生态联盟正式成立。该联盟由四川省区块链行业协会、成都音像出版社有限公司共同发起成立,旨在聚集全国数字文创产业资源,推动文化数字化基础设施和服务平台建设。"文创链"生态联盟未来将开启从创意到交易的全流程服务,搭建包括创意生产、内容审核、登记确权、监测维权、传播交易及数字资产管理等环节的数字资产服务网络。[2]

另一方面,成都大力推进版权行业交流,强化跨区域、跨产业融合交流。打造版权相关行业盛会是推动行业交流的主要方式之一。例如,第十届中国网络视听大会在成都开幕,助力成都网络视听产业迈向新征程。自2013年中国网络视听大会首次在成都举办,历经十年,网络视听大会已发展成为国内网络音视频领域规格最高、规模最大,具有行业"风向标"的国家级盛会。[3]在对外交流方面,成都参加了深圳举办的第十九届中国(深圳)国际文化产业博览交易会,以"版权赋能城市高质量发展"为主题亮相该文博会,全面聚焦"成都版权工作成果和特色文化品牌",立体化、场景化展示成都市在版权产业发展、版权工作创新、版权成果转化等方面的创新成果。上述行业发展成果,提高了成都数字版权产业的凝聚力和影响力,提升了成都数字版权产业的

----

[1] 赖名芳:2022成都数字版权交易博览会开幕,网址:https://mp.weixin.qq.com/s/-ZXbhrDN5C1fRaSXcFOLhA,最后访问日期:2023年8月20日。

[2] 但唐文:"激发创新活力 创享知识经济"四川成都2022年版权保护主题宣传系列活动启动,网址:http://ipr.mofcom.gov.cn/article/gnxw/zfbm/zfbmdf/sc/202206/1971498.html,最后访问日期:2023年8月20日。

[3] 程文雯:第七届中国网络版权保护与发展大会在成都召开,网址:https://baijiahao.baidu.com/s?id=1758997536014944501&wfr=spider&for=pc,最后访问日期:2023年8月20日。

发展水平与融合交流。

在加强数字版权跨区域、跨产业融合交流方面，政府多部门主导并参与数字版权项目推介会，以加强版权相关各方合作交流。2022年11月，成都成功举办了"2022成都数字版权项目推介活动"，广泛整合运用社会力量，为版权持有方与版权需求方搭建了高效、可靠的交流与合作平台。[1] 不仅如此，成都还大力开展产业"建圈强链"和招商引智攻坚行动。成都聚焦数字经济的重点产业链上下游、左右岸协同发展，围绕大数据、人工智能、区块链等产业强链补链延链，积极对接全国先进地区的链主企业和优质项目，对接双方资源，推动产业合作和优势互补，着力构建"链主企业+领军人才+产业基金+中介机构+公共平台"的产业生态体系，塑造成都数字经济核心竞争力，数字经济的营收规模在2022年上半年达到了4171.7亿元，实现增加值1115.8亿元，[2] 为数字版权产业的融合发展打下了良好基础。

（三）创新版权服务模式，打造数字版权服务全产业链

版权产业围绕版权作品形成，涉及版权相关产品的生产、加工、销售、传播、利用等一系列经济活动。版权产业自身产业链条既长又广，既能横跨多种现代经济又能与传统产业深度交融。成都制定的《四川天府新区国家版权创新发展基地建设方案（2022—2025年）》准确把握住版权产业的特点，提出以版权产业链、创新链、价值链、生态链"四链融合"为方向，推动版权创造、运用、保护、管理和服务"五维创新"，加快构建全国领先的版权保护、版权金融、版权展会、版权贸易体系和数字版权产业创新发展生态。[3]

- -

1 创享数字机遇 赋能版权价值｜2022成都数字版权项目推介活动成功举办，网址：https://www.sohu.com/a/604827573_121119268，最后访问日期：2023年8月20日。

2 2022成都新经济专场招商推介会 牵手建圈强链，共赴蓉杭未来，网址：http://cdxjj. chengdu.gov.cn/xjjfzw/c001003/2022−08/24/content_5433566411e7402ba323a6dabaf535c3. shtml，最后访问日期：2023年8月20日。

3 聚焦数字版权，天府新区打造版权产业创新发展引领示范区，网址：https://mp.weixin. qq.com/s/vhqERQJJkx6w4SEHbvQgEA，最后访问日期：2023年8月20日。

　　国家级文化产业示范园区是数字版权产业发展的主要依托，其以文化产业为主导产业，集聚了一定数量的文化企业，具备一定的产业规模，并具有独立的运营管理机构，为文化企业集聚发展、资源集约利用提供相应的基础设施保障和公共服务。以梵木文化产业园为例，其是2020年四川省唯一一个获国家级文化产业示范园创建资格的园区。梵木创艺区是梵木文化产业园的重要组成，已经具备"设计—研发—生产—营销"完整的创意产业链体系，是四川省首个具有完整音乐生态链的园区。园区为文创提供了"全方位"支撑，建立了"一站式"服务体系，促进创意、音乐、科技、艺术、旅游、休闲等产业的深度融合与创新。[1]

　　总之，版权发展和保护水平彰显着城市的品质、创新力和竞争力，是一座城市文明进步的重要标志。成都版权工作始终坚持立足新发展阶段，贯彻新发展理念，构建新发展格局。作为全国首个版权示范城市，成都在版权工作上成效显著，展现了版权工作对经济建设和产业发展大局的重要作用，以版权赋能"三城三都"[2]建设。成都在版权激励、版权保护与版权服务上的经验及成效，对其他城市开展版权建设与发展工作具有重要参考与借鉴意义。

1　喜报 | 梵木文化产业园获"国家级文化产业示范园区"称号，网址：https://mp.weixin.qq.com/s/QGTuD_-ZkFIXTX7-MXf9jg，最后访问日期：2023年8月20日。

2　"三城三都"指世界文创名城、世界旅游名城、世界赛事名城和国际美食之都、国际音乐之都、国际会展之都。

抖音：构建新型版权生态的短视频平台

孙晔　姜婧莹*

每当著作权遭遇新技术时，都为法的创立与实施提供了新的选择：扩张权利还是抑制权利？这是经久不衰的话题。[1] 信息时代为版权带来了新的挑战，新的作品形态令人眼花缭乱。其中，短视频以其选材广泛、生产高效、传播高速等特性迅速流行并成为互联网文化的一种新形态。截至2023年6月，我国短视频用户规模达10.26亿人，用户使用率为95.2%。[2] 通过短视频平台，海量用户发布了海量自主创作的内容，在极大地丰富互联网文化内容的同时，也带来了版权保护的新挑战。如何实现作品传播和版权保护之间的协调发展，成为值得观察和思考的问题。本报告以抖音App为对象，以数字版权的保护与发展为主题开展研究，试图探究、梳理抖音在其中扮演的角色与发挥的作用，为其他企业、媒体、互联网平台提供经验与启示。

---

* 孙晔，首都经贸大学；姜婧莹，中国人民大学。

1 保罗·戈斯汀：《著作权之道——从印刷机到数字云》，金海军译，商务印书馆2023年版，第39页。

2 参见中国互联网络信息中心第52次《中国互联网络发展状况统计报告》。

一、抖音发展历程

2016年9月，字节跳动旗下短视频App"A.me"上线，12月更名为"抖音"。彼时，国内短视频尚处于探索发展期，各大网络平台与传统媒体在短视频领域开疆拓土，激烈角逐；快手、微视市场份额位居我国前列，各有千秋。问世之初，抖音以15秒音乐短视频为主要内容，以年青一代为目标用户群体，将音乐与视频画面紧密结合，向大众推广。7年来，抖音短视频经过数次更新迭代，以短视频为载体，融入人们生活的方方面面，已成为用户活跃度最高的网络平台之一。2023年5月，抖音的月活跃用户规模已超过7亿人，月人均使用时长达到36.6小时。[1]

（一）初步探索期：搭建基础功能

在发展初期，抖音着力打磨产品性能，提升用户的使用体验。自首版A.me到更名后、发展至1.4.6版本的抖音短视频，软件整体已经将视频拍摄、编辑、上传、发布、保存、播放、评论互动等功能更新升级，使用体验得到极大改善，丰富、独特的视频特效使得抖音短视频更加引人注目。[2] 短小精致的视频内容，具有冲击力的画面与特效，配以跃动合拍的节奏或歌词，抖音短视频能够有效吸引年轻人的注意力并得以快速推广。

从视频制作方法、素材的编辑使用，到视频转场方法、操作的流畅度，抖音不断优化升级，为用户提供更舒适的使用体验。首先，在短视频拍摄阶段，抖音为用户提供快慢速度、分段拍摄等功能，满足用户不同的拍摄需求。同时，随着技术发展，抖音逐渐将全景拍摄、AR等技术融入短视频拍摄之中。其次，抖音为视频创作提供大量的"道具"与"玩法"，通过滤镜、

1　QuestMobile：2023全景生态流量半年报告，网址：https://www.questmobile.com.cn/research/report/1676069286131634178，最后访问日期：2023年9月1日。

2　抖音的版本记录，网址：https://tools.lancely.tech/apple/app-version/cn/1142110895，最后访问日期：2023年8月10日。

贴纸、特效提升拍摄的趣味性。再次，抖音不断完善视频的保存、编辑、发布与分享等功能的细节设计，以使其更方便用户操作。最后，在视频分发阶段，抖音通过算法将短视频内容与用户偏好相匹配，提升用户观看体验、增强用户黏性。

在探索期，抖音重视其软件基础功能的完善，促使更多用户参与到抖音短视频的创作与传播中。当前，抖音持续为用户改善视频制作条件，并将新功能、新技术引入创作之中，从视频特效到AR互动，再到生成式人工智能的应用，产品持续更新，创作活动易于上手又不失广度与深度，成为抖音App迅速占领用户市场的关键因素。

（二）生态构建期：拓展多元业务

在优化升级基础功能的同时，抖音重视产品宣传，从内容入手，拓展多元业务，扩大用户规模。自2017年第三季度起，抖音通过明星代言、综艺宣传等方式进行产品宣传，提高社会知名度与影响力。此外，抖音引入大量名人入驻，利用名人效应吸引用户，增强黏性。在此基础上，抖音将政务服务、公益活动等引入平台，构建多元生态体系。

2018年春节期间，抖音发起了春节"压岁钱"活动，使其用户人数得到快速增长。3月，其日活跃用户增至7000万人。与此同时，抖音以"记录美好生活"为价值理念，目标用户从年轻群体扩展至全年龄层。随着大量用户涌入抖音社区，抖音及时推出《抖音社区自律公约》，以引导用户行为，并根据平台实际使用情况与环境变化，及时调整、更新公约内容，构建健康的平台社区生态。

此后，抖音在短视频这一核心业务的基础上，进一步拓展业务形态，不断贴近用户的日常生活。2018年7月，抖音推出"向日葵计划"，呵护青少年健康成长；8月推出"政务媒体号成长计划"，将政务公开、政府服务、政民互动等引入平台，增加了权威机构的网络影响力；9月上线"抖音寻人"，让公益活动公开易行；11月启动"山里DOU是好风光"文旅扶贫项目。2019年3月，抖音推出"DOU知识计划"；4月上线"非遗合伙人计划"；8月推出以

"人人都是艺术家"为口号的"DOU艺计划"。2020年1月，火山小视频更名为抖音火山版，抖音旗下产品再次整合。[1]抖音使短视频成为人们记录生活的载体，其内容涵盖节日、赛事、知识、非遗以及公益等方方面面。

（三）升级增长期：开拓电商业务

随着业务体系的不断完善与用户人数的稳定增长，抖音积极开拓电商业务，通过直播带货、视频带货等方式，将短视频内容与产品销售相关联，进一步实现抖音电商生态再升级。

广告和直播带货是短视频平台的主要变现方式，抖音在此之外将商业融入内容，让用户在欣赏短视频的同时不被广告等其他内容分散注意力。在内容与广告有机融合的基础上，抖音着力发展电商业务。2018年1月，抖音开始测试购物车以及相关网络购物功能。2018年9月，抖音小店功能正式上线，随后与淘宝、京东、拼多多等外部电商平台达成合作。2020年6月，"抖音电商"品牌成立。2021年4月，在首届抖音电商生态大会上，抖音首次提出"兴趣电商"概念，紧扣生活主题，满足潜在消费者购物兴趣，提升其生活品质。抖音发布《抖音电商商家经营环境报告》，从经营便捷程度、需求解决效率、治理规则完善度、竞争环境健康度、可持续发展能力、助力乡村发展和实体经济六个维度，全面盘点平台打造良好营商环境的相关举措和成果。[2]抖音为机构、品牌等提供企业认证服务，[3]帮助企业将销售渠道拓展至短视频平台。入驻企业通过抖音的视频、直播等形式，增强了宣传效果，同时，辅以店铺直达链接、一键购买、在平台中提供商家线下通信信息等方式，打破传统销售模式在时间与空间上的劣势，形成线上引流、线下消费的良性互动。2022年5月，在

---

1 抖音大事记，网址：https://www.bytedance.com，最后访问日期：2023年8月10日。

2 抖音电商：抖音电商商家经营环境报告，网址：https://trendinsight.oceanengine.com/arithmetic-report/detail/970，最后访问日期：2023年8月10日。

3 抖音企业号，网址：https://renzheng.douyin.com/site/home，最后访问日期：2023年8月10日。

第二届抖音电商生态大会上，抖音宣布其电商升级为全域兴趣电商，不仅要满足"货找人"场景，也要服务好"人找货"场景，不断向外延伸用户消费的场景，如搜索、商城等，形成多元的场景需求。

在该时期，抖音依托电商业务，获得了新的盈利增长点，截至2023年上半年，抖音电商的销售规模仍处于扩张态势。其中，销售热度同比增长71%，成交热度同比增长75%，实现了高速增长。[1]

综上，抖音不断完善其短视频制作功能，内置多种类型的短视频模板、特效，推出便捷易用的视频剪辑软件"剪映"，进一步降低了短视频创作的技术门槛，扩大了短视频创作者的规模，丰富了内容池。在此基础上，抖音不断拓展其业务体系，将短视频与公益活动、城市形象宣传、公共文化、政务服务相结合，构建起多元化的生态系统。此外，抖音开拓电商业务，通过直播、图文广告将购物与视频内容相结合，获得新的增长。

二、抖音的数字版权保护与发展

（一）创作：从源头处开展版权保护

鼓励文学艺术作品的创作与传播，是著作权法的立法目的之一。创新创造是社会进步的动力，推动内容创新是互联网内容平台的重要使命。在保护与激励内容创新方面，抖音一方面重视版权获取，积极与音乐、视频等内容资源的版权方进行合作；另一方面激励平台用户自主创作优质内容，并为创作者提供多方面帮助。

在音乐作品的版权获取方面，抖音自成立之初，便以"音乐短视频"为核心产品，其中必然涉及使用他人享有版权的音乐。一方面，抖音与网易云音乐等数字音乐平台达成合作，将短视频平台与数字音乐平台的优势充分结合，

---

1 飞瓜数据：《2023上半年短视频直播与电商生态报告》。

使音乐作品及其创作者在双平台获得加倍传播效应。[1] 另一方面，抖音积极向上游唱片公司、独立厂牌、音乐人、音乐著作权集体管理组织获取授权，并将取得授权的音乐作品提供给用户用于短视频创作。2018年，抖音已先后与多家唱片及词曲版权公司达成合作，包括环球音乐、华纳音乐、太合音乐、华纳盛世、大石版权等公司。2021年11月，抖音宣布与原创音乐唱片公司摩登天空达成合作，双方将从音乐版权、音乐内容联合孵化等多维度展开探索；12月，抖音与中国唱片集团正式达成音乐版权合作协议。

在视频、直播方面，抖音与各大视频平台开展双向合作，成效显著。2021年9月24日，抖音、今日头条和西瓜视频联合宣布获得2021—2022年赛季德甲联赛非独家直播版权，这是体育赛事直播与短视频平台合作的首次尝试。2022年7月19日，抖音与爱奇艺就授权长视频用于短视频创作达成合作。2023年4月7日，抖音与腾讯视频围绕长短视频联动推广、短视频二次创作等方面展开探索。互联网内容平台之间就长短视频、网络直播及其他互动事宜展开合作，对创作者来说，可以合法地拥有更多用于加工和编排的素材，降低了侵权风险，丰富了内容素材，有利于优质短视频内容的创作与传播。对互联网内容平台而言，长短视频互相引流，大型赛事、热播影视作品在短视频的加持下进一步提升热度，制造话题。在作品之外，抖音的社区功能使得网友有机会与官方开展密切互动，使抖音短视频的宣传效果更上一层。[2]

在原创作品方面，抖音为音乐作品、视听作品提供官方认证服务。2018年，抖音1.7.1版本已推出"原创音乐人"认证服务，为音乐人提供从创作至发行宣传的一站式服务平台。加速曝光、发酵话题，为原创者提供平台，为再创作提供授权，为音乐人解决推广难题，抖音通过一系列举措有效推动了音乐

1　网易云音乐和抖音达成合作，引领"音乐+短视频"生态建设，网址：https://www.163.com/ent/article/FJ3HOJRS00038FO9.html，最后访问日期：2023年8月10日。

2　抖音、西瓜视频、今日头条获德甲新赛季直播版权，用户可对比赛二次创作，网址：https://www.bytedance.com/zh/news/61512fcd359435031ba484e6，最后访问日期：2023年8月10日。

作品的创作活动。[1] 而视频作为抖音一切产品的基础，无论长、中、短视频，直播抑或转播，唯创新是一切生产经营的源头。为鼓励用户创新、制作、上传原创视频作品，抖音提供了若干辅助机制。就内容创作及后续传播而言，抖音推出了"抖音创作服务平台"，为创作者提供"授权管理""内容发布及管理""互动管理""数据管理""音乐管理"等多项服务，实现了从创作、传播到反馈的全方位指引。[2] 创作者可以借助平台自行管理账号、浏览并分析作品数据，从而得到作品传播的直接反馈。

（二）传播：发挥短视频平台的分发宣传功能

在作品传播方面，抖音通过算法推荐系统实现协同过滤，向用户推送符合其兴趣偏好的内容信息。算法推荐系统提升了内容与用户的匹配度，在一定程度上提高了传播效率。基于此，抖音不仅是短视频分享平台，也具有分发宣传平台的属性，即影视剧集、综艺节目、传统文化等借助抖音平台进行宣传以提升影响力。

当前抖音已成为电影宣传的一大阵地。官方账号入驻、短视频预热、直播售票等诸多新颖形式，使抖音成为电影吸引更多观众的重要平台。当前电影在抖音的宣传主要有两种方式：一是电影官方在抖音开设账号，不定期发布电影花絮、片段、路演等相关信息，吸引用户关注；二是其他媒体、自媒体等在其抖音账号上发布电影相关采访、路演中的互动、观影体验等内容，增加影片热度。目前，多部电影通过抖音进行宣发，获得了较高热度，在一定程度上助推了票房增长。2021年春节档电影《你好，李焕英》借助抖音平台进行宣传，获得了较好成效。《你好，李焕英》官方于2020年10月29日在抖音开设账号，并发布电影相关宣传片花等作品。《你好，李焕英》抖音账号共发布作品307个，现有粉丝225.6万人，获赞9895.2万次。除了官方发布内容，《你好，李

---

1 抖音音乐开放平台，网址：https://music.douyin.com，最后访问日期：2023年8月10日。
2 抖音创作服务平台，网址：https://creator.douyin.com，最后访问日期：2023年8月10日。

焕英》联合抖音头部账号"疯产姐妹",制作了该博主观影前后反应变化的短视频,获得点赞量达390万次;抖音用户"维维啊"分享了一条观影后"硬汉落泪"的短视频,获得点赞量达347万次。电影女主角张小斐发布了一条正片花絮片段,点赞量高达727万次。此外,抖音推出了《你好,李焕英》电影专属特效拍摄道具,用户可利用特效拍摄出具有20世纪80年代风格的视频,实现了对该影片的进一步传播扩散。

此外,电视剧、综艺节目等也借助抖音平台进行宣传,提升作品热度。除了利用官方账号、主流媒体对剧集内容进行宣传,用户的二次创作也在一定程度上发挥了宣传作用。但用户二次创作存在版权侵权的风险,为了在保护作品版权的同时兼顾作品推广与传播,正如前文所述,长短视频平台已开始共谋发展,此种合作使长视频内容在二次创作中被再次传播,作品热度得以提升,进而吸引更多用户关注。

除对影视综艺等作品进行宣传推广外,抖音还积极与博物馆、非遗传承人等进行合作,推动优秀传统文化焕发活力。例如,抖音联合故宫博物院于国际博物馆日推出了"抖来云逛馆"活动。2023年8月22日,"抖来云逛馆"第二季推出了故宫独家XR直播、独家知识系列视频、唤醒神龙知识公益小游戏等活动,相关视频播放量达4.1亿次。[1] 此外,抖音推出了"非遗合伙人"计划、"非遗主播沙龙",鼓励非遗传承人、非遗传播机构积极参与相关话题。在抖音的大力扶持下,"非遗合伙人"相关视频播放量达36.8亿次,"非遗传承"相关视频播放量达110.4亿次。截至2023年5月,抖音上平均每天有1.9万场非遗直播,平均每分钟就有13场非遗内容开播,濒危非遗全类目通过平台找到了"新观众"。此外,2022年抖音上非遗产品销售额同比增长达194%;在平台购买非遗好物的消费者数量为上一年的1.62倍。[2]

---

1 抖来云逛馆,网址:https://v.douyin.com/j2SYYHu/,最后访问日期:2023年8月10日。
2 李丽:每分钟13场非遗内容开播!抖音发布2023非遗数据报告,网址:https://baijiahao.baidu.com/s?id=1768248963233126867&wfr=spider&for=pc,最后访问日期:2023年8月10日。

（三）保护：肩负平台的社会责任

在发展过程中，抖音不仅重视创作、积极发挥短视频平台的分发宣传功能，促进版权作品的保护与传播，同时也肩负着平台责任，积极主动应对侵权难题。抖音既防患于未然，尽可能减少侵权行为的发生，面对已经发生的侵权行为，也积极履行平台责任，维护版权方的合法权益。

一方面，抖音发起"原创者联盟"等计划，指引、帮助相关权利人进行版权维权。抖音短视频平台聚集着大量的普通用户创作者，这类创作主体通常缺乏版权保护意识与维权能力。为此，抖音于2020年启动"原创者联盟"计划，邀请优质短视频创作者加入版权保护及维权联盟，并与相关监测机构合作，为优质原创者提供20个平台的免费侵权监测及维权服务。抖音将侵权线索监测与快速投诉维权服务集合于平台之上，不仅为创作者提供免费的版权保护服务、设置白名单及授权外站账号，且避免了维权资源的浪费。[1] 对电商平台中的被侵权主体，抖音推出"抖音电商知识产权保护平台"，向不同类型的权利人及侵权行为提供类型化的维权投诉操作指南，为投诉者设置实时流程跟进服务。若投诉成立，相关网页将公示侵权处罚情况。抖音官方亦公布了《"抖音"侵权投诉指引》（以下简称《指引》），在其App上设置投诉渠道，列出投诉邮箱以供接收侵权通知。同时，基于侵权行为的复杂性，《指引》将不同类型的侵权行为分类处理，逐一说明维权流程与所需材料。[2] 此外，为提高用户版权意识，抖音持续推广相关教育视频，提示创作者添加相关标识。

另一方面，对平台上的潜在侵权视频，抖音恪守"通知—删除"（现今的"通知—必要措施"）规则和红旗规则，迅速下架潜在侵权视频，有效控制侵权规模。事实上，短视频侵权治理对平台而言难度极大。一是海量用户上传视频，每日新增视频量上亿，远远超过传统视频平台。二是相比长视频，

---

1 抖音原创者联盟计划，网址：https://aweme.snssdk.com/magic/page/ejs/5f105274fd25b102ecbc1448?appType=douyin，最后访问日期：2023年8月10日。

2 "抖音"侵权投诉指引，网址：https://www.douyin.com/draft/douyin_agreement/infringement_guide.html?id=6916756127044601869，最后访问日期：2023年8月10日。

短视频在技术上增加了比对难度，且因为内容较短，平台更难判断其是否构成侵权。为克服侵权治理难题，抖音积极采取行动，在其官方账号"抖音安全中心"中及时更新对抄袭、搬运、作弊等违规视频、账号的处置结果与官方通告，并为广大用户提供规则讲解，发挥教育警示功能。2021年6月24日的公告显示，2021年上半年，抖音受理创作者著作权侵权投诉38918起，下架相关侵权视频23215条；在日常巡查中，处理下架版权问题视频72万条。同时，抖音从严从重打击搬运抄袭内容的行为，2021年上半年处罚账号超过14万个，其中2429个账号被永久封禁。在微信公众号"电脑报"于2021年11月29日发布的一项平台横向测试中，抖音凭借领先技术和巨大的人力投入，展现出了明显优于其他中长视频平台的视频审核效果。[1] 此外，抖音还针对特定"热点"话题展开重点专项治理行动。以冬奥会版权保护治理为例，抖音在冬奥会期间调集超过1万名审核人员对相关内容进行人工复审，尽可能做到全面防范和及时清理；严格管控直播，人工24小时巡查，一旦发现存在未经授权播放冬奥赛事的直播，立即切断直播流，并对直播者予以警告；还采取了设置单独的侵权投诉快速处理通道等措施。

三、抖音网络版权保护与发展的经验与启示

（一）创新为上，内容为先

创新是发展的源头，"创新为上，内容为先"是短视频平台版权保护与发展的重要课题。作为网络服务提供者，抖音为创作者提供创作工具、传播平台、变现渠道，一方面培养本平台的原创群体，扶持独立原创者；另一方面，积极与权利人展开合作，获取授权，解决演绎作品的版权合法性问题。

----

1 版权意识哪家强？11大中短视频平台横向测试，网址：https://mp.weixin.qq.com/s?__biz=Mzg3NTU2MjU2Mw==&mid=2247569675&idx=1&sn=b43f460853a4e421ac25f715f8391360&chksm=cf3c0227f84b8b312703aa798bad330329b91b1e7d03e5eb457d7c1311edb4dd51080b75ca4b#rd，最后访问日期：2023年8月10日。

一方面，抖音针对不同的创作群体，推出不同的扶持计划。抖音平台上存在专业内容制作方、专业用户、普通用户等多种内容制作者。在专业内容制作方方面，抖音成立相应的文娱部门，发布"抖音出品"短视频内容招募计划，与专业的节目制作方、影视制作公司进行合作，打造爆款微综艺、微短剧。2019年11月，抖音参与出品首档明星竖屏微真人秀《归零》（英文名《REKNOW》），与张艺兴工作室合作，以张艺兴为期13天的"独自出逃"为主要内容。2022年，抖音与柠萌影业共同出品了微短剧《二十九》，该剧播放量突破8亿次、站内话题播放量突破14.4亿次。[1] 在专业用户方面，推出抖音MCN机构管理平台，鼓励MCN以及与MCN签约的达人入驻，并对其提供创作支持、资源整合、数据分析、运营支持等，提升MCN机构短视频内容制作的质量。在普通用户方面，抖音推出了"中视频伙伴计划""十亿流量投放计划"等项目，对优质UGC内容进行流量扶持，同时提升了普通用户的创作收益。

另一方面，抖音在重视内容创作之外，也注重作品演绎中的版权合法性问题。抖音通过事先取得作品版权授权的方式，解决未经许可使用在先作品可能导致的版权侵权难题，便于用户进行内容创作。抖音就音乐作品与音著协、腾讯音乐、环球音乐、华纳音乐、摩登天空、独立音乐人等版权方展开合作，获取音乐版权；就长视频作品的推广、二次创作与搜狐、爱奇艺、腾讯视频达成合作；就网络文学作品与番茄小说达成合作，共同入局微短剧市场。抖音通过与不同类型的作品版权方进行合作、获得版权，有效降低了用户的版权侵权风险。

随着技术的进步，人工智能技术已被应用于短视频内容创作。基于此，抖音发布了关于人工智能生成内容的平台规范暨行业倡议，以解决人工智能生成内容可能带来的虚假信息、侵权等问题。但是人工智能技术应用到内容领域所引发的版权问题十分复杂，未来，抖音需根据技术发展情况、政府部门出台

---

1 抖音短剧畅想会公布年度片单 深耕内容持续打造影响力爆款，网址：http://ent.china.com.cn/xwtt/detail2_2023_03/30/3893455.html，最后访问日期：2023年8月10日。

的相关规制政策等及时调整平台规范，以更好地对内容进行版权保护，促进平台良性发展。

（二）平台合作，互利共赢

随着技术的发展，内容创作门槛正在逐步降低，越来越多的用户参与到内容生产中，作品数量大幅度增长，作品交易及版权运营管理也从传统商品交易模式过渡到网络许可模式。大量的版权被掌握在各平台手中，想要实现作品的自由流通，促进社会文化繁荣，需要平台间积极合作，探索共存之路。长短视听作品、文字作品、音乐作品、直播表演、音像制品等不同形式的作品及邻接权客体之间互相转换时，版权冲突日益凸显。因此，加强平台合作，以一揽子许可协议的方式解决版权授权问题是较为经济可行的方式。实践中，抖音平台积极与长视频平台、音乐平台、网络文学平台等展开合作，在缓解侵权难题的同时，实现互利共赢。

在合作过程中，抖音基于短视频平台的独特优势和社区属性，有力促进了演绎作品的创作与传播，进一步缩短了版权方与受众之间的距离，使得作品的宣传推广更为便利。此外，抖音也与相关地区展开合作，借助短视频平台的技术与影响力，提高城市宣传建设效能、促进文化传播、保护非物质文化遗产以及推广社会公益。这些内容的市场价值和社会价值，经由短视频平台被进一步激发，跨平台、跨领域的合作实现了互利共赢。

（三）推动法治，持续发展

在短视频平台发展过程中，版权相关问题值得理论与实践不断研究、探索。例如，短视频能否成为著作权法意义上的作品；"合理使用"的边界如何界定；"搬运""造假"及"模仿"行为如何定性；侵权行为如何规制等。

在短视频相关的版权制度探索方面，短视频独创性认定案[1]、短视频模

----

1 北京互联网法院（2018）京0491民初1号民事判决书。

板著作权第一案[1]的原告主体均为抖音。这些案件涉及短视频及其模板的独创性、侵权认定等一系列问题，为后续的理论研究与司法实践提供了借鉴。对于避风港规则及红旗规则在短视频领域予以突破是否恰当，各类网络平台的版权注意义务标准如何划定，"必要措施"的范围如何界定等问题，学界和司法界仍存在非常大的争议。抖音在遵守各项规范、规则的基础上，也根据自身发展，积极探索版权保护新路径，在侵权投诉、违规处罚及公告等环节，结合行业和公司实践，不断探索、尝试和细化其版权保护体系，为网络版权生态建设肩负起平台社会责任。在个人信息保护方面，抖音根据《民法典》《个人信息保护法》，持续跟进修改隐私政策，更新个人信息保护相关举措，以促进个人信息数据保护规则的构建。在平台治理方面，抖音以季度为单位，将平台治理成果定期发布至其官方账号"抖音黑板报"的《安全治理透明度报告》中。该报告对违规内容、违规行为特征、处罚结果进行直观且全面的公示，展示了抖音在平台治理方面的不断努力，也显示了平台面临的复杂网络环境和繁重治理工作，有效回应了平台治理的需要，充分体现了治理工作的急难险重和平台面临挑战的治理决心。

近年来，人工智能成为热点话题，尤其是生成式人工智能再次引发主体资格、作品属性、侵权责任等著作权问题的热烈讨论。人工智能的创作能否属于著作权法意义上的创作；其生成物是否能够享有版权；谁是版权的所有者；使用人工智能生成内容是否侵犯在先权利人的版权等一系列问题亟待厘清。抖音于2023年5月9日发布《抖音关于人工智能生成内容标识的水印与元数据规范》[2]，规定生成式人工智能技术的提供者，应对生成内容进行显著标识，以便公众判断。尽管针对人工智能生成内容的规制仍处于探索阶段，但平台及时作出反应，推动规则制定，是其积极承担社会责任的体现。

----

1 杭州互联网法院（2020）浙0192民初8001号民事判决书。

2 抖音关于人工智能生成内容标识的水印与元数据规范，网址：https://bbci.magich5page. com/magic/eco/runtime/release/645907a43592e704dcc222be? 最后访问日期：2023年8月 10日。

　　综上所述，抖音在注重创作、持续完善内容生产功能的基础上，将短视频与旅游宣传、城市形象、公益活动、政府服务、电商购物等相结合，不断完善内容生态，形成多元业务生态系统，并在发展过程中主动承担平台责任，持续探索版权保护和发展之路。当前，鼓励创新创作、重视内容生产，拓展平台合作、实现互利共赢，参与社会共治、形成发展合力，是抖音构建新型版权生态的重要路径。未来，随着人工智能技术向短视频平台领域的延展，抖音仍需与时俱进，应对挑战、把握机遇，持续营造优质、多元、共赢的版权生态。

中国出版"走出去"与版权多元开发的路径探索
——以《三体》为例

吴琦　董子旖　张紫涵*

　　科幻小说作为推动科幻产业发展的内容源头，对其多元开发必然推动我国科幻产业全面发展。同时，借由科幻这一国际性选题，有助于推动中国出版"走出去"，使中国科幻作品能够在世界文学舞台上崭露头角，使中国当代文学在全球范围内获得更广泛的认可。鉴于科幻仍属小众领域，其有待激活的版权开发潜能巨大，本报告以在国内外均较有知名度的科幻作品——《三体》为例，对其出版的海外运营以及版权多元开发路径进行深入分析探索，为国内科幻产业的发展提供参考。

一、《三体》国内外出版历程

　　《三体》长篇科幻小说系列（又称"三体三部曲"）由中国科幻小说代表作家之一——刘慈欣创作，共三部，包括《三体》[1]《三体2：黑暗森林》《三体3：死神永生》。关于其在国内的出版，第一部于2006年5月起在《科幻

---

* 吴琦、董子旖，中国人民大学国家版权贸易基地；张紫涵，中国人民大学。
1 由于《三体》不仅指"三体三部曲"第一部，还指《三体》这个IP。为防止混淆，笔者在表述《三体》系列第一部小说时，用"三体三部曲"第一部指代；《三体》通常指《三体》IP。

世界》杂志上连载8期，这是该杂志第一次全文连载长篇小说。由于其在科幻这一小众领域内好评如潮，2008年1月，重庆出版集团出版"三体三部曲"第一部单行本；同年5月，重庆出版集团首次出版《三体2：黑暗森林》；2010年11月，重庆出版集团首次出版《三体3：死神永生》。2022年，科幻小说销量占据中国通俗读物市场的15.56%，其中67%的销量来自"三体三部曲"。[1]

关于"三体三部曲"在海外的出版。2014年，重庆出版集团与中国教育图书进出口有限公司合作完成《三体》英文版在美国的出版。2015年，刘慈欣凭借"三体三部曲"第一部获得了由世界科幻协会颁发的、有"科幻文学界诺贝尔奖"之称的雨果奖最佳长篇小说奖，刘慈欣成为首次获得该奖项的中国人甚至亚洲人。[2] 此后，"三体三部曲"的影响力渗透至全球，该系列小说的海外传播逐渐成为现象级文化事件，仅2016年便出版了德语、法语、泰语、西班牙语等8种语言的译本，截至2023年共向全球输出31个语种，[3] 已出版英语、韩语、葡萄牙语、西班牙语、法语、德语、匈牙利语、泰语、波兰语、日语等18个语种的译本，外文版累计销量超330万册。[4] 登陆美国不到一年，"三体三部曲"第一部的销售量达到两三万册，通常业内衡量一部中国翻译作品成功的销量指标仅为两三千册。此外，"三体三部曲"的英文版版权续约预付版税高达125万美元，约合人民币800万元，刷新了中国文学作品海外版权输出的新纪录。[5]

除雨果奖最佳长篇小说奖外，"三体三部曲"获得了多项国内和国际文

1　李煦：《三体》占科幻读物销量的67%，中国需要更多"大刘"，网址：https://new.qq.com/rain/a/20221214A02UHL00，最后访问日期：2023年9月11日。

2　郭爽：中国小说《三体》获科幻最高荣誉雨果奖，网址：https://www.gov.cn/xinwen/2015-08/23/content_2918440.htm，最后访问日期：2023年9月11日。

3　三体宇宙官网，网址：https://www.3body.com/front/about/about.html，最后访问日期：2023年7月7日。

4　刘红：《三体》"走出去"的实践与启示，载《新闻研究导刊》2023年第11期。

5　刘蓓蓓：《三体》英文版125万美元续约　创中国文学海外版权输出新纪录，网址：https://baijiahao.baidu.com/s?id=1721743300514770367&wfr=spider&for=pc，最后访问日期：2023年7月20日。

学大奖，不断刷新中国文学在海外销售、获奖的纪录，在世界范围内掀起了中国科幻文学热潮，获得了国内外的关注和认可。[1] 在国内层面，2006年，"三体三部曲"第一部荣获第18届中国科幻文学银河奖科幻特别奖；2011年，《三体3：死神永生》先后获第22届中国科幻银河奖特别奖和第二届全球华语科幻星云奖最佳长篇小说金奖；2022年，"三体三部曲"荣获中国版权金奖作品奖；《三体》被评选为2021十大年度国家文学IP。在国际层面，"三体三部曲"第一部获2014年度美国奇幻科幻协会星云奖长篇小说类提名；2016年，"三体三部曲"第一部的西班牙语版荣获凯文奖最佳国际科幻小说奖，发行仅3天，跃居西班牙科幻奇幻文学当月畅销书排行榜第2名；2017年，《三体3：死神永生》英文版获得美国轨迹奖最佳长篇科幻小说奖，"三体三部曲"第一部的德文版荣获2017年德国库尔德·拉西茨奖"最佳翻译小说"提名，出版不久就荣登德国《明镜周刊》畅销书榜第4名，"三体三部曲"第一部的法语版获得法国幻想大奖外国小说类提名，"三体三部曲"第一部的西班牙语版获得伊格诺特斯奖最佳国外长篇小说奖；2018年，"三体三部曲"第一部的意大利版荣获意大利国际科幻奖；2019年，"三体三部曲"第一部的日文版荣获日本第7届"图书日志"图书奖的海外小说部门大奖，日文版发售当天荣登日本亚马逊文艺作品销量榜第1名，5天内8次印刷；2020年，"三体三部曲"第一部斩获日本第51届日本星云奖海外长篇小说部门奖；2021年，《三体2：黑暗森林》获日本星云奖。[2]

二、《三体》版权开发与保护情况

（一）IP价值骤然飞涨，三体宇宙完成版权集中化

《三体》凭借其宏大且独特的世界观以及普世的内容，在国内外受到广

----

1 吴瑾瑾：中国当代科幻小说的海外传播及其启示：以刘慈欣的《三体》为例，载《山东大学学报》2021年第6期。
2 刘红：《三体》"走出去"的实践与启示，载《新闻研究导刊》2023年第11期。

泛好评。2009年，刘慈欣以10万元价格将《三体》的影视版权转让给宋春雨编剧及其丈夫张番番导演。2014年8月，游族影业宣布与张番番导演合作，以2亿元投资拍摄《三体》电影。2015年《三体》电影已完成拍摄，但其上映时间几经推迟至2030年。2018年，游族影业以1.2亿元收购百星社，成立三体宇宙（上海）文化发展有限公司（以下简称三体宇宙），作为《三体》系列内容开发及商业衍生的独家版权方，专注该IP的开发和运营。[1] 历时八年，《三体》的影视版权费翻了千余倍，一方面2009年我国影视版权意识尚且不强，版权交易通常在特定圈层内部完成，尚未形成规范的、市场化的版权经济和行业。况且，彼时科幻题材局限于小众圈层，科幻巨著落地成为人民群众喜闻乐见的影视作品，难度和成本极大。另一方面，2015年雨果奖最佳长篇故事奖的获得使《三体》知名度飞速提升，一跃成为国内科幻基石。与此同时，互联网的高速发展使得影视创作形式和播出平台发生了巨大变革，成熟的文学IP被改编成影视剧成为市场追捧的对象。

三体宇宙成立后完成了《三体》版权的全方位收拢，以在此前提和保障之下推进《三体》IP的多元开发。三体宇宙通过自行探索以及寻求外部合作的方式开发的内容产品覆盖视听、泛文化、互动娱乐和实景娱乐等领域。截至2022年，三体IP含消费和体验的商业运营项目，市场价值累计20亿元。[2] 随着动漫、剧集等内容的释出，《三体》IP呈现出更加清晰的版权开发方向。总体而言，《三体》的全版权开发可分为内容开发、多形式产品开发和衍生品开发三方面。

（二）深耕内容开发，保障后续开发系统且连续

内容方面的开发是其他后续开发的前提与基础。《三体》作为科幻IP，在

1　姚赟：三体"魔咒"，网址：https://www.sohu.com/a/440779362_419187https://finance.sina.com.cn/stock/roll/2023-02-08/doc-imyexmnc4561984.shtml，最后访问日期：2023年9月11日。

2　三体宇宙官网，网址：https://www.3body.com/front/about/about.html，最后访问日期：2023年7月7日。

基础设定上涉及宇宙控制论、宇宙社会学等科学理论和专业知识，但同时其内容又不失普世性，包含了对宇宙及人性的思考，文本本身具有可解读与可深度探究的空间。为此，三体宇宙建立了世界观小组，对IP内容进行了梳理与整合，拆解原著所有的细节，以辞典的形式编写《三体世界观》，详细解释了小说中的人物、事件、科技、社会哲学和时代等，包括一些基础的视觉设定，按照时间线整理出时空结构和故事流程，编撰成一部"工具书"，为三体内容项目创作提供参考，让所有参与《三体》内容创作的团队，能深刻理解故事背后的基本规则和核心要素。[1]

三体宇宙通过《三体世界观》的出版，为后续的创作者及大众解读、阐释了三体的世界观和设定，为IP开发过程中人物、宇宙观及视觉设定的统一以及IP后续开发的连续性、系统性提供了保障。在《三体》多内容产品体系的规划下，内容开发显得尤为重要。

（三）多形式产品开发方向日渐清晰，IP影视改编市场潜力巨大

自2018年三体宇宙成立且实现版权集中化后，其以"提供尽可能多类型的《三体》内容以满足不同用户的需求"为开发策略展开探索。截至2023年，IP多形式产品开发主要集中于影视听、泛文化、互动娱乐和实景娱乐四个方面。《三体》文学作品、动漫画、影视剧等视听内容均基于《三体世界观》，其开发模式在业内已初步成形。三体宇宙先后在喜马拉雅推出了六季广播剧和有声书系列，其中广播剧于2022年1月19日以1.1亿次播放量收官成为全网播放量最高的科幻广播剧；[2] 与腾讯动漫合作推出的《三体》漫画仍在连载中，截至

----

1 孙铭欣，张雨：科幻IP全产业链开发策略探究——以《三体》为例，载《新闻研究导刊》2022年第15期。

2 梁长玉：1.1亿播放量《三体》成全网播放量最高科幻广播剧，网址：http://business.china.com.cn/2022-01/20/content_41858763.html，最后访问日期：2023年9月11日。

2022年，播放量已破2亿次；[1] 三体宇宙将哔哩哔哩UP主神游八方基于游戏《我的世界》自制的《我的三体》系列动画收入旗下，进行了三季的开发和播出，第四季正在制作中，截至2022年12月，该系列动画的第三季《我的三体之章北海传》播放量已超1亿次；[2] 与哔哩哔哩、艺画开天联合出品的动画版《三体》，于2022年12月在哔哩哔哩开播，尽管口碑平平，但作为版权集中化后的影视化首发作品，《三体》动画开播后，哔哩哔哩的整体股价上涨了115%，市值上涨超353亿元；[3] 与中央电视台、腾讯视频、咪咕视讯、灵河文化共同出品的《三体》电视剧，于2023年1月在央视八套首播，并在腾讯视频、咪咕视频同步播出。[4]《三体》系列英文剧集由海外流媒体巨头奈飞负责拍摄，2022年9月奈飞宣布已完成首季拍摄。由田晓鹏导演执导的《三体》新电影已在制作中。[5] 2023年7月，三体宇宙和优酷联合出品国内首档科幻漫谈节目《不要回答》，邀请刘慈欣、贾樟柯、徐冰、许知远等各领域专家、学者，立足科幻对照现实，展开关于未来科技与人文挑战的设想和解读。三体宇宙试图通过多领域进一步挖掘三体IP的科普和文化价值。此外，三体宇宙将《三体》在授权范围内用于游戏开发、发行、改编以及衍生产品等权利授予游族网络的全资子公司上海游族互娱网络科技有限公司，授权期限为2020年6月至2030年6月。[6]

　　影视剧制作收入是三体宇宙整体营收的主要来源之一。《三体》电视剧

1　牛梦笛：《三体》动画播放量破两亿　国漫或将迎来作品井喷期，网址：http://www.xinhuanet.com/ent/20221226/26bf1f7099084ab09df8a201deb57ea6/c.html，最后访问日期：2023年9月11日。

2　《我的三体之章北海传》播放量突破1亿大关，网友：全靠同行衬托，https://new.qq.com/rain/a/20221226A07WFB00，最后访问日期：2023年9月20日。

3　崔铭：三体宇宙CEO赵骥龙：希望《三体》IP的开发至少能做100年，网址：https://mp.weixin.qq.com/s/o7xzoRcrQGWwzwcKGZIgJQ，最后访问日期：2023年9月6日。

4　电视剧《三体》定档于1月15日首播，网址：https://www.thepaper.cn/newsDetail_forward_21529193，最后访问日期：2023年9月11日。

5　琪琪：《三体》版权费：10万变1.2亿，IP是如何运作的？网址：https://mp.weixin.qq.com/s/KzRXvrN-dnHqDO3bh53POA，最后访问日期：2023年9月6日。

6　吴遇利：游族网络：正进行《三体》系列IP游戏开发，3—5年推向市场，网址：https://www.thepaper.cn/newsDetail_forward_18773611#，最后访问日期：2023年9月5日。

是IP开发运营的优秀案例，以豆瓣8.5分的成绩收官，打破了《三体》长期以来IP影视化难的"魔咒"。[1] 其在保留原有剧情和人设的前提下，通过艺术手法补齐原著的空白，降低观剧门槛的同时提升了观剧体验。[2] 同时，三体电视剧官方还与《中国国家天文》杂志合作推出特别企划《三体降维解读报告》，邀请中国科学院五位专家围绕三体小说涉及的八个科技维度内容展开科普解读，让深奥难懂的科幻作品进入更多大众的视线。

除传统形式外，凭借科幻IP独有的科技感，三体宇宙开始了体验式IP开发模式的探索，包括舞台剧，将小说通过现场表演的方式与观众面对面交流，以引发情感共鸣；艺术展览，三体宇宙打造了三体时空沉浸展，落地上海、重庆等地，呈现了三体世界等多种场景。之后，三体宇宙与商汤科技达成合作，联合开发融合科幻与科技的《三体·引力之外》线下沉浸式体验，探索"科幻+AI"的新形式。此外，未来三体宇宙还计划对标哈利·波特等世界知名IP，基于《三体》的世界构建主题乐园，形成收入的重要组成部分。[3]

（四）衍生品开发双轨并行，商业化授权回报可观

在衍生品开发方面，三体宇宙选择内容与商业并进的路径，挖掘IP价值，进行衍生品开发。在内容上，三体宇宙推出《三体艺术插画集》，从美学角度对科幻IP进行挖掘和创作，销量超3万册；开设三体天猫旗舰店，依据IP中的主题元素，进行服装、配饰、文具、数码等多种形式的周边产品制作与售卖；在商业化方面，三体宇宙与中国银行、联想、必胜客等多家品牌联名合作，推出了快消、服饰等多领域的商品。商业化授权已成为三体宇宙整体营收的主要

---

1 崔铭：三体宇宙CEO赵骥龙：希望《三体》IP的开发至少能做100年，网址：https://mp.weixin.qq.com/s/o7xzoRcrQGWwzwcKGZIgJQ，最后访问时间：2023年9月6日。
2 卫中：大IP翻拍，《三体》做对了什么？载《文汇报》2023年1月29日。
3 "三体"霸屏热搜，三体宇宙CEO：对标哈利·波特，网址：https://mp.weixin.qq.com/s/hncKZj7v16DFBLth5OUuWw，最后访问日期：2023年7月7日。

来源之一，截至2023年，商业化授权业务约占三体宇宙整体收入的40%。[1]

（五）积极进行版权登记，侵权赔偿责任加重

科幻在我国属小众领域，多数优秀科幻作品首先风靡于网络，网络著作权侵权等现象频发不利于优秀作品的保护。与此同时，IP改编与开发的模式多样，其中往往涉及多方利益，权属不明、利益关系不确定可能造成IP的可持续开发、全产业链开发受阻。对此，《三体》的版权集中于三体宇宙手中，由其统一协调、统筹开发。

截至2022年，三体宇宙登记的作品著作权共23件，包含文字作品、音乐作品、美术作品以及其他作品，对《三体》IP中的部分故事梗概、logo设计、角色和《三体》IP的整体故事设定等进行了登记保护。[2] 另外，三体宇宙还对"三体宇宙IP运营系统"进行了软件著作权登记。对于不构成著作权法上的作品但凝结了IP的知名度及商业价值的名称和图片，则从商业标识的角度对其进行保护。具体而言，三体宇宙成立前，部分相关商标已被其他主体注册，三体宇宙成立后通过各种方式将这些商标的注册人作出变更，同时自行对相关商标进行了注册以固定《三体》IP的经济利益。2018年，即三体宇宙成立之年，《三体》IP的商标申请数量达到《三体》小说问世十年来的最大值，共112件。[3] 其中注册商标主要有两类，一类是"三体"二字在各类商品或者服务上的商标，另一类是《三体》IP中的著名人物或者故事情节，如"执剑人""群星计划"等。

在版权的司法保护层面，两例关于《三体》小说的盗版行为被行政机关

1　崔铭：三体宇宙CEO赵骥龙：希望《三体》IP的开发至少能做100年，网址：https://mp.weixin.qq.com/s/o7xzoRcrQGWwzwcKGZIgJQ，最后访问日期：2023年9月6日。

2　数据来源于天眼查，网址：https://www.tianyancha.com/company/3278081915/zhishi，最后访问日期：2023年7月7日。

3　数据来源于天眼查，网址：https://www.tianyancha.com/company/3278081915/zhishi，最后访问日期：2023年7月7日。

查处，且最终被认定构成侵犯著作权罪。[1] 此外，深圳市腾讯计算机系统有限公司（以下简称腾讯公司）诉广州荔支网络技术有限公司（以下简称荔支公司）侵犯《三体》著作权案，由上海知识产权法院于2022年9月作出二审判决。法院认为，《三体》具有很高的商业价值，荔枝App上存在大量《三体》音频，其中部分音频的标题中有"三体""刘慈欣"等字样且有连续多集，荔支公司容易识别出此类音频是侵权音频。对于独家主播等有影响力的主播，荔支公司对其播出的内容有更高的注意义务。荔支公司明知或者应知其平台主播传播侵权音频，未采取制止侵权的必要措施，构成帮助侵权，应承担相应的民事责任，且维持了一审法院500万元的赔偿金。[2] 该案入选上海市版权局发布的2021年度上海版权十大典型案例，体现出强化知识产权保护、加大赔偿力度的司法导向。

三、《三体》"走出去"与全版权运营的经验与启示

（一）高质量翻译、专业版权代理助推中国科幻"走出去"

"三体三部曲"作为中国出版"走出去"成功的代表，受到诸多海外读者的认可和喜爱，其经验值得被总结学习。首先，"三体三部曲"作为硬科幻小说，其选题的世界性，是其跨越文化差异在世界范围内广受欢迎的前提和基础。"三体三部曲"的出版方重庆出版集团及其海外版权代理中国教育图书进出口有限公司（以下简称中教图公司）均认可选题的重要性。在选题上要综合考量作品的文学价值、市场价值和文化传播特性，以评估外译作品的国际出版价值，选择综合价值较高的作品进行海外出版。基于这一标准，中教图公司将以科幻文学、悬疑文学和少数民族文学为代表的类型文学作为拓展版权贸易业

1　河北省保定市竞秀区人民法院（原河北省保定市新市区人民法院）（2019）冀0602刑初329号刑事判决书，天津市第一中级人民法院（2020）津01刑初57号刑事判决书。
2　上海知识产权法院（2021）沪73民终818号民事判决书。

务的重点方向。[1]

其次，高质量的翻译是"三体三部曲"出版顺利"走出去"的重要保证。"三体三部曲"第一部的译者刘宇昆是版权代理方中教图公司经过漫长的筛选而确定的。美籍华裔科幻小说家及译者刘宇昆凭借作品《手中纸，心中爱》和《物哀》于2012年和2013年相继获得欧美三大奖项——星云奖、雨果奖和奇幻界最高奖"世界奇幻奖"，在美国科幻界享有一定声誉。他精通英汉双语，在充分领会原文的同时又熟谙文化差异，他的译本在保持故事情节的同时，采用了适合引进国读者的、通俗的叙述方式，使得中国小说能够顺利被英文读者接纳。并且，他还对难以理解的名词、事件等添加了脚注和解释性注释。[2]可见，高质量的翻译不仅要准确呈现原著的语言特点，在表达方式上还要符合引进国读者的阅读习惯，只有如此才能真正撬开海外市场。

最后，专业的海外出版代理是"三体三部曲"在海外获得成功的另一关键因素。中教图公司作为"三体三部曲"的海外版权代理，在版权输出前投入大量成本和精力，在寻得适合的优秀译者后支付高昂的翻译费用完成全文翻译。在译者刘宇昆的引荐下，美国知名科幻文学出版公司，麦克米伦出版公司旗下的托尔图书购买了《三体》的相关版权。2022年1月，中教图公司已与托尔图书完成了"三体三部曲"英文版版权的提前续约，续约金高达125万美元，约合人民币800万元，创造了中国文学作品海外版权输出的新纪录。在版权成功转让后，中教图公司持续跟进，调整出版物的设计、装帧、印刷工艺等以符合引进国读者的习惯和喜好，及时配合国外出版方进行海外宣传推广。例如，为《三体》开设专属英文网站、推特及脸书账号，定期发布作品进行宣传；邀请国际知名科幻作家大卫·布林等权威人士撰写书评；为《三体》制作

---

1 中国教育图书进出口有限公司出口综合部:《三体》三部曲走红国际文学舞台，载《出版参考》2019年第12期。

2 王亚文：中国本土文学译介传播能力的提升：从走出去到走进去——以刘慈欣小说《三体》为例，载《中国出版》2019年第1期；刘红：《三体》"走出去"的实践与启示，载《新闻研究导刊》2023年第11期。

宣传短片和主题曲。[1]

　　"三体三部曲"刷新了海外读者对中国当代科幻文学的认识，为中国科幻文学拓展海外市场提供了可持续的发展动力。[2]遵循上述"先翻译后输出"的运营模式及持续跟进举措，重庆出版集团和中教图公司一同将"三体三部曲"版权输送到日本、法国、德国、意大利、西班牙、俄罗斯等国的知名出版机构。可见，推动中国出版"走出去"高质量发展，一是需要高质量高水准的翻译，虽然会承担更高的费用，但在选择海外出版商时将会有更大的主动权与话语权，这是"走出去"的突破口；二是需要专业的海外版权代理，其不仅在译者的遴选中发挥重要作用，在后续版权输出的持续跟进中，包括出版物的装帧设计、宣传推广以及与海外出版方的对接上均会发挥其专业与优势。

（二）布局版权多元开发运营，选对合作方拓宽媒介渠道

　　除出版"走出去"外，《三体》IP的版权多元开发运营是其成功的另一关键。三体宇宙对《三体》进行全版权开发，全面布局上游、中游、下游产业链，深耕内容开发，明确多形式产品开发方向，双轨开发IP衍生品。首先，在全版权开发模式下，内容开发依旧是源头和地基，其作为能量来源、IP商业潜力得以释放的根基，将融入和影响中游、下游产业的各项开发。尤其是科幻类型IP，其可解读、可深挖的空间巨大，对科幻作品进行深度、全面的解读和剖析一方面是读者的需要，另一方面也是内容素材库构建的需要，为后续开发打下基础。

　　其次，多产品开发有助于扩大IP受众范围，需统筹规划，注重开发时机。根据《三体》IP的多产品开发的经验，三体宇宙成立后，IP多形式产品开发主要集中于影视听、泛文化、互动娱乐和实景娱乐四个方面，现已开发的产品形式包括有声书、广播剧、动漫画及影视剧等，其中有的取得了不错的反响，有

1 钱航，王立倩：《三体》系列海外传播模式分析，载《2020年社会发展论坛（西安）论文集》。
2 刘悦：中国出版"走出去"战略助力版权贸易新发展，载《文化产业》2021年第13期。

的则表现平平。《三体》影视化困难更是一度成为"魔咒",直到2023年《三体》电视剧的热映才打破了这一"魔咒"。事实上,早在2016年游族影业已宣称要制作《三体》游戏和电影,至2023年却依旧未见成果。而由宋春雨夫妇于2014年开始筹划制作的《三体》电影截至2023年亦仍未上映。可见,《三体》IP在多产品开发方面顺序混乱,未经统筹规划,缺乏对现实情况的判断。影视化、游戏化均需要高昂的制作成本、极强的制作能力以及较长的制作周期,此类项目开发需计划周密、选准时机,才能降低投资风险。

再次,衍生品开发作为商业变现的主要途径之一,应量体裁衣,以消费者为导向创新开发模式,进一步激活其潜能。根据中国科幻研究中心、南方科技大学科学与人类想象力研究中心共同发布的《2023中国科幻产业报告》,2022年,中国科幻产业总营收877.5亿元,总体呈现稳中向好的发展趋势。其中,科幻影视产业总营收83.5亿元,同比增长16.1%;科幻衍生品产业总营收48.3亿元,同比下降20.4%。[1] 可见科幻IP在衍生品开发方面仍有待加强。《三体》周边衍生品的开发以在各类服饰配件上加印主题元素为主,缺乏对IP核心价值的挖掘。其跨界商业合作项目,如与中国银行、必胜客等快消品的联名亦浮于表面,IP在产品中的价值体现不够充分,存在IP过于泛化的可能。随着互联网经济、粉丝经济的发展,科幻IP的开发也应提升粉丝、受众的参与度,增强消费者的黏性。例如《我的三体》动画片就是由《三体》小说的粉丝自制而成,其在哔哩哔哩激起了小的水花,后被三体宇宙收至旗下,使该系列得以持续,进一步通过内容创新维护受众黏性。再如VR、AR等新技术在《三体》IP体验式开发模式创新中的应用,使受众可以沉浸式地体验原著中描绘的特定场景。总而言之,对于衍生品的开发,仍应以IP内容为核心,以IP的受众即消费者为导向,结合消费者的需求及偏好进行有温度、有创意的开发。

最后,对于版权方,在IP开发与运营上合作对象的选择也十分重要。三体

----

[1] 参见中国科幻研究中心、南方科技大学科学和人类想象力研究中心发布的《2023中国科幻产业报告》。

宇宙CEO赵骥龙在采访中表示，在合作方的选择方面，需考虑合作方是否在内容理解上与原著达成共识，是否具有行业领先或创新意识。此外，规模和技术的先进性也是选择合作方时需要考量的因素，因为触及更为广泛、跨越代际的用户是IP常青的关键。[1] 无论是"三体三部曲"出版海外运营的成功，还是《三体》全版权开发所取得的成效，均体现出选对合作对象所发挥的重要作用。

----

1 崔铭：三体宇宙CEO赵骥龙：希望《三体》IP的开发至少能做100年，网址：https://mp.weixin.qq.com/s/o7xzoRcrQGWwzwcKGZIgJQ，最后访问日期：2023年9月6日。

NFT数字作品的权利属性与交易流程的著作权法规制路径
——兼议NFT数字作品侵权纠纷第一案

邢贺通*

深圳奇策迭出文化创意有限公司诉杭州原与宙科技有限公司侵害作品信息网络传播权纠纷案（以下简称"胖虎打疫苗NFT案"）被誉为"中国NFT数字作品侵权纠纷第一案"。该案中的被告未经许可将原告享有著作权的"胖虎打疫苗"系列美术作品制作成数字作品非同质化代币（Non-Fungible Token，NFT），笔者将其简称为NFT数字作品[1]。该案出现于新技术背景下的新业态之中，判决书中阐述的许多观点引发了理论界和实务界的热议，产生了一些争论。鉴于此，笔者将基于此案，厘清NFT数字作品的权利属性，进而提出如何从著作权法的角度对NFT数字作品的交易流程进行规制，以期实现NFT数字作品交易市场的规范发展。

一、NFT数字作品权利属性的理论之争

财产是一个典型的法律概念，只能以财产权的形式表现出来。换言之，

---

* 邢贺通，中国政法大学。

[1] NFT数字作品指的是通过NFT技术手段完成认证的数字作品，通过NFT与数字作品的唯一映射，保证了数字作品的独立性和稀缺性，提高了数字作品的价值，后文将对此进行详细论述。笔者为了表述方便，将这种数字作品称为NFT数字作品。

只有在法律赋予主体享有某种（财产）权时，主体才拥有某种财产，缺乏法律上的权利依托，财产便失去了其存在的价值。《民法典》第127条[1]规定了数据和网络虚拟财产两个财产概念，但是未明确二者的权利属性，即未明确指出其应受到哪项民事权利保护。理论界和实务界均肯定了NFT数字作品属于《民法典》第127条规定的网络虚拟财产，但对NFT数字作品权利属性的认定，由于《民法典》规定的模糊性，当前存在不同的观点，主要有"债权说""新型权利说""财产性权益说"以及"物权说"。

基于交易平台与用户之间的网络服务合同关系，"债权说"认为NFT数字作品等网络虚拟财产应当属于债权的标的，NFT数字作品财产权应当被认定为债权。理由在于：NFT数字作品本质上是交易平台为用户提供的服务行为，[2]对NFT数字作品享有的财产权，仅构成用户请求交易平台给付NFT数字作品的债权。换言之，合法取得了NFT数字作品，用户就取得了对交易平台的请求权。[3]而用户需要交易平台提供技术上的配合才能行使其对NFT数字作品享有的财产权，无法脱离债权的类型归属，不应将NFT数字作品与动产、不动产等有体物相提并论，不能将其享有的财产权上升为具有支配性的物权。[4]此外，基于解释选择成本考量，"债权说"能对NFT数字作品司法实践中安全保障义务的解释论的完善提供更多的理论支持。[5]

"新型权利说"认为，传统民法理论已经难以解释NFT数字作品等新技术背景下出现的新业态，因而应当将NFT数字作品财产权认定为一种新型权利。[6]具言之，传统民法理论难以准确概括NFT数字作品财产权等虚拟财产权

---

1 《民法典》第127条规定："法律对数据、网络虚拟财产的保护有规定的，依照其规定。"

2 陈甦：《民法总则评注》（下册），法律出版社2017年版，第886页。

3 徐彰：盗窃网络虚拟财产不构成盗窃罪的刑民思考，载《法学论坛》2016年第2期。

4 李珊珊，黄忠：《民法典》下虚拟财产的法律属性及其可继承性辨识，载《上海政法学院学报（法治论丛）》2021年第1期。

5 王雷：网络虚拟财产权债权说之坚持——兼论网络虚拟财产在我国民法典中的体系位置，载《江汉论坛》2017年第1期。

6 齐爱民：数字文化商品确权与交易规则的构建，载《中国法学》2012年第5期。

的性质，[1] 不应该为了适用债权、物权等传统民法理论解决新问题而作出许多例外性解释，这样可能会破坏现有的权利体系，甚至可能会破坏物权和债权的传统权利结构体系。因此，应当正视NFT数字作品财产权的特殊性，通过单行立法的方式将其规定为一种新型财产权，该做法符合虚拟财产数量类型不断增加及权利内容不断扩充的特质。[2]

"财产性权益说"认为，NFT数字作品等网络虚拟财产具有"虚拟性""稀缺性和可交换性""可支配性和排他性"等特点，是一种受民法保护的财产性权益，[3] 但由于现阶段NFT数字作品的保护范围、权利与义务内容等相关理论尚不成熟，不应将NFT数字作品保护的财产性权益上升为权利，不必对NFT数字作品的权利属性作扩张解释，这不会影响司法机关通过对利益的确认以合同法或侵权法路径作出裁判。[4]

"物权说"认为，NFT数字作品等网络虚拟财产属于物权的客体。具言之，NFT数字作品具有可转移性、管理可能性和一定的经济价值，[5] 具有民法中物的属性，是互联网时代的一种特殊物（即虚拟物），[6] 用户对NFT数字作品享有直接支配的权利，[7] 满足公示公信原则，[8] 因此NFT数字作品应当属于物权的客体。[9]

----

1 刘德良：论虚拟物品财产权，载《内蒙古社会科学（汉文版）》2004年第6期。
2 李岩："虚拟财产权"的证立与体系安排——兼评《民法总则》第127条，载《法学》2017年第9期。
3 浙江省杭州市中级人民法院（2022）浙01民终5272号民事判决书。
4 黄玉烨，潘滨：论NFT数字藏品的法律属性——兼评NFT数字藏品版权纠纷第一案，载《编辑之友》2022年第9期。
5 蔡兴鑫：虚拟财产的法律属性及刑法保护路径研究，载《东南大学学报（哲学社会科学版）》2019年第S1期。
6 杨立新，王中和：论网络虚拟财产的物权属性及其基本规则，载《国家检察官学院学报》2004年第6期。
7 林旭霞：虚拟财产权性质论，载《中国法学》2009年第1期。
8 赵磊：论比特币的法律属性——从HashFast管理人诉Marc Lowe案谈起，载《法学》2018年第4期。
9 杨立新：民法总则规定网络虚拟财产的含义及重要价值，载《东方法学》2017年第3期。

二、NFT数字作品权利属性争议的澄清

（一）"债权说""新型权利说""财产性权益说"的证伪

首先，"债权说"有待商榷，理由如下：第一，"债权说"仅仅揭示了NFT数字作品应享有财产权的原因，但是并没有明确NFT数字作品的权利属性。诚然，NFT数字作品确实是交易平台为用户提供的一种特定网络服务，但是却区别于即时被消费的一般服务，其作为一种网络空间中的数字化的虚拟物，受到用户的唯一支配。"债权说"不能解释NFT数字作品本身的特殊性质，同时也不能解释用户对作为虚拟物的NFT数字作品的支配性法律地位。[1]第二，"债权说"不符合债权的性质。债权是指债权人对债务人享有的一定的给付要求的权利，通过债务人行为的介入才能使权利内容得以实现，[2]债权的性质为相对权。然而，用户对NFT数字作品享有唯一控制权和访问权，这就意味着用户享有的NFT数字作品财产权的义务主体是除用户以外的所有不特定主体，当然也包括交易平台。倘若用户不能对NFT数字作品实现上述程度的支配，则NFT数字作品与网络中普通的数字作品就无任何区别，从而丧失了独特性和稀缺性，其高价值性也将难以实现，因为用户不会付出大量成本买一件普通的数字作品，数字作品著作权人和交易平台也不会愿意面对这种局面。可见，用户必须享有对NFT数字作品直接支配的权限以及排除第三人对NFT数字作品支配的权限，而上述权限具有与物权极为相似的"直接支配性""对世性"，显然不能纳入债权体系。

其次，"新型权利说"也有待商榷，理由如下：第一，通过对《民法典》第127条进行体系解释可知，"新型权利说"难以成立。具言之，《民法典》第109条至第125条以列举的方式阐明了法定的民事权利，包括法定人身权

---

1 谢潇：网络虚拟财产的物债利益属性及其保护规则构造，载《南京社会科学》2022年第9期。

2 [日]田山辉明：《物权·担保物权法》（第3版），三省堂2006年版，第28页。

和法定财产权;《民法典》第126条[1] 以一般条款的形式兜底规定了前述明示的法定民事权利以外的民事权益。综上可知,《民法典》第109条至第126条已经以"列举+兜底规定"的方式构建了我国民事权利体系。因此,《民法典》第127条规定的数据和网络虚拟财产这两类客体也只能是第109条到第126条之间规定的某类民事权利的客体,并不能创设为一项新型权利的客体。[2] 第二,从立法论角度而言,"新型权利说"立法成本较高且可实践性不强。一项新型权利的创立必须设计一套完整的权利保护体系,否则该权利会成为无本之木、无源之水。然而在现有民事权利保护体系之外设计一套新的保护体系必然会产生高昂的立法成本,而且在实践中是否具有可实践性还有待商榷,有舍近求远、加大保护难度之嫌。[3]

最后,"财产性权益说"也有待商榷。就保护效果而言,"财产性权益说"过于消极,其完全回避了对NFT数字作品的权利属性的讨论,没有考虑到对多方主体可能造成的困扰:司法机关难以确定该用何种权利保护体系作出判决;NFT数字作品权利人难以确定该用何种权利保护体系保护自己的合法权益;第三人难以确定如何避免侵犯NFT数字作品权利人的权益。从某种意义上而言,该学说甚至不如"新型权利说"令人信服,因为"新型权利说"尽管过于激进,但至少对如何积极地保护NFT数字作品进行了思考,而"财产性权益说"相较而言过于消极,不利于NFT数字作品的保护。

(二)"物权说"的证立

笔者认为,NFT数字作品应适用"物权说"。《民法典》第114条第2款规定:"物权是权利人依法对特定的物享有直接支配和排他的权利。"依据该

---

1 《民法典》第126条规定:"民事主体享有法律规定的其他民事权利和利益。"
2 李珊珊、黄忠:《民法典》下虚拟财产的法律属性及其可继承性辨识,载《上海政法学院学报(法治论丛)》2021年第1期。
3 姚万勤:盗窃网络虚拟财产行为定性的教义学分析——兼与刘明祥教授商榷,载《当代法学》2017年第4期。

条款可知，物权的本质是权利人对"特定客体"的"支配权"，[1] 可以从客体特征和内容特征两个方面对"物权说"加以证立。

首先，就客体特征而言，物权的客体必须是"特定物"，即物权的客体必须具有"特定性"。有观点认为，"特定物"必须具有"有体性"，即必须是"有体物"，NFT数字作品不是"有体物"，其物权客体要件不适格，因此"物权说"不成立。[2] 笔者认为该观点有待商榷。一方面，物权必须以"有体物"为标的，而无形产权不以"有体物"为标的，故其不属于物权——这是一项不合理的逻辑推理。[3] 100多年前，德国创设物权体系时，确实是以"有体物"为核心，这是因为在当时的技术条件下德国不可能预见到无形财产的归属和支配问题会成为社会的重大法律问题。[4] 而即便在规定"物必有体"原则的德国，"无体物"也被纳入了"物"的范畴。更何况我国并未就该原则作出规定，《民法典》也并未对"有体性"采取僵化的认识，反而明确将权利纳入"物"的范畴，[5] 因此，物是否有体已不再是"物"的必备特性。[6] 可见，"特定物"不以有体物为限制条件。排除了"有体性"这一障碍，那么NFT数字作品是否满足"特定性"要求呢？答案是肯定的。

"特定性"对物提出了三大要求：第一，物能够与其他物相区别而独立存在，即物具有"独立性"。[7] 这里的"独立性"并非强调物理属性上的独

1　孙宪忠：《中国物权法总论》，法律出版社2018年版，第41页。

2　谢潇：网络虚拟财产的物债利益属性及其保护规则构造，载《南京社会科学》2022年第9期；李逸竹：NFT数字作品的法律属性与交易关系研究，载《清华法学》2023年第3期。

3　刘家安：《物权法论》，中国政法大学出版社2015年版，第12页。

4　司晓：区块链数字资产物权论，载《探索与争鸣》2021年第12期。

5　《民法典》第115条明确规定，"法律规定权利作为物权客体的，依照其规定"。

6　高富平：从实物本位到价值本位——对物权客体的历史考察和法理分析，载《华东政法学院学报》2003年第5期。

7　崔建远：我国物权法应选取的结构原则，载《法制与社会发展》1995年第3期。

立，而更多强调的是经济观念上的独立。[1]因为不同类型的物权对其客体属性提出的要求有所不同，独立性的判断不应拘泥于物理属性。[2]本质上，人们在交易过程中特定具体的需求决定了物是否具有独立性，物理属性上的独立仅是物的使用因素能否实现的影响因素之一，而非唯一影响因素。[3]NFT数字作品包括区块链上的NFT以及区块链下的底层数字作品：区块链上的NFT无疑具有独立性，因为每一个NFT数字作品的NFT都具有独一无二的token ID；区块链下的底层数字作品也具有独立性，因为每一份底层数字作品本质上是一串二进制代码表示的计算机代码的集合，不同的底层数字作品与其他底层数字作品或实物作品有着明显的区别。[4]综上，NFT数字作品当然具有"独立性"。

第二，物可以被独立交易转移。[5]NFT数字作品之所以区别于其他普通数字作品，具有较高的市场价值和市场热度，是因为NFT技术可以将固定在任何硬盘中的原创作品的可替代数字复制件非同质代币化为具有不可替代性的数字作品，人为制造了数字作品的稀缺性，使数字作品可以像实体作品复制件一样独立交易转移，且交易转移的流程依托于区块链上的智能合约可以实现自动化。可见，NFT数字作品可以被独立交易移转。若认为NFT数字作品像其他普通数字作品一样可以被任意复制、无法实现交易转移的独立性，则很难解释为何NFT数字作品的买家愿意付出高昂的购买费。例如，2022年2月，美国著名说唱歌手史努比·狗狗（Snoop Dogg）限量发行了2.5万个NFT盲盒形式的新专辑《B.O.D.R》，每个盲盒中随机存储了新专辑收录的17首曲目中的1首，每个盲盒的初始售价高达5000美元。在短短5天时间内，史努比·狗狗获

1　林旭霞：虚拟财产解析——以虚拟有形财产为主要研究对象，载《东南学术》2006年第6期。

2　司晓：区块链数字资产物权论，载《探索与争鸣》2021年第12期。

3　尹田：论物权标的之特性，载《河南省政法管理干部学院学报》2003年第4期。

4　康娜，陈强：数字经济下数字藏品的三个关键法律问题与规制建议，载《山东大学学报（哲学社会科学版）》2023年第2期。

5　孙宪忠：《中国物权法总论》，法律出版社2018年版，第48页。

得了超过4400万美元的销售收入。[1]

　　第三，需要兼顾登记等公示的技术要求。[2] 普通无形财产难以被传统物权体系接纳的最重要的原因之一便是公示难题。《民法典》第208条规定了物权公示原则，其中规定了动产通过占有的方式公示，不动产通过登记的方式公示。[3] 而NFT技术带来了新的物权公示手段，兼顾了动产和不动产的公示方式：一方面，NFT技术可以使权利人实现对NFT数字作品的"占有"，因为NFT数字作品的购买者可以获得专属于其个人的私钥，通过该私钥可以访问加密链接指向的底层数字作品，其他人无法访问底层数字作品，达到了动产占有公示的效果；另一方面，区块链具有不可篡改性，每一笔交易都将在基于区块链技术的NFT上留下不可篡改的交易记录，且交易信息是面向系统参与者或全社会公开的，达到了不动产登记公示的效果。综上，NFT数字作品兼顾了公示的技术要求。

　　其次，就内容特征而言，物权的内容特征为权利人依法享有的"直接支配和排他的权利"，即权利人可以实现对"特定物"直接性和对世性的支配。长期以来，网络虚拟财产难以被纳入物权客体的原因是，许多专家认为权利人对网络虚拟财产的支配力存疑。专家认为，网络虚拟财产是虚拟物而非有体物，对网络虚拟财产的支配无法通过对其的直接占有来实现，而是需要网络服务运营商运行的计算机程序的配合。[4] 上述观点有待商榷，原因在于，该观点陷入了物权客体必须为有体物的思维定式，缺乏对物权与时俱进的思考。通说认为，权利人对于"特定物"的支配，强调的是这种支配无须第三人的意思

1　Murray Stassen, Snoop Dogg Sells Over \$44M Worth of "Stash Box" NFTS in Just Five Days,Music Business Worldwide (Feb. 15,2022), https://www.musicbusinessworldwide.com/snoop-dogg-sells-over-44m-worth-of-stash-box-nfts-in-just-five-days123/.

2　崔建远：《准物权研究》，法律出版社2003年版，第260页。

3　《民法典》第208条规定："不动产物权的设立、变更、转让和消灭，应当依照法律规定登记。动产物权的设立和转让，应当依照法律规定交付。"

4　谢潇：网络虚拟财产的物债利益属性及其保护规则构造，载《南京社会科学》2022年第9期。

或行为的介入。[1]事实上，对"特定物"支配的含义，已经由事实支配发展到法律支配，由对有体物的支配发展到对价值的支配，甚至通过与物的权利联系，实现对物的最终控制权而实现支配。[2]换言之，物权的支配性实际上是对法律力量的支配。[3]可见，对"特定物"的支配的理解不应拘泥于物理层面的支配。更何况，物权并不只要求对物的物理控制，如地役权、空间利用权、权利质权等也不具有对物的物理控制。[4]综上，权利人能否在物理层面对"特定物"进行支配，不应成为NFT数字作品等虚拟财产满足物权支配性的障碍。那么NFT数字作品的权利人是否实现了对NFT数字作品直接性和对世性的支配？答案是肯定的。具言之，过去"债权说"支持者反对"物权说"的理由，便是网络虚拟财产法律上貌似可以被评价为网络服务运营商所提供的服务，[5]然而上述阻碍"物权说"成立的观点在去中心化的NFT技术背景下也不复存在。其原因在于，过去的网络虚拟财产权利的实现确实受到中心化的网络服务运营商意志和行为的制约，然而去中心化的NFT技术改变了上述模式，NFT数字作品的权利人可以通过私钥实现对底层数字作品的排他性支配。私钥是去中心化的区块链技术采用的一种加密确认机制（Cryptographic Authentication Process），该机制实现了只能由私钥的持有者独占性地支配底层数字作品，且支配过程基于智能合约实现了自动化运行，并不受第三方的意思或行为的制约。当然，在当前的NFT数字作品交易模式下，基于成本等因素考量，NFT数字作品的底层数字作品可能需要存储在区块链下的网络服务提供商的服务器上，尚未完全实现NFT数字作品去中心化，看似会影响权利人对NFT数字作品的支配力。但事实上，这种模式应当被评价为NFT数字作品与网络服务提

1　王泽鉴：《民法物权》，北京大学出版社2009年版，第30页。

2　李齐广：刑民对话视野下窃取虚拟财产刑事责任的认定，载《武汉大学学报（哲学社会科学版）》2017年第2期。

3　[德]卡尔·拉伦茨：《德国民法通论》（上册），王晓晔等译，法律出版社2003年版，第277页。

4　尹田：《物权法理论评析与思考》，中国人民大学出版社2008年版，第21页。

5　刘明：网络虚拟财产权权利客体研究，载《社会科学研究》2015年第2期。

供商存在事实上的保管合同关系，即前者将NFT数字作品寄存在后者的平台上。[1] 因此，不能因为存在这种事实上的债权债务关系就否定了NFT数字作品的物权客体属性，而认为其属于债权客体。倘若如此，所有基于保管合同等债权债务关系被保管的物品岂不是都成了债务人的所有物？显然这种推理逻辑是不成立的。

综上所述，NFT数字作品符合物权的客体特征和内容特征，应当视为物权的客体。事实上，在"胖虎打疫苗NFT案"一审中，杭州互联网法院在判决书中虽然保守起见没有直接指明NFT数字作品是物权客体，但是通过一些措辞可以看出法院肯定NFT数字作品的物权客体属性的倾向。具言之，杭州互联网法院指出，NFT交易实质上是数字商品"所有权"转移；当NFT数字作品交易后，购买者便会成为该NFT数字作品的"所有者"。上述"所有权""所有者"均是物权体系中的概念。此外，美国华盛顿与李大学法学院教授乔舒亚·费尔菲尔德（Joshua Fairfield）论证了NFT作为"独特数字财产"的物权属性。他的核心观点为，NFT数字作品的发行者销售NFT数字作品类似于销售现实中的资产，因为他们在销售NFT数字作品时向买家承诺卖家可以拥有此NFT及其底层数字作品，即NFT交易意味着所有权的转移。[2]

三、NFT数字作品交易流程的著作权法规制

前文详细论证了NFT数字作品应适用"物权说"，这就意味着NFT数字作品就如书籍等传统实体作品复制件一样，涉及两个权利客体，即整体作为物权客体的"数字商品"以及作为著作权客体的NFT数字作品底层的"数字作品"。而本报告讨论的交易对象正是作为物权客体、"数字商品"的NFT数字

---

1 康娜：数字经济下虚拟财产的立法进路——基于《民法典》第127条与保管合同的视角，载《山东大学学报（哲学社会科学版）》2021年第5期。

2 Joshua Fairfield, Tokenized: The Law of Non-Fungible Tokens and Unique Digital Property, 97 Indiana Law Journal 1261 (2022).

作品本身,[1] 正如线下购买一本实体书,购买的是作为物权客体的实体书本身而不是其中作为著作权客体的文字作品一样。明确了上述前提条件,笔者将对NFT数字作品交易流程中涉及的著作权法规制问题加以讨论。

(一)准备阶段的著作权法规制路径

准备阶段主要有三大步骤。第一步是上传数字作品,正如"胖虎打疫苗NFT案"中一审法院和二审法院指出的,网络用户需要将存储在其使用的终端设备中的数字作品上传到NFT数字作品交易平台的服务器中,上传服务器后的数字作品即底层数字作品。此时会产生一个新的作品复制件。[2] 2020年《著作权法》修正时,第10条第5项明确将"数字化"作为复制权的实现方式之一。显然,网络用户的上述行为会受到数字作品著作权人享有的复制权的规制,若未经数字作品著作权人许可,擅自将数字作品上传至NFT数字作品交易平台的服务器中,将侵犯数字作品著作权人的复制权。

第二步是创建NFT数字作品,这一过程通常被称为"铸造",实施该行为的人被称为"铸造者"。此过程主要涉及的是通过区块链技术建立NFT与已经存储在服务器中的底层数字作品的唯一映射,最终形成可供交易的NFT数字作品,在此过程中不会涉及数字作品的复制、网络传播等行为,因而不受数字作品著作权人的著作权规制。

第三步是上架NFT数字作品。该步骤存在两种商业模式:一种是普通商业模式,铸造者会在网页上提供数字作品缩略版本供潜在买家在线浏览。此时正如"胖虎打疫苗NFT案"一审和二审法院所认定的,该展示行为使公众可以在选定的时间和地点获得作品,[3] 该行为自然受《著作权法》第10条第12项的信息网络传播权规制。若铸造者未经数字作品著作权人许可铸造了NFT数字作品后在交易平台上架销售,并以普通商业模式在网页中展示数字作品的缩略

1　杭州互联网法院(2022)浙0192民初1008号民事判决书。
2　浙江省杭州市中级人民法院(2022)浙01民终5272号民事判决书。
3　浙江省杭州市中级人民法院(2022)浙01民终5272号民事判决书。

版本供潜在买家在线浏览，此时会侵犯数字作品著作权人的信息网络传播权。"胖虎打疫苗NFT案"一审法院持上述观点。[1]与此同时，另一种商业模式是盲盒模式，即铸造者不会在网页上提供数字作品缩略版本，买家在付款购买NFT数字作品前，无法了解数字作品的内容，只有付款购买后才能知晓内容。而信息网络传播权规制的是向"公众"交互式传播作品的行为，显然，盲盒模式下，NFT数字作品在上架阶段并未通过网络向公众传播，因此上述行为通常不会侵犯数字作品著作权人的信息网络传播权。

（二）出售阶段的著作权法规制路径

事实上，上述准备阶段涉及的著作权问题争议不大，存在争议的主要是出售阶段的著作权法规制路径，主要存在三种观点：第一种观点认为NFT数字作品的交易应当受到发行权规制，在此前提下，"发行权用尽"原则也应当适用于上述交易过程；[2]第二种观点以"胖虎打疫苗NFT案"一审法院的观点为代表，该观点认为NFT数字作品交易虽然基于新技术具有了类似于传统发行行为的外观，但是不满足发行权中"有形载体"的要件，因此仍应受到信息网络传播权规制；[3]第三种观点基于"债权说"，认为NFT数字作品交易不应以著作权法规制，购买者购买NFT数字作品的行为应当定性为债权转让，应根据《民法典》《电子商务法》《信息网络传播权保护条例》的有关规定对上述行为加以规制。[4]

笔者认为第二种和第三种观点有待商榷。首先，针对第二种观点，在NFT数字作品交易的"出售阶段"，购买者购买了NFT数字作品后，会获得专属于购买者的私钥，这意味着仅购买者能够通过私钥访问通常存储在网络服务提供商服务器中的底层数字作品，可见，上述对作品交互式传播的范围仅限

1 杭州互联网法院（2022）浙0192民初1008号民事判决书。
2 陶乾：论数字作品非同质代币化交易的法律意涵，载《东方法学》2022年第2期。
3 杭州互联网法院（2022）浙0192民初1008号民事判决书。
4 王迁：论NFT数字作品交易的法律定性，载《东方法学》2023年第1期。

于有限的几位甚至唯一的购买者,难以向"公众"传播,上述行为对著作权人权益的损害其实更接近于作品发行行为导致的损害。[1] 其次,第三种观点是基于"债权说"提出的,即认为购买者对NFT数字作品享有的是相对性的债权而非对世性的物权,前文详细论证了"债权说"的不合理性,此处不再赘述。

笔者赞同第一种观点。基于"物权说",可以自然推理出"出售阶段"适用发行权规制的正当性。《著作权法》采取的是行为主义立法模式,而非技术主义立法模式,即《著作权法》是基于各作品利用行为的指向对象及法律效果进行相应立法的。[2] 发行权与信息网络传播权的核心区别是,前者规制的是作品原件或复制件的所有权转移行为,后者规制的是对作品本身的交互式传播行为,[3] 区分二者的关键在于有无载体"所有权"的转移。[4] 基于"物权说",NFT数字作品"出售阶段"转移的是NFT数字作品的所有权,符合发行权规制的行为范畴。

有观点认为,以发行权规制NFT数字作品出售行为存在两大障碍,一个是发行权的"有形载体"要素问题,另一个是"发行权用尽"原则适用问题。具言之,对于发行权的"有形载体"要素,包括"胖虎打疫苗NFT案"一审法院和二审法院法官在内的专家反对以发行权规制NFT数字作品出售行为,主要是基于在解释论上严格遵循《著作权法》将发行权限定为控制附着了作品的有形载体的转移这一规则基础之上,[5] 也有学者援引国际条约,以《世界知识产权组织版权条约》(WCT)第6条和第7条的"议定声明"中指出的作品的原

---

1 张伟君,张林:论数字作品非同质权益凭证交易的著作权法规制——以NFT作品侵权纠纷第一案为例,载《中国出版》2022年第14期。

2 陈全真:数字作品发行权用尽的解释立场及制度协调,载《出版发行研究》2021年第9期。

3 林妍池:论NFT数字藏品交易中发行权的扩张——基于对"NFT第一案"的反思,载《科技与出版》2023年第5期。

4 刘丁勤:论NFT作品首次销售原则的可适用性——基于英美财产权理论考察,载《知识产权》2023年第6期。

5 李扬:NFT数字作品交易是否适用发行权用尽规则,网址:https://mp.weixin.qq.com/s/13QB3Qq16ItqcUJGvYq-9w,最后访问日期:2023年7月20日。

件和复制件专指可投入流通的有体物为反对理由。[1] 对于"发行权用尽"原则适用问题，该问题与"有形载体"要素问题息息相关。反对"发行权用尽"原则向数字网络空间扩张适用的理由是，传统意义上的发行可以控制作品有形载体的数量和传播范围。由于数字作品易于复制且边际成本趋于零，若适用"发行权用尽"原则，著作权人对作品的控制能力将受到严重削弱。与此同时，相比有形载体，数字作品不会发生磨损，从而不会发生价值损耗，二次流转会形成替代效应，最终导致著作权人的经济收益严重受损。[2] 过去20多年，美国版权局等相关机构也一直在讨论"发行权用尽"原则（美国称为"首次销售"原则）是否应当向数字网络空间扩张适用，而相关机构在5次关键节点出具的5份研究报告均以未经版权人许可在网络中出售数字作品会侵犯复制权为由，得出拒绝将"发行权用尽"原则向数字网络空间扩张适用的结论。[3] 相关机构得出该结论的逻辑是，在当前技术下，数字作品的网络出售过程中，数字作品的购买者接收到的是原始文件的复制件，而非原始文件。可见，数字作品网络出售造成的困境是，出售的数字作品必须被复制，从而侵犯了版权人的复制权。因此，"发行权用尽"原则不适用，因为法律只允许作品的"特定、合法复制件的所有者"行使"发行权用尽"原则。照此推论，如果数字作品出售过程中没有发生复制作品的行为，那么"发行权用尽"原则便可以适用。可见，"发行权用尽"原则向数字网络空间扩张适用的困境一直是技术性的，而不是法律性的。[4]

笔者将对上述观点逐一回应。首先，关于发行权的"有形载体"要素问题，上述观点没有与时俱进地分析问题，WCT制定于1996年，我国作为条约成员国也遵循条约规定制定了《著作权法》相关条文。20世纪90年代NFT技

1　王迁：论NFT数字作品交易的法律定性，载《东方法学》2023年第1期。

2　王迁：论网络环境中的"首次销售原则"，载《法学杂志》2006年第3期。

3　Joshua L. Durham, Creating True Digital Ownership with the "First Sale" Doctrine, 23 Wake Forest Journal of Business and Intellectual Property Law 136 (2022).

4　Information Infrastructure Task Force "Intellectual Property and the National Information Infrastructure".

术还没有出现，显然国际条约以及著作权立法无法考虑到NFT数字作品问题，可见上述规定具有时代的局限性。在数字化时代，发行权中"有形载体"这一要件应当有所突破。因为发行权的核心在于作品原件或复制件"所有权"的转让，NFT技术已经为数字作品"网络发行"提供了充分的事实性基础。与此同时，2020年《著作权法》修正时，在第10条第5项明确将"数字化"作为复制权的实现方式之一，体现了立法者对"作品载体有形性"观念的修正。因此，不应再以"作品的原件与复制件"载体的有形或无形限制发行权向数字作品交易领域的扩张。[1] 若仍固守传统观点，忽视NFT背景下作品固定和表达形式的新变化，将陷入法律解释的形式主义化。[2] 其次，关于"发行权用尽"原则适用问题。"发行权用尽"原则基于社会福利最大化的考虑，[3] 当所有权与发行权发生重叠时，法律支持所有权的优先行使。NFT技术可以保证"发行"的NFT数字作品数量和传播范围的可控性，实现了类似传统发行效果，甚至由于NFT数字作品的稀缺性，著作权人出售NFT数字作品获得了比传统发行更多的收入，已经通过首次出售NFT数字作品获得了足够回报，适用"发行权用尽"原则并不会损害著作权人利益。此外，NFT数字作品在出售过程中并不会涉及作品新的复制件的产生，未经著作权人许可的出售行为不会侵犯著作权人的复制权。

综上，在NFT技术背景下，前述国内外反对"发行权用尽"原则向数字网络空间扩张适用的观点均不成立。此外，基于"物权说"，NFT数字作品在"出售阶段"会出现所有权的流转与发行权的保护之间的冲突，"发行权用尽"原则当然应当适用。国内的NFT数字作品交易平台制定的规则大多禁止NFT数字作品二次转售，"胖虎打疫苗NFT案"中"发行权用尽"原则的禁

---

1 何怀文：网络环境下的发行权，载《浙江大学学报（人文社会科学版）》2013年第5期。
2 刘晓，李莹莹：非同质化代币数字作品发行权穷竭原则的适用困境与纾解路径，载《出版发行研究》2023年第4期。
3 Guido Calabresi & A. Douglas Melamed, Property Rules, Liability Rules, and Inalienability: One View of the Cathedral, 85 Harvard Law Review 1089 (1972).

用更是助长了这一趋势，这将严重阻碍NFT数字作品的自由流通，形成著作权限制物权的局面。而"发行权用尽"原则在"出售阶段"的适用，将促进NFT数字作品的流通，激发NFT数字作品二级交易市场的活力，使NFT数字作品在流通过程中实现自身经济价值与文化价值的最大化，实现著作权法激励创新价值与文化流通价值的平衡，推动我国NFT数字产品产业的健康发展，最终实现我国数字经济的高质量发展。

Ⅳ

专 题 篇

著作权法引入过滤机制的正当性反思

熊文聪*

摘要：人工智能语境下的算法技术，不能进行以直觉、情感和同理心为基础的价值判断，无法对网络平台上的海量信息施以所谓的侵权识别与过滤，也不理解其推荐内容的语义内涵。文字、画面或视频，既可能是著作权的保护对象，也完全可能是言论表达及合理使用的工具与载体，彼此之间并没有清晰的客观边界或绝对的高低位阶。"最小防范成本"原则是支撑"通知—必要措施"之避风港规则背后的经济学原理，司法裁判者需要基于个案中的具体情况，综合考量网络服务提供者是否知道或应当知道其平台上存在具体的、特定的涉嫌侵权内容，而不应当苛以其过高的注意义务或事前的一般审查责任。

关键词：算法技术；版权保护；过滤机制；网络平台

一、引言

近年来，网络空间中各种被控侵犯著作权的纠纷层出不穷、愈演愈烈，诉讼案件汗牛充栋、司法机关不堪重负。有研究者认为，随着内容识别与过滤

----

* 熊文聪，中央民族大学。

技术的发展和成熟，为了更有效地打击各类侵权盗版活动，改变既往治标不治本的"打地鼠"模式，中国可以借鉴他国经验，适时调整相关制度规范，苛以网络服务提供者（ISP）在某些情形下对其平台上由用户生成或上传的涉嫌侵权内容负有更高的注意义务，乃至应当强制安装并履行更为积极主动的事先过滤、拦截机制（即不能仅在收到权利人合格有效通知后方采取删除、屏蔽、断链等必要措施）。[1]

该学术观点很快就被审判实践所吸收和采纳，如在"藏书馆App"案中，一审法院认为："作为涉案作品信息的普通许可被授权使用人，被告理应负有较之于一般的存储空间提供者更高的著作权注意义务。这一注意义务体现为对分类栏目中上传用户名与作者署名不一致的相关电子图书是否为上传者原创或者是否具有合法授权进行核实，并采取积极有效的技术监控措施防止侵权行为发生或持续并对已确认侵权的作品信息及时删除。"[2]对此二审法院虽未直接予以评述，但其确定"一审判决并无不当"等于认同此见解。[3]同样在"延禧攻略"案中，一审法院认为："即使通过算法推荐识别短视频具体内容不具有技术可行性，但对于允许哪些短视频进入被算法推荐的范围，如何设置和优化算法推荐的具体应用方式，以及如何将已经进入推荐范围的侵权短视频纳入复审环节以避免其被大范围、长时间地传播等方面，字节公司仍可以通过在其服务和运营的相应环节中施以必要的注意、采取必要的措施加以完善……正因为存在获取更多优势、利益与带来更大侵权风险并存的上述情况，字节公司与不采用算法推荐、仅提供信息存储空间服务的其他经营者相比，理应对用户的侵权行为负有更高的注意义务。"[4]不难看出，即便审理法院已经认识到算法技

---

1 崔国斌：论网络服务商版权内容过滤义务，载《中国法学》2017年第2期；叶亚杰：网络服务商版权内容过滤的基本设想与实现路径，载《编辑之友》2018年第9期。
2 北京市西城区人民法院（2018）京0102民初33787号民事判决书。
3 北京知识产权法院（2019）京73民终3489号民事判决书。类似观点还可参见"江西广电诉喜马拉雅"案，一审南昌铁路运输中级法院（2018）赣71民初57号民事判决书；二审江西省高级人民法院（2019）赣民终163号民事判决书。
4 北京市海淀区人民法院（2018）京0108民初49421号民事判决书。

术无法识别短视频内容是否侵权，但仍然要求采用了算法技术的ISP负有更高的注意义务，应当采取更积极主动的措施来防范侵权风险。

更有甚者，一些法院还直接将过滤机制作为诉前行为保全的一项内容，如在"斗罗大陆"案中，一审法院裁定："微播视界公司在收到本裁定之日起立即采取有效措施删除抖音App中所有侵害《斗罗大陆》动漫作品信息网络传播权的视频，立即采取有效措施过滤和拦截用户上传和传播侵害《斗罗大陆》动漫作品信息网络传播权的视频。"[1] 复议法院则进一步指出："必要措施的内容并非固定的、不变的、机械的，而是动态的、可变的与发展的，必须兼顾技术发展现状及当事人之间利益格局的变化。为了防止侵权行为的继续和侵害后果的扩大，当新的技术出现且该新技术可能实现的情况下，应当将新的技术纳入必要措施范畴。"[2] 然而，技术真的发展到可以大大降低平台审查成本的地步了吗？又或者我国现行法律规定（如"必要措施"）已经为要求ISP承担事前过滤义务提供了解释空间吗？围绕这些问题与争议，笔者将结合法理、逻辑以及比较法、法律经济分析等方法论展开深入探讨和仔细推敲。

二、侵权与否可以被算法识别吗

一种颇为流行的观点认为，"网络服务提供者以算法技术主动向用户推送内容链接的，应就推定其已然知晓或应当知晓被推送的链接存在涉嫌侵权内容，故不能援引避风港规则免责，需要就其主动推送行为承担侵权责任"[3]；"网络服务提供者主动利用算法扩大作品的传播，使得侵权作品更容易被网络用户获得。这一行为已经改变了传统网络服务提供者中立、被动的角色，故

1　重庆市第一中级人民法院（2021）渝01行保1号民事裁定书。
2　重庆市第一中级人民法院（2021）渝01行保1号之一民事裁定书。
3　易健雄：从算法技术看网络服务提供者的"应当知道"——也谈《民法典》第1197条的适用，载《知识产权》2021年第12期。

对其注意义务的设定应当有所变化而不能固守一般理性人标准"。[1] 得出该结论的逻辑前提是"算法能够替代人工，快速识别涉嫌侵权内容"；再往前推即"侵权内容是被识别出来的"——被诉平台广泛采用算法技术，不仅没有识别出涉嫌侵权内容并将其过滤掉，还主动向用户推荐，所以要为此承担侵权责任。

然而，侵权与否（即被诉行为是否正当，是否实质性损害了原告的合法权益）不是字符识别或事实认定，而是价值取舍与利弊权衡的产物。也就是说，法律的定性涉及价值取舍，并不能从被评价对象本身是什么，便可以得出必然的、唯一的结论。[2] 同一段字符、画面或影像，既可能是著作权的保护对象，也完全可能是合理使用及言论表达自由的载体，二者之间并没有绝对的客观边界，连人（平台审核员）都难以判断（只能交由法官结合具体语境综合研判），更何况一台机器算法呢？中国人工智能奠基者张钹院士指出："现在的人工智能技术是不安全、不可靠和不可信的，特别是利用大数据的机器学习，它的结果一定是这样的。"[3] 也恰如学者所言："基于计算的机器和人类在'性能'上存在巨大差距，无论是在精神上，还是在身体上。而且，就保持机器与人类的道德一致性这一目标来看，由于机器本身在意识、感受与情感等方面的固有缺陷，也无法确保其能做出与人类相一致的道德决策……当前实践表明，无论是出于对人类尊严的考虑，还是价值的无法量化性，希冀人工智能展开价值判断都是一种不可行的进路。"[4]

----

1 李自柱：算法推荐下网络服务提供者侵犯著作权责任的判断，网址：https://mp.weixin. qq.com/s/PZ7EwGbj30IXgfhAAGQY2Q，最后访问日期：2023年7月10日。
2 熊文聪：《事实与价值二分：知识产权法的逻辑与修辞》，华中科技大学出版社2016年版，第7-20页。
3 中国人工智能奠基者张钹院士：现在的人工智能技术不安全、不可靠、不可信，网址：https://mp.weixin.qq.com/s/G1JnFKJZ08ewJCiRaN5oNg，最后访问日期：2023年7月11日。
4 陈锐，孙庆春：道德计算是否可能——对机器伦理的反思，载《科学技术哲学研究》2020年第4期。

子曰："己所不欲，勿施于人。"[1] 这句话充分表明，价值判断要基于直觉、情感和同理心，无论是算法还是人工智能，都缺乏进行价值判断的这三个基本要素。算法技术是一种基于人工智能的自动化决策，本质上是由一系列代码与公式组成的解决具体问题的指令。人工智能只能做到通过机器学习在海量数据之中推导出可能的相似性，并将这种相似性标签化，即所谓的"用户画像""商品画像"，如推定所有居住在大城市的青年男士具有高度相似性，推定《少林寺》《卧虎藏龙》《新龙门客栈》与《一代宗师》都属于武侠电影而不是爱情电影、励志电影或悬疑电影，哪怕一部电影蕴藏多重元素及丰富内涵。[2] 精确与成本是一对不可调和的矛盾体，人做不到的，机器也很难做到。在现实中，有很多人工智能和算法技术的效果并不好，被用户吐槽是"人工不智能"。[3]

清华大学交叉信息研究院唐平中教授指出："我们可以想象，每天6亿日活用户、每天10亿的视频内容上传，系统要算这6亿×10亿维度的相似性，就不能基于一些特别细分的标签，而是基本上通过用户之间的相似性来进行推荐。哪怕系统可能要用一些标签，那也不会是非常精确的。最多比如可能精确到这段视频是古装剧，这段视频是喜剧，它不会针对某一部影视剧的片名或针对某一影视公司进行识别。而且即便用户在评论中可能出现该影视剧的片名，评论内容被系统抽取到了，系统对语义内涵也是不理解的。"[4]

这段话给法律人的启示是：其一，无论是归纳相似性，还是贴标签，抑或是关键词检索，都不涉及具体内容的理解，因为"对内容的理解以及在此基础上的侵权判断"不仅需要基于可供比对的作品原片库，更需要依赖人类的直觉、情感和同理心，以及相当复杂和精细化的法律分析与逻辑推理，再高级的

---

1 出自《论语·颜渊》。
2 熊文聪：算法推荐提升了平台的注意能力吗？载《数字版权观察》2022年第2期。
3 Keso：坏算法？笨算法？网址：https://mp.weixin.qq.com/s/fwVrvxcXP5_XcR7kuK-Lgg，最后访问日期：2023年7月11日。
4 唐平中：算法推荐技术原理，网址：https://mp.weixin.qq.com/s/Ixx05ImP8-PDm54bJ18nTg，最后访问日期：2023年7月11日。

算法，也无法实现这一点。其二，相对于人工推荐，信息流推荐只是将经过相似度估算的内容链接定向推送给与其存在匹配关系的目标用户，其他用户没有获得被推送链接，反而缩小了作品的传播范围。其三，容量越大、维度越多的平台，越难以实现准确的识别与判断，也就越难以推出其已经知道或应当知道涉嫌侵权内容之存在。这一点刚好与前述"延禧攻略"案一审判决的见解（即认为规模越大的平台，其算法推荐行为导致的侵权风险越高，故要承担越重的法律责任）完全相左。

申言之，过滤的前提是识别，但识别只针对短字符或画面片段，而不是与原作品进行整体、全面的实质性比对，如果要求ISP对其运用算法技术识别到的短字符或画面片段（哪怕该短字符或画面片段与主张保护作品的标题或主要人物相同或近似）所对应的具体内容均不加区别地统统过滤掉、拦截掉，则相当于赋予了原告对这些短字符享有了绝对的垄断权，而这是明显违背《著作权法》及《反垄断法》基本原理和明确规范的。判断一段文字、画面或视频是否侵权，是复杂精细的价值权衡而不是简单直接的事实认定，既然连经验丰富的法官也无法给出"一刀切"的普适标准，我们又有何理由相信，一台机器算法可以在几秒钟内高效地完成这一艰巨的任务呢？

恰如"英雄联盟"案的审理法院所言："游戏短视频是否侵权应根据视频的内容、性质等综合判断，而不能代之以日常通用词汇进行筛查，否则将会不当地扩大原告的权利范围，损害社会大众获取信息的自由，也在一定程度上损害了被告的正常商业利益。要求被告对平台上的海量视频逐一判断是否构成侵权，并对侵权视频建立事先审查过滤义务过于苛刻，将极大地增加平台运营成本，不符合当前相关互联网业务的经营实际，亦不利于促进整个互联网行业的蓬勃发展。"[1]

1　广州互联网法院（2019）粤0192民初1756号民事判决书；广州知识产权法院（2020）粤73民终5197号民事判决书。

三、过滤机制属于"必要措施"吗

在前述"斗罗大陆"案中，诉前行为保全裁定复议法院认为："在通知—删除规则下，网络服务者对于网络用户利用其平台实施的侵权行为并非只负删除义务，而是负有采取删除、屏蔽、断开链接等必要措施的义务。至于必要措施的界定，则与技术发展密切相关……当过滤、拦截技术本身已成为可能且成本可承受时，则平台在知道新侵权视频仍在不断上传的情况下，其在删除已有侵权视频外承担过滤、拦截义务则是理所当然……随着新技术的出现，'有效措施'必然具有新的内容，因此，法院不可能明确所有'有效措施'的种类，不可能也无必要去具体界定过滤和拦截的具体技术。"[1] 无独有偶，在"延禧攻略"案、[2] "云南虫谷"案[3] 中也存在类似表述，即随着技术的发展，ISP完全可能也应当采取更加积极有效的手段（包括过滤、拦截等措施）来主动防范乃至杜绝由用户上传的涉嫌侵权内容。然而，中国现行法律规定是否为将过滤机制解释为是"必要措施"的一种具体形式提供了适用依据呢？答案恐怕是否定的。

首先，过滤、拦截与删除、断链及封号表面看似相同，却有着本质上的天壤之别——前者是指ISP在不知道也不应当知道的情况下必须积极主动地识别、审查其平台上由用户提供的几乎所有内容，并屏蔽其中可能涉嫌侵权的部分；而后者则是指当ISP知道或应当知道其平台上存在具体的、特定的涉嫌侵权内容后，必须采取及时的、必要的措施予以专门处置。[4] 可见，一个是事前的、普适的、海量筛检的，一个是事后的、有针对性的、低成本的措施。因此，要求ISP进行事前的内容识别、过滤和拦截，本质上就是苛以其主动审查

1　重庆市第一中级人民法院（2021）渝01行保1号之一民事裁定书。
2　北京市海淀区人民法院（2018）京0108民初49421号民事判决书。
3　陕西省西安市中级人民法院（2021）陕01知民初3078号民事判决书。
4　熊文聪：避风港中的通知与反通知规则——中美比较研究，载《比较法研究》2014年第4期。

义务。

其次，无论是2006年施行的《信息网络传播权保护条例》，[1] 2009年公布的《侵权责任法》，[2] 还是2018年通过的《电子商务法》，[3] 抑或是2021年生效的《民法典》，[4] 均未将过滤、拦截及主动审查规定为ISP应当采取的必要措施。相反，可以从现行法条清晰的文义得出，ISP应当采取必要措施有且仅有两种情况，即①在接到权利人合格有效通知后采取删除、屏蔽等必要措施（需要特别注意的是，不能把"接到权利人通知后再行删除特定侵权内容"也理解为"过滤"）；②虽未接到权利人通知，但IPS已经知道或应当知道某特定涉嫌侵权内容存在的，也需要采取删除、屏蔽等必要措施。

再次，有论者主张，欧盟《数字单一市场版权指令》（以下简称《指令》）增加了ISP的过滤义务，值得我国借鉴。但已有学者指出，这只是一种误传。根据该《指令》的规定，向公众提供其用户上传的受著作权保护的作品，构成了向公众传播或向公众公开之行为，因此在线内容共享服务提供者必须从权利人处获得许可。如果未获得许可，则内容共享服务提供者应对用户的侵权行为承担责任，除非可以证明其已尽最大努力请求授权；并且在收到著作权人充分有效的通知后已迅速采取行动禁止访问或从其网站上删除涉嫌侵权内容，并尽最大努力防止这些内容再被上传。为了避免误解，该《指令》还明确规定，这些义务"不应导致成员国施加一般性审查义务。"所以，《指令》的本质目的是促使权利人同ISP之间的合作，而不是抬高或增加ISP的注意义务或

1　《信息网络传播权保护条例》第15条规定，网络服务提供者接到权利人的通知书后，应当立即删除涉嫌侵权的作品、表演、录音录像制品，或者断开与涉嫌侵权的作品、表演、录音录像制品的链接……

2　《侵权责任法》第36条第2款规定，网络用户利用网络服务实施侵权行为的，被侵权人有权通知网络服务提供者采取删除、屏蔽、断开链接等必要措施……

3　《电子商务法》第45条规定，电子商务平台经营者知道或者应当知道平台内经营者侵犯知识产权的，应当采取删除、屏蔽、断开链接、终止交易和服务等必要措施……

4　《民法典》第1197条规定，网络服务提供者知道或者应当知道网络用户利用其网络服务侵害他人民事权益，未采取必要措施的，与该网络用户承担连带责任。

过滤义务。[1]

其实，细读欧盟《数字单一市场版权指令》第17条第4款可知，ISP未收到权利人有效实质通知（sufficiently substantiated notice）也需要尽最大努力（best effort）以防止涉嫌侵权内容将来被上传是有先决条件的，即①权利人已向ISP提供了相关且必要信息的作品和其他内容；②根据专业注意义务的高行业标准，该《指令》中的过滤义务仅是合同约定义务，而不是法定强制义务，更不是事前审查义务，即权利人与ISP之间有合作，且权利人已经向ISP提供了作品原片库，在将涉嫌侵权内容与作品原片进行完整比对的基础上，ISP需要进行有针对性的过滤。相较于欧盟将过滤机制确定为一种倡导性的合同约定义务，美国也曾多次评估和讨论是否要修改其1998年颁行的《千禧年数字版权法》（DMCA），引入强制性的法定过滤义务，但最终这些提案都以失败告终，由DMCA确立的避风港规则依然保留至今。[2] 在商业实践中，全球首屈一指的视频分享网站YouTube采取的Content ID反盗版技术虽然号称可以做到屏蔽99%的涉嫌侵权内容，但这仍旧是基于平台运营者与版权人一方的深度合作，而不是让ISP充当网络警察，在没有获得受版权保护的作品原片库的前提下，照样要执行对用户生成内容的全面审查。

最后，有研究者提出，虽然基于过错归责原则，将强制性的过滤义务作为ISP承担损害赔偿责任的一种方式并没有法律依据，但在行为保全案件中，法院裁定要求ISP采取有效措施过滤和拦截用户上传新的侵权信息，依旧可以找到适用依据，即针对侵权后果还没有出现但有侵害之虞的情形，《民法

1　熊琦：算法介入与网络服务提供者的责任认定，网址：https://mp.weixin.qq.com/s/TpgGC1TRAWFwN54Ckzx0cA，最后访问日期：2023年7月12日；亦可参见万勇：著作权法强制性过滤机制的中国选择，载《法商研究》2021年第6期。

2　熊琦：著作权法"通知—必要措施"义务的比较经验与本土特色，载《苏州大学学报（法学版）》2022年第1期。

典》第1167条赋予了受到侵害威胁的人消除危险请求权。[1] 该观点恐怕同样难以成立，因为根据民法原理，所谓的"消除危险请求权"即妨害防止请求权（德文的字面含义为"不作为请求权"），是绝对权请求权的一种类型，其虽然不以侵害人的主观过错和已经给绝对权人造成实际损害后果为要件，但并不是没有任何前提条件便可得到法院支持的。其最关键的构成要件是，享有某种绝对权的请求人必须证明该危险是现实存在的或即将发生的，如果这种重复发生之危险的缘由不消除，则肯定发生妨害或损失后果，而不能仅是一种主观的担心。[2]

相较于有体物而言，知识产权对象不会被侵害人物理上占有，也不会产生物理上的损耗，并且在很多情况下关涉公共利益，故妨害或损失对于知识产权权利人而言是否严重或难以挽回，或造成妨害或损失的危险是否现实存在或即刻发生，需要充分举证证明和反复交叉论辩。也正是因为这一点，最高人民法院于2018年出台的《关于审查知识产权纠纷行为保全案件适用法律若干问题的规定》强调，人民法院审查行为保全申请，应当综合考量下列因素：①申请人的请求是否具有事实基础和法律依据，包括请求保护的知识产权效力是否稳定；②不采取行为保全措施是否会使申请人的合法权益受到难以弥补的损害或者造成案件裁决难以执行等损害；③不采取行为保全措施对申请人造成的损害是否超过采取行为保全措施对被申请人造成的损害；④采取行为保全措施是否损害社会公共利益；⑤其他应当考量的因素。

而就网络平台上的著作权保护而言，诚如前文所述，过滤或拦截技术只是针对涉案作品相关的短字符或画面片段（如作品标题、主要人物元素等）进行检索和识别，而不是将识别到的具体内容与作品原片进行整体全面比对及

1　陈锦川：诉前行为保全中对尚未发生的侵权行为的"过滤"源自消除危险请求权，网址：https://mp.weixin.qq.com/s/0GUedjFQIZsc2TBC3PGkXQ，最后访问日期：2023年7月12日。

2　孙宪忠：《中国物权法原理》，法律出版社2004年版，第327页；亦可参见王洪亮：妨害排除与损害赔偿，载《法学研究》2009年第2期。

侵权与否的价值判断。这些短字符或画面片段对应的既可能是侵权内容，也可能是解说、评论、研讨、戏仿或纯粹是个人欣赏或分享学习等诸多落入合理使用或言论表达自由范畴的情况。同时，在已有"权利人一旦通知，ISP必须及时删除"之规范的语境下，法院裁定要求ISP对其平台上尚不存在的，或者即便已经存在但需要花费大量人力、物力、财力才能够分辨和判断的涉嫌侵权内容，抑或完全可能属于关涉社会公共利益的情形实施不分青红皂白的"一刀切"过滤或拦截，其是否满足前述最高人民法院司法解释规定的各项要件，恐怕要打上一个大大的问号。

四、何谓"知道或者应当知道"

由此可见，要求ISP采取必要措施的前提要么是权利人已经向ISP发送了合格有效的通知，要么是证明ISP知道或者应当知道其平台上存在具体的、特定的涉嫌侵权内容。实际上，ISP收到合格有效通知只是认定其已经知道涉嫌侵权内容之存在的一种典型情况而已，因此可以把采取必要措施的前提条件压缩为一个，即证明ISP知道或应当知道其平台上存在具体的、特定的涉嫌侵权内容。换句话说，如果此时ISP仍未采取必要措施，则应当就持续侵权导致的扩大损失承担连带赔偿责任，这刚好契合了过错归责原则的民法原理。那么，问题的关键就转化为，如何判定ISP知道或者应当知道？

第一，权利人向ISP发送通知，是证明后者知道涉嫌侵权内容存在的最佳方式。但需要指出的是，通知必须是合格有效的，即书面通知必须载明被侵权作品的名称及其出处，以及被控侵权内容的名称及其位置（如链接地址），从而足以使ISP能够合理地、低成本地检索、定位到这些内容。[1] 实践中，有法院认为但凡权利人向ISP发送了热播影视剧的侵权预警函，要求后者采取有效措

---

[1]　熊文聪：避风港中的通知与反通知规则——中美比较研究，载《比较法研究》2014年
第4期。

施制止其平台上已经存在的侵权行为和防止未来可能出现的侵权行为，就视为 ISP已经知道或应当知道具体涉嫌侵权内容已经存在或即将出现，便不能再援引避风港规则免责。[1] 这样的推理逻辑恐怕是难以成立的，因为根据《信息网络传播权保护条例》第14条的规定，侵权通知书应当包含下列内容：①权利人的姓名（名称）、联系方式和地址；②要求删除或者断开链接的侵权作品、表演、录音录像制品的名称和网络地址；③构成侵权的初步证明材料。很显然，没有指明涉嫌侵权内容具体名称及网络地址的预警函，不构成一份合格有效的通知。

第二，实践中还有不少法院认为，对于所谓知名度高的重点作品或热播影视剧，ISP负有更高的注意义务，应当采取更加积极有效的措施来管控涉嫌侵权内容，而不是被动等待权利人的合格有效通知。[2] 管见认为，该观点值得商榷，因为：

首先，所谓"更高的注意义务"是一个伪命题，是否负有注意义务，是一个定性问题而不是一个定量问题，其是基于个案具体情况和各种考量因素（如平台所提供服务的类型及性质、用户上传内容的特征和数量、平台防控侵权内容的成本以及权利人实施监测和通知的成本，等等）综合权衡与横向比较的结果。在进行权衡与比较时，就已经考虑到了各种因素的数量、程度、比例和权重，其结论要么是负有注意义务（即ISP未尽到该注意义务故要承担相应的侵权责任），要么是不负有注意义务（即ISP不承担侵权责任），毫无必要再继续评估ISP要负有多高的注意义务——这非常类似于对智力成果是否具有独创性的判断与认定。

其次，对于同一时段内，知名度相对较高的作品，ISP是否要给予更多的关注和监控呢？答案恐怕是否定的，因为诚如前文所言，知名度越高的作品，越可能成为被合理使用（解说、评论、研讨、戏仿或纯粹个人欣赏及分享学习）的对

---

1 陕西省西安市中级人民法院（2021）陕01知民初3078号民事判决书；江苏省无锡市中级人民法院（2022）苏02民终4040号民事判决书。

2 上海市浦东新区人民法院（2020）沪0115民初61745号民事判决书；陕西省西安市中级人民法院（2021）陕01知民初3078号民事判决书。

象以及言论表达的工具和载体。值得一提的是，哪怕用户上传内容的标题上出现"完整"二字，也不能一概认定该内容就是侵权的，因为"完整"使用、传播他人作品，也完全可能构成合理使用。在缺少可供实质性比对的作品原片的情况下，要求ISP借助算法识别技术进行作品标题或主要人物名称等关键词检索，其结果必然也是检索到了更多属于合理使用的内容，最终还是需要依靠更多的人工来进行复杂艰难的、不堪重负的实质性判断，其监控成本可想而知。换言之，识别和过滤技术的引入，就ISP一方的侵权防控而言，其实是帮了倒忙。

再次，作品知名度不能作为推定ISP知道或应当知道之考量因素的根源还在于：某一时段内知名度高的作品可能不止一部，甚至是上百部。同时，知名度高还是低，是非常主观且动态变化的，没有一个客观的评价标准。退一步讲，即便某部作品在某一时段相对更加知名，ISP也只是知道其平台上飘着一些与该知名作品相关的热门字符而已，但法律上"明知或应知"的对象，不是涉案主张保护的作品，而是具体的、特定的被诉侵权内容或侵权行为。并且，正如前文所言，若ISP要判断这些热门字符所对应的具体内容是否侵权，难以借助算法技术，只能依靠人工逐一进行实质性审查。

最后，无论是《信息网络传播权保护条例》《侵权责任法》《电子商务法》还是《民法典》，均未将主张保护作品的知名度作为认定或推定ISP知道或应当知道的考量因素。相反，从《信息网络传播权保护条例》及最高人民法院《关于审理侵害信息网络传播权民事纠纷案件适用法律若干问题的规定》的既有条文来看，只有当ISP对涉嫌侵权内容进行了积极的、主动的修改、整理、编辑和人为推荐才能认定其知道或应当知道。

第三，还有法院认为，ISP运用算法技术将由用户上传的涉嫌侵权内容置于"热榜"或被系统标注为"热点"或向其他用户推荐，以此来获得更多的流量和市场竞争优势，构成对侵权行为的明知或应知。[1] 然而，将算法推荐与人

---

1 北京知识产权法院（2021）京73民终4295号民事判决书；陕西省西安市中级人民法院（2021）陕01知民初3078号民事判决书。

工推荐直接画等号，恐怕是对技术本身的重大误解。正如前文所述，算法推荐是将用户偏好和商品特征都标签化，进而将"同一端（用户端或商品端）标签相同的子项应当均匹配另一端的同一标签"逻辑运用到整个平台。因此，与其说它是一种信息流推荐，不如说它只是在计算不同模块之间的匹配度。可见，算法推荐与人工推荐有着本质的不同，人工推荐的前提是作为自然人的推荐者已经知晓并理解被推荐对象的具体内容，故如果被推荐的内容涉嫌侵权，则很难说该推荐者没有过错。相反，算法推荐只是依靠字符化的标签在海量内容池中进行机械筛检，它既不理解被推荐内容的语义内涵，也不需要去理解。

第四，还有法院认为，一旦ISP与其用户在用户协议中约定由用户提供或生成内容及智力成果的权益归属于平台经营者享有，则ISP负有更高的注意义务和审核义务，不能再援引避风港规则免责。[1] 管见认为，虽然平台与用户之间签订有智力成果归属协议，但该协议显然改变不了被侵权的原作品的著作权归属，更改变不了原作品是由用户而非平台提供、上传至网络这一客观事实。与此同时，平台不可能仅基于事先签署的、统一的、格式化的成果权益归属协议便已经知道或应当知道用户尚未实施的涉嫌侵权行为。该协议的签署并没有提供某种技术或条件来甄别还没有发生的事实。另外，从民法原理上讲，预期成果产权移转的瑕疵担保责任理应由该成果的转让方而非受让方承担。如果要求ISP在用户内容产生之后经过审查再行签署转让协议，无异于苛求ISP对其平台上所有由第三方提供的海量信息必须事先进行一一审查，实际上等于架空了避风港规则，让ISP充当网络警察和法官，这不仅会阻碍数字和互联网技术的创新，更会压制言论表达自由及内容传媒产业的健康发展。

概言之，认定ISP"已经知道或明知"其平台上存在具体的、特定的被诉侵权行为，需要有直接证据加以确凿，或者基于某种间接证据并通过经验法则予以推定，如ISP对涉嫌侵权内容进行了积极的、主动的修改、编辑、整理和

---

1 北京互联网法院（2018）京0491民初935号民事判决书；北京知识产权法院（2019）京73民终1384号民事判决书。

人为推荐。而认定ISP"虽然不知道也无法推定其已经知道，但其应当知道"则源自对ISP是否尽到了合理注意义务的考察。接下来，笔者将结合避风港规则背后的法经济学原理，来探讨哪些情况下ISP负有合理注意义务。

五、避风港规则过时了吗

在"云南虫谷"案中，一审法院认为：随着平台经济的高度成熟和信息技术的高速发展，"通知—删除"规则的历史局限性越发明显，现有的规则体系已经无法真正实现著作权人与平台之间的利益保护平衡，因而必须激励平台采取各种技术措施对用户上传的内容进行管理，加强网络平台版权保护的注意义务，重视版权识别、屏蔽等版权保护技术的应用。[1] 然而，诚如前文所述，《侵权责任法》及《民法典》将《信息网络传播权保护条例》中的"删除""断开链接"扩充为更上位的"必要措施"，其实并不是对避风港规则的否定或颠覆，而恰恰相反，这是对避风港规则的强化和捍卫，即只有当ISP知道或者应当知道其平台上存在具体的、特定的侵权行为时，才负有采取必要措施的法定义务，这也刚好暗合了美国版权法经多次评估和反复讨论仍继续保留避风港规则的做法。

当然，这种强化之所以是正确的，是因为避风港规则体现的是一套颠扑不破的法经济学原理，即最小防范成本原则——对于意外或损失，谁能够以最小的成本加以预防，就由谁承担相应的预防责任、尽到相应的注意义务。美国联邦上诉法院的勒·汉德法官，可谓将"最小防范成本原则"这一经济学思路引入司法实践的先驱。在著名的"卡洛尔拖船"案中，其首次提出了如何确定行为人过错的一套函数关系（$B < PL \rightarrow$ 过错），即当且仅当预防事故的成本（B）低于事故的预期损失（事故发生的概率P乘以事故一旦发生所造成的损失L）时，行为人才需要对事故的发生承担过错责任。该函数关系伴随着法经

---

1 陕西省西安市中级人民法院（2021）陕01知民初3078号民事判决书。

济学的兴起，对美国及全球后来的民事侵权案件乃至各类司法裁判都具有广泛影响，做出了不可磨灭的积极贡献，被冠之以著名的"汉德公式"。[1] 实际上，以"汉德公式"为代表的法经济学思路只是揭示了法律的本质，即任何法律制度都不是仅保护某一方的权利或利益，而是追求社会总体福利的最大化或社会成本之和的最小化。受"汉德公式"的启发，笔者大胆地提出判断网络服务提供者是否负有主动审查及过滤义务的经济学公式：

平台上的侵权预期损失（S）＜ISP为预防侵权所花费的成本（C）→ISP不负有过滤义务（简化为：$S < C$→无过滤义务，反之则有）

很显然，随着平台上用户人数和信息量的增加，ISP为检索、识别和判断用户上传内容是否侵权并加以预防所花费的成本在不断递增。相反，侵权预期损失却在不断递减，因为知名度高的作品以更多的转换性使用方式被众人解说、评论、研讨、戏仿或学习，从而有助于社会公共利益并间接推广了该作品。此时，不应苛以ISP主动审查及过滤义务，但并不能免除其合理注意义务（见图1）。

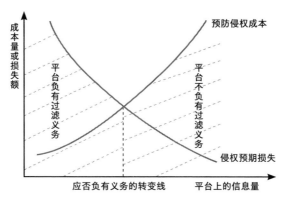

图1　预防侵权成本、侵权预期损失与应否负有过滤义务的关系

1　冯珏：汉德公式的解读与反思，载《中外法学》2008年第4期。

另一方面，无论是识别算法还是监测技术，都不仅是ISP所独有的，很多大型的内容供应商及著作权人早就采用了人工智能及算法技术来对其竞争对手平台上的用户生成内容进行监测和预警，这已经是一种非常普及、成熟的做法。[1] 相较于ISP一端的海量检索、识别与过滤，权利人一端的自我监测、预警和通知的目标更明确、成本更低、优势更加明显——因为被监测的内容数量明显少于ISP一端，并且权利人手中握有可供对照的作品原片。而谁防范侵权发生的成本更低，不是去做纵向比较（新技术前的ISP和新技术后的ISP），而是要做横向比较——同样不掌握新技术的权利人与ISP，或者同样掌握新技术的权利人与ISP。由图2不难理解，即便在引入新技术后，ISP的侵权防范成本可能比之前有所降低，但此时权利人的侵权防范成本也因新技术的到来而减少，导致权利人的侵权防范成本相较于ISP而言依然偏低，故仍然是权利人一方要履行更为积极的事先监测和通知义务——避风港规则并没有过时。

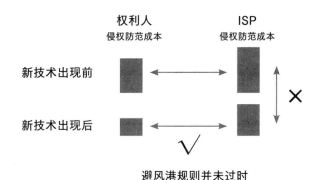

图2 应当进行侵权防范成本的横向比较

在"云南虫谷"案中，一审法院认为："根据危险控制理论，网络服务提供商与社会公共空间的经营者类似，均为侵权危险的管控者。在民法语境下，善良管理人的注意义务要求行为人作为从事特定职业或者特定社会活动的

---

1 窦新颖：冠勇科技搭建版权监测与保护平台，网址：http://www.iprchn.com/Index_NewsContent.aspx?newsId=88179，最后访问日期：2023年7月13日。

参加者，要承担与其专业思维、认知能力相匹配的注意义务。微播视界作为'抖音'平台的管理者和支配者，对于该平台内发生的侵权行为具有排他的支配能力。"[1] 这段话的错误之处在于，侵权内容不是一目了然地摆在那里等着ISP去拾取，侵权与否是非常专业的法律问题，关涉复杂艰深的价值判断与利益权衡，无法也不应当由ISP充当网警或法官，哪怕是披上了一件光鲜炫目的技术外衣，他也不具有主动审查与判断的管控能力。同时，网络平台上的内容都是公开的，很容易获取，著作权人对这些内容是否侵权进行监测和预警，并不需要事先征得ISP的同意。我们不能忘记，权利是自己的，著作权人理应更加积极地去监测、通知和维护好自身的权利，而且这么做的成本并不高。正如最高人民法院在《关于审理侵害信息网络传播权民事纠纷案件适用法律若干问题的规定》第8条中所指明的："网络服务提供者能够证明已采取合理、有效的技术措施，仍难以发现网络用户侵害信息网络传播权行为的，人民法院应当认定其不具有过错。"

简言之，"最小防范成本"原则这一法经济学原理决定了避风港规则并没有因新技术的到来而过时，也时刻提醒裁判者应当进行侵权防范成本的横向比较而不是纵向比较，从而确定网络服务提供者是否负有相应的注意义务。

六、结语

著作权法不是仅保护著作权的法律。在保护著作权（私人财产权）与维系言论表达及再创作自由之间，并不存在前者价值位阶明显高于后者的情况。甚至可以说，正是因为后者的权重常常高于前者，所以才演化出著作权法中一些不可撼动的基石性概念和规则，如保护期制度、思想/表达二分法、实质性相似以及合理使用对著作权的限制，等等。中国的确需要加强对知识产权的保护，但也不能矫枉过正，进而损害到其他同样重要，甚至更重要的法益。针对

---

[1] 陕西省西安市中级人民法院（2021）陕01知民初3078号民事判决书。

网络平台上的侵权乱象，执法者或司法者不宜超越现行有效的清晰条文及背后蕴藏的立法者价值取向、形式逻辑、经验常识及经济学原理，改变或摒弃避风港规则，盲目引入或创设所谓的过滤机制来破坏既有的平衡，而是应当在"三振出局""信用体系""惩罚性赔偿""证据妨碍制度"及"回归高度盖然性证明标准"等方面努力，以此来促进各方的合作与共赢，实现社会总体福祉的稳步提升。

建构数字版权产品二级市场的
法律困境与现实出路

万勇*

摘要：在数字经济时代，建构数字版权产品二级市场是实现分配正义的当然推论、发展市场经济的应然需要、促进文化保存的必然选择，具有充分的正当性与必要性。然而，在发展过程中，其遇到了法律上的重大障碍：传统权利用尽原则难以适用于数字环境。为纾解发展困境，已有研究提出了"功能等同说""单一复制件说""传播权用尽说"等准用旧法型或改良老制型解决方案，但这些方案均存在一定局限。"数字转售法定许可说"跳脱了"权利用尽原则能够/不能适用数字环境"二分的思维陷阱，以"再造新规"的方式为建构数字版权产品二级市场提供了最佳现实出路。

关键词：版权；数字经济；权利用尽；首次销售；NFT

一、引言

设想以下三种场景。第一种场景，你在书店购买了一本书或一张CD，使用了一段时间后，你对它没兴趣了；这时你可以选择通过孔夫子旧书网、闲鱼

★ 万勇，中国人民大学。

等网络平台把它合法卖出去。第二种场景，你通过Kindle购买了一本电子书，或通过智能手机购买了一张数字音乐专辑，某一天你不需要书或音乐专辑了，你想把它卖掉；这时你会发现根据现行的法律规定，如果未经版权权利人同意，你不能卖，否则构成侵权。第三种场景，你为了合法转售你购买的第二种场景中的电子书或数字专辑，你可以选择把Kindle或手机卖掉；当然，由于电子文件的价格远低于电子设备，在实践中，这种事情几乎不可能发生，否则就是现代版的"买椟还珠"了。

对于消费者而言，其可以选择购买实体物品（如CD），也可以通过选择互联网获得"数字文件"（如数字音乐专辑）。无论哪一种"交付"方式，版权内容实际上都是相同的；消费者付钱的目的就是购买CD中所包含的版权内容，他们并不是要购买CD这一载体。然而，在不同的场景下进行转售，相关二手交易的合法性评价是不同的。

在版权法中，豁免侵权或者说权利限制的类型多样，一般来说，主要包括合理使用、法定许可以及权利用尽。权利用尽原则是指对于经过版权人许可而投放市场的享有版权的作品复制件，版权人无权再控制它们的进一步转售。[1] 传统上，权利用尽原则的适用范围仅限于发行权，而不延及其他权利。因此，有学者将权利用尽原则又称为"发行权用尽原则"，并将其内涵概括为"首次发行赋权、二次发行用尽"。[2] 在前数字时代，由于销售版权产品的行为只与发行有关，因此，豁免了发行行为，就可以自由转售版权产品而不至构成侵权。这也就意味着，版权产品二手（二级）市场可以合法存在。然而，在数字环境下，销售版权产品不可避免地牵涉到复制、信息网络传播等属于版权权利人专有权控制的行为，而权利用尽原则又不能适用于复制权、信息网络传播权，导致进行数字版权产品二手交易面临系统性版权侵权风险。

为了解决转售数字版权产品遭遇的法律困境，域外学者与法院很早就展

1　郑成思：《知识产权论》，法律出版社，2003年第3版，第357-358页。
2　初萌：论发行权用尽原则在网络领域的适用，载《私法》2019年第2期。

开了初步探索。例如，有观点对权利用尽原则作了创新性解释：只要在数字版权产品转售结束时，出卖人从其数字设备上删除原始的数字复制件，就可以适用权利用尽原则。[1] 美国ReDigi公司甚至将前述理念融入其应用程序，采用"发送与删除"技术，经营数字音乐二级市场；[2] 然而，美国法院并未认可此种商业模式的合法性。也有观点认为，欧洲法院在Svensson案中所确立的"新公众"理论，从某种意义上也可以视为向公众传播权用尽原则，从而直接改造权利用尽原则的"权利"形态。[3] 欧洲法院在UsedSoft案中，则引入功能等同说，认为在线传输与通过物质载体提供计算机软件属于功能等同，从而直接将传统权利用尽原则适用于数字环境。[4] 近年来，我国学者也提出了"信息网络传播权用尽说""数字发行权有限用尽说"等方案。[5] 然而，正如下文所指出的，这些方案均存在一定的局限性，难以很好地解决数字版权产品二级市场的合法性问题。

　　当前，新一轮科技革命和产业变革深入发展，数字化转型已经成为大势所趋。在这样的大背景下，如何合规建构数字版权产品二级市场成为世界性议题。本研究将直面世界之问与时代之问，为激发市场主体活力，促进数字版权产品二级市场在法治轨道上健康发展，提供中国方案。

1　Digital Era Copyright Enhancement Act, H. R. 3048-105th Congress (1997-1998).

2　Redigi公司采用的"媒介管理者"程序就是"发送与删除"技术领域的最新应用，该程序一方面可以确保只有从iTunes或其他ReDigi用户处合法购买的音乐文件才能销售，从而在技术上防止盗版音乐文件进入系统；另一方面，当用户将音乐文件上载到该公司的云存储系统以便进行后续交易时，"媒介管理者"程序将自动从源计算机上删除音乐文件。参见Capitol Records, LLC v. ReDigi Inc., 934 F. Supp. 2d 640, 645-646 (2013).

3　Stavroula Karapapa, "Reconstructing Copyright Exhaustion in the Online World," Intellectual Property Quarterly, no. 4 (2014), pp. 324；初萌：论发行权用尽原则在网络领域的适用，载《私法》2019年第2期。

4　CJEU, UsedSoft GmbH v. Oracle International Corp., Case C-128/11 (2012).

5　黄玉烨，何蓉：数字环境下首次销售原则的适用困境与出路，载《浙江大学学报（人文社会科学版）》2018年第6期，第189-202页；何炼红，邓欣欣：数字作品转售行为的著作权法规制——兼论数字发行权有限用尽原则的确立，载《法商研究》2014年第5期，第22-29页。

二、建构数字版权产品二级市场的正当性价值

本研究所使用的"数字版权产品"这一概念，是指形式上以数字为载体，内容上受到版权保护的产品，例如：电子书、数字音乐专辑、可下载的计算机软件等。在理论与实务中，与这一概念相关的概念有"数字版权""数字作品""数字内容产品""数字藏品"等，但是，这些概念都不能准确表达本研究所讨论的主题。"数字版权"强调的是版权属性，但本研究所指的二级市场的交易对象并非版权。"数字作品"严格来说不是一个准确的概念，因为作品是指文学、艺术和科学领域内具有独创性的"智力成果"；既然是"智力成果"，当然不存在所谓物理还是数字之谓。事实上，数字修饰的应当是作品的载体，而非作品本身。"数字内容产品"中的"内容"可能涵盖不受版权保护的内容，其范围显然超出了本研究讨论的主题。至于数字藏品，源于非同质权益凭证（NFT）概念，一般是指一种限量发行的虚拟文化产品，通过区块链技术对其流通过程进行记录，使其具有唯一性、不可复制、不可篡改、永久存证的特征。[1] 然而，一方面，本研究所讨论的二级市场的交易客体并不限于通过NFT技术生成的数字化产品；另一方面，NFT的对象既可能受版权保护，也可能不受版权保护。

数字版权产品二级市场以"互联网+二手"模式发展，旨在通过互联网平台为二手数字版权产品交易提供标准化、规范化服务。该市场并不交易版权，而是为公众的二手数字版权产品交易活动提供平台，提高二手商品交易效率，促进公众闲置的数字版权产品交易和流通。[2] 由于建构数字版权产品二级市场的主要法律障碍在于进行转售（二次销售）时不可避免地会实施侵犯版权的行为，因此，在版权法上豁免了转售的系统性版权侵权风险，也就解决了数字版权产品二级市场的主要法律障碍。

----

1 参见《数字藏品合规评价准则》（团体标准）。
2 参见《"十四五"循环经济发展规划》。

在厘清了相关概念之后，接下来需要讨论的问题是数字版权产品二级市场是否具有存在的正当性。这个问题不解决，探讨如何建构数字版权产品二级市场就没有基础。本研究认为，无论是从政治理性、经济理性还是社会理性来看，数字版权产品二级市场合法化都具有充分的正当性和必要性。

（一）实现分配正义的当然推论

分配正义是社会公正的基础性内容，也是知识产权法的正当性基础。知识产权法的基本功能是"分配基于智力创造成果形成的市场利益"，[1] 其正当性基础在于实现分配正义。分配正义原本内生于原始知识产权制度之中，外化为保护期限、合理使用、法定许可等法律条款之内，也体现于各国知识产权法律之中。[2] 分配正义可以为知识产权法调整知识产权相关利益者之间，以及相关利益者与社会公众之间的利益冲突提供具有解释力的理论支撑。

分配正义的核心要义是财产的结构应最大化平等。版权不仅应当是一种允许版权权利人增加和积累财富的功利主义交易，它还必须是知识和文化使用者的公平交易。[3] 传统上，在版权法领域引入权利用尽原则旨在版权所有人与物权所有人之间实现知识财产利益的分配正义。被誉为德国现代知识产权之父的Josef Kohler明确指出：德国法创设权利用尽原则的目的在于，防止知识产权权利人对同一产品主张两次权利；一旦知识产权权利人将受知识产权保护的产品投放市场，就已经得到了应得的回报。[4]

建构数字版权产品二级市场的一个重要前提是可以自由转售数字产品，这意味着对版权所有者的权利实施一定限制。一个公正的社会既赋予创造者排他性的财产权，同时也以某种方式对这些权利加以限制和构造，使之符合总体性分配

---

1 李琛：知识产权法基本功能之重解，载《知识产权》2014年第7期。
2 万勇：公共健康危机的知识产权法应对，载《中国法学》2022年第5期。
3 Ezieddin Elmahjub & Nicolas Suzor, "Fair Use and Fairness in Copyright: A Distributive Justice Perspective on Users' Rights," Monash University Law Review, vol.43, no.1 (2017), p.275.
4 王春燕：《平行进口法律规制的比较研究》，中国人民大学出版社2012年版，第48页。

正义的考虑。[1] 随着数字技术的发展，版权法不仅授予版权所有者新的专有权以控制数字传输行为，还规定规避技术措施和破坏权利管理信息的行为应受法律制裁；版权所有者享有的知识财产利益不断扩张，从而改变了既有的利益分配格局。在这样的背景下，应当对版权所有者与数字产品所有者基于数字产品所享有的利益进行重新分配，允许后者自由地在二级市场转售数字产品。

（二）发展市场经济的应然需要

财产是一个动态与开放的范畴，在不同的历史阶段，财产具有不同的法律内涵和形式。在市场经济的推动下，财产的范围已经延伸到一切可以利用的物质与非物质对象。[2] 市场经济具有两个基本特征：自主性与竞争性。自主性有双重含义，一是指市场主体的自主性。当买受人合法获得版权产品所有权后，有权将该产品进一步销售给第三方；买受人的此种转售行为不需要获得版权所有者同意，这即是对买受人作为财产所有者的自主性的承认。[3] 二是指市场交易对象的自由流通性。《与贸易有关的知识产权协定》在序言中明确指出："保护知识产权的措施本身不应成为阻碍自由贸易的壁垒"，权利用尽原则就是一种重要的减少贸易扭曲的知识产权规范。[4] 美国最高法院在1908年审理Bobbs-Merrill案时确立首次销售原则，就是针对版权所有者控制书籍销售价格，阻碍图书后续流转而设。[5] 欧盟委员会也明确表示，包含作品的载体与其他商品没有什么区别，都应遵循商品自由流通原则。[6] 竞争有利于降低价格，提高版权产品可及性。我国《著作权法》的立法目的是"鼓励有益于社会主义

1　[美]罗伯特·P.莫杰思：《知识产权正当性解释》，金海军，史兆欢等译，商务印书馆2019年版，第514页。

2　吴汉东：财产的非物质化革命与革命的非物质财法，载《中国社会科学》2003年第4期。

3　Poorna Mysoor, "Exhaustion, Non-exhaustion and Implied License," IIC-International Review of Intellectual Property and Competition Law, vol.49, no.6 (2018), p.663.

4　刁胜先：《论权利穷竭原则》，法律出版社2018年版，第114页。

5　Bobbs-Merrill Co. v. Straus, 210 U.S. 339 (1908).

6　王春燕：《平行进口法律规制的比较研究》，中国人民大学出版社2012年版，第48页。

精神文明、物质文明建设的作品的创作和传播，促进社会主义文化和科学事业的发展与繁荣。"[1] 发展数字版权产品二级市场，不仅为消费者闲置的数字产品创造了流转价值，也有利于降低文学艺术作品的获取成本，使更多的人得以阅读、欣赏。[2]

我国经济结构性矛盾的根源是要素配置扭曲，要彻底解决这一问题，根本途径是充分发挥市场在资源配置中的决定性作用，破除阻碍要素自由流动的体制机制障碍。党的十九届五中全会提出，发展数字经济，推动数字经济和实体经济深度融合。如果不存在合法的数字版权产品二级市场，就难以形成价格市场决定、流动自主有序、配置高效公平的数字市场经济。

（三）促进文化保存的必然选择

受版权保护的文学、艺术作品是人类悠久历史和灿烂文化的重要组成部分。除了一些经典作品，大多数作品在出版几年后就不会引起大众消费者的兴趣；然而，鲜为人知的旧作品仍有价值，至少对社会和文化史学家、历史学家有价值，值得保存。旧作品的保存对新作品的创作也很重要，它们可能会成为当代作家寻找鲜为人知的故事以融入新作品的源泉。历史表明，发行大量作品复制件并由不同主体获得，有助于确保该作品的存续时间更久。复制件会因时间、环境、使用条件和其他因素而受到损坏，存在的作品复制件越多，作品就越有可能幸存下来；文化保存界有一句俗语："大量复制件可以保证资料安全"，道理正在于此。此外，版权所有者可能出于政治、文化或其他原因选择不再发行作品，某些作品由于不具有商业可行性可能被出版商停止发行。当作品不再发行后，该作品就无法在市场上获取和保存。如果没有二级市场，相关

---

1 参见《著作权法》第1条。
2 [美]亚伦·普赞诺斯基，杰森·舒尔茨：《所有权的终结：数字时代的财产保护》，赵精武译，北京大学出版社2022年版，第39页。

作品就无法流通，文化也难以保存。[1]

进入数字经济时代，越来越多的出版商、唱片公司选择只发行电子书、数字音乐，文化保存的问题变得更为严峻。如果消费者无法将数字版权产品出售给其他消费者，那么不再需要相关数字版权产品的消费者可能会予以删除以释放磁盘空间，或者丢弃相关硬件设备时不再备份。存在数字版权产品二级市场意味着，与最初从版权所有者处购买数字版权产品的消费者不同的其他消费者可以获得数字版权产品，从而增加了数字版权产品被保存的机会。此外，公共文化机构通常根据包含大量使用限制的许可协议获得数字内容，尤其是电子书，因此，允许公共文化机构在二级市场购买合法销售的数字产品很重要，这样可以实现其保护和传播文化遗产的目标。

三、建构数字版权产品二级市场的法律困境

建构数字版权产品二级市场具有实现分配正义、发展市场经济以及促进文化保存的正当性与必要性，然而，在发展过程中，其遇到了法律上的重大困境：传统权利用尽原则难以适用于数字环境，导致不能自由转售。有学者将这一法律困境作了进一步细分，认为主要问题是如何在数字环境下解释"发行权—向公众传播权""销售—许可""产品—服务"这三组概念。[2]

（一）发行权vs向公众传播权

在版权领域，传统观点认为，权利用尽原则仅存在于发行权之中，因此，该原则又被称为"发行权用尽原则"。换句话说，只有发行权能被"用

---

1 Ruth Anthony Reese, "The First Sale Doctrine in the Era of Digital Networks," Boston College Law Review, vol.44, no.2(2003), pp.604-608.
2 Caterina Spanga, "A Plea for Digital Exhaustion in EU Copyright Law," Journal of Intellectual Property, Information Technology and E-Commerce Law, vol.9, no.3(2018), pp.217-222.

尽", 其他专有权并不能被"用尽"。因此, 讨论权利用尽原则可否在数字环境下适用的首要问题, 在于发行权可否适用于数字传输。对于这一问题的讨论, 可以追溯至1996年《世界知识产权组织版权条约》(以下简称《版权条约》) 缔结期间, 各代表团围绕选择何种权利类型适用于互联网传输问题的讨论。美国代表团主张, 发行权是适用于数字传输最合适的候选权利。这一观点也反映在1995年美国政府发布的《知识产权与国家信息基础设施白皮书》中: 无论是从逻辑上, 还是从法律上看, 数字传输都是发行的一种方式。美国代表团的观点受到了欧盟以及其他众多代表团的反对。最后, 外交会议采纳了"伞型解决方案", 即只要求各缔约方对交互式数字传输的行为加以控制, 至于其究竟是采用现行立法中的"发行权""向公众传播权", 还是通过修法创设新权利, 则在所不问。[1]

另一方面, 《版权条约》按照前数字时代的传统模式对发行权进行了定义, 这似乎又排除了数字"发行"的可能。按照《版权条约》的规定: 发行权是指"通过销售或其他所有权转让形式向公众提供其作品原件和复制件的专有权"; "复制件"专指可作为有形物品投放流通的固定的复制件。[2] 包括中国、欧盟在内的多数《版权条约》缔约方对发行权的定义, 都与前述规定几乎一样。[3] 有观点认为, 从定义来看, 发行权的对象是有形载体, 而"有形"的解释不能延伸至无法被感觉器官所感知的虚拟网络环境, 因此, 发行权不能适用于数字环境, 这也就意味着权利用尽不能适用于数字环境。[4]

(二) 销售vs许可

适用发行权, 除了存在"有形"载体这一要件, 还要构成所有权转让;

1　[匈牙利]米哈依·菲彻尔: 《版权法与因特网》上, 郭寿康, 万勇等译, 中国大百科全书出版社2009年版, 第291-346页。

2　参见《版权条约》第6条以及关于第6条和第7条的议定声明。

3　参见《著作权法》第10条第1款第 (6) 项、欧盟《信息社会版权指令》第4条第1款。

4　Stavroula Karapapa, "Reconstructing Copyright Exhaustion in the Online World," *Intellectual Property Quarterly*, no. 4 (2014), p.310.

在商业交易中，所有权转让表现为销售。一般认为，销售是指"一个人为了获得报酬，通过合同将属于他的有形或无形财产的所有权转让给他人。"[1] 正如下文所述，在商业实践中，越来越多的互联网公司在合同中将其向消费者提供数字版权产品的行为定义为"许可"：授权消费者在一定期限内或永久性使用数字产品。对于此种商业实践如何定性，尤其是如何看待合同条款，存在较大争议。有观点承认合同条款的有效性，从而排除了权利用尽原则的适用空间。也有观点认为，重点是相关行为的特征究竟是"销售"还是"许可"，而不能仅看文字写的是什么。

此外，在数字环境下，要证明数字产品的所有权并不容易，因为"电子数据证据不同于传统的证据形式，具有真伪的脆弱性、传递的技术性、极强的可复制性等特殊属性"。[2] 就实体产品而言，拥有该实体产品本身就是所有权的初步证据。对于数字产品，用户必须证明存在完整的交易链。如果交易链中断了，最终的"所有者"可能会发现自己处于尴尬的境地。此外，如果交易链其中一个环节有用户秘密保存了复制品，就会出现棘手的问题：谁是合法所有者，谁是非法用户?[3]

（三）产品vs服务

以数字形式生产和提供的数据/内容，究竟应被视为产品还是服务，一直存在较大争议。定性不同，直接关系到可否适用权利用尽原则。欧盟《信息社会版权指令》序言第29段甚至直接规定："服务，特别是在线服务，不存在权利用尽问题。"

欧洲法院一直将产品定义为具有有形性和可交易性的实体，即作为商业

1　Caterina Spanga, "A Plea for Digital Exhaustion in EU Copyright Law," Journal of Intellectual Property, Information Technology and E-Commerce Law, vol.9, no.3(2018), pp.217-222.

2　北京互联网法院（2019）京0491民初1212号民事判决书。

3　Eric Tjong Tjin Tai, "Exhaustion and Online Delivery of Digital Works," European Intellectual Property Review, vol.25, no.5 (2003), p.210.

交易对象的能力,将服务定义为其他类别。在有的案件中,欧洲法院排除了商业交易必须涉及所有权转让,从而为产品的定义框架增加了复杂性。[1]

有观点认为,对于产品与服务的区分,应当在充分考虑发行权与向公众传播权的区分,以及权利用尽原则的立法目的基础上作出。就前者而言,从发行权与向公众传播权所涵盖的不同行为可以看出,将产品与《信息社会版权指令》第4条相联系,将服务与《信息社会版权指令》第3条相联系,从体系解释来看更为合适。就后者而言,权利用尽原则的立法目的在于避免市场分割,同时将对于发行权的限制局限于"保护相关知识产权的特定客体所必需的范围"[2]。

总体来看,在解释产品与服务的区别时,尽管存在不同观点,但讨论的视角主要仍然是围绕有形、所有权转让这两个问题展开,它们事实上也是在解释前两组概念时不可避免会涉及的问题。这也就意味着如果前两个困境难以解决,第三个困境自然也是无解。

四、纾解数字版权产品二级市场发展困境的已有学说及其局限

面对建构数字版权产品二级市场遇到的法律障碍,已有研究从不同维度提出了多种理论学说,试图纾解法律困境。

(一)已有学说的主要观点

1.功能等同说

在互联网发展早期,有观点提出:对于线上与线下行为,应当予以相同的法律对待;换言之,对于线上技术活动的规制,应当与等同的线下技术活动

---

1 Cura Anlagen Gmbh v ASL, C-451/99 (2002).
2 Caterina Spanga, "A Plea for Digital Exhaustion in EU Copyright Law," Journal of Intellectual Property, Information Technology and E-Commerce Law, vol.9, no.3(2018), pp.217-222.

适用相同的法律规则。这一观点在学理上被概括为功能等同说。[1] 一直以来，功能等同说都是欧盟规制数字技术的主要理论，其基本要义是功能相似或等同的服务（即执行相同功能的服务）应当以相同的方式进行规制；也就是说，用以规制物理世界的规则也应当规制数字世界。[2] 功能等同说具有重要价值，但前提是严格适用"等同"；否则，该理论的价值就会大打折扣，也会阻碍围绕新技术而形成的规则的发展，以及影响技术本身的使用与创新。欧洲法院在UsedSoft案判决中适用了功能等同说，认为："从经济角度来看，以CD-ROM或DVD形式销售计算机软件与通过互联网下载的方式销售计算机软件是相似的，在线传输与通过物质载体提供属于功能等同"，并据此判决：通过互联网方式下载的软件可以合法进行转售。[3] 从欧洲法院的判决来看，可以认为：欧洲法院以功能等同为理据，直接将传统的权利用尽原则适用于数字环境，以解决数字版权产品二级市场的合法性问题。

也有观点以技术中立作为理论依据，主张权利用尽原则可以适用于数字环境。例如：加拿大最高法院在Entertainment Software Association案中认为："技术中立原则体现在《版权法》第3条第（1）款中……在我们看来，在商店购买作品的持久性复制品与通过邮件收到复制品或通过互联网下载复制品之间没有实际区别。"[4] 技术中立意味着不应当对特定技术予以歧视或优待，即法律规则不应当对不同的技术予以区分，即使开发了新技术，法律规则也应继续有效适用。技术中立原则与功能等同原则很相似。当然，严格区分的话，还是可以发现二者的细微区别。技术中立原则主要用于解决可用于实施法律原则的现有实质性规则之间的选择问题。功能等同原则主要用于指导立法者制定适用

1 Chris Reed, "Online and Offline Equivalence: Aspiration and Achievement," International Journal of Law and Information Technology, vol. 18, no. 3 (2010), pp. 248-249.

2 Andrej Savin, "Rule Making in the Digital Economy: Overcoming Functional Equivalence as a Regulatory Principle in the EU," Journal of Internet Law, vol.22, no.8 (2019), p.7.

3 UsedSoft Gmbh v. Oracle International Corp., C-128/11 (2012), para. 61.

4 Entertainment Software Association v. Society of Composers, Authors and Music Publishers of Canada, 2012 SCC 34,[2012]2 S.C.R. 231.

于新行为的法律原则，并在一定程度上有助于形成实体规则。[1]

2. 单一复制件说

"单一复制件说"的基本观点是：只要在数字版权产品转售结束时，出卖人从其数字设备上"销毁"原始的数字复制件，就可以适用权利用尽原则。因为在这种情况下，出卖人与买受人一共只拥有一件数字复制件，也就是与转售开始时的数字复制件的数量相同。"单一复制件说"的理论起源可以追溯至1995年美国《知识产权与国家信息基础设施白皮书》：如果所使用的技术允许在不进行非法复制（即原始所有者不保留任何副本）的情况下传输复制件，应适用首次销售原则，且传输不构成侵权。[2]

"单一复制件说"要得以适用，需要相应的技术支持。当下，"发送与删除"技术有了实质性进步。作为经营世界上第一个数字音乐二级市场的ReDigi公司，其采用的"媒介管理者"程序就是"发送与删除"技术领域的最新应用，该程序一方面可以确保只有从iTunes或其他ReDigi用户处合法购买的音乐文件才能销售，从而在技术上防止盗版音乐文件进入系统；另一方面，当用户将音乐文件上载到该公司的云存储系统以便进行后续交易时，"媒介管理者"程序将自动从源计算机上删除音乐文件。[3]

3. 传播权用尽说

传统上，权利用尽原则中的"权利"是指发行权，因此，权利用尽原则也被称为"发行权用尽原则"。[4]将权利用尽原则扩展适用于数字环境，也就相当于引入所谓"数字发行权"用尽原则；然而，数字传输并不属于发行权的涵盖范围，因此，"数字发行权"概念本身就是有问题的，更谈不上"数字发

1　Chris Reed, "Online and Offline Equivalence: Aspiration and Achievement," International Journal of Law and Information Technology, vol. 18, no. 3 (2010), p.249.

2　Information Infrastructure Task Force, Intellectual Property and the National Information Infrastructure: The Report of the Working Group on Intellectual Property Rights, September 1995, p.92.

3　Capitol Records, LLC, v. ReDigi Inc., 934 F. Supp. 2d 640, 645–646 (2013).

4　吴汉东：《知识产权法》，法律出版社2021年版，第204页。

行权"被"用尽"了。事实上，数字传输应当被归入信息网络传播权的涵盖范围，因此，为了解决数字产品转售合法性的问题，应当引入"信息网络传播权用尽"原则。[1]

类似地，欧洲也有学者认为，欧洲法院在Svensson案中所确立的"新公众"理论，从某种意义上也可以视为向公众传播权用尽原则。根据"新公众"理论，如果再次传播指向的不是"新公众"——版权权利人在授权初始传播时没有考虑到的公众，则再次传播行为不构成侵权。从法律后果上看，这与承认向公众传播"用尽"是一样的。[2]如果承认向公众传播用尽理论，在发生初始向公众传播以后，即使后续的向公众传播行为在未获版权权利人授权的情况下实施，也不构成侵权。从经济原理来看，"新公众"理论与传统权利用尽原则背后的经济理性也是相同的：当版权权利人利用作品的行为已经获得合理报酬时（与实际或潜在欣赏作品的人数成比例），版权权利人的专有权应被视为已经用尽。[3]

有学者认为：数字版权产品的品质基本上不具有损耗性，并且可以被长时间高保真地保存，这将导致市场上流通的数字版权产品的数量很难减少，既不利于版权人的利益实现，也不利于二级市场的繁荣。因此，应当对"信息网络传播权用尽"原则作出一定程度的改进，对转售设置期限，此即"信息网络传播权有限用尽"原则——"通过合法有效的技术措施，在保障数字作品数量未增加的情况下，数字作品的买受人可以在一定期限内转售该数字作品，规定期限一旦届满，该数字作品不得再被转售。"[4]

1　黄玉烨，何蓉：数字环境下首次销售原则的适用困境与出路，载《浙江大学学报（人文社会科学版）》2018年第6期。

2　Stavroula Karapapa，"Reconstructing Copyright Exhaustion in the Online World," Intellectual Property Quarterly, no. 4 (2014), pp. 310.

3　Roberto Caso & Federica Giovanella eds., Balancing Copyright Law in the Digital Age: Comparative Perspectives, Berlin: Springer-Verlag, 2015, p.54.

4　黄玉烨，何蓉：数字环境下首次销售原则的适用困境与出路，载《浙江大学学报（人文社会科学版）》2018年第6期。

（二）已有学说的主要局限

为了纾解数字版权产品二级市场发展的制度性困境，已有学说提出了多种解决方案。但是，这些方案或者以偏概全，或者无法形成完全的理论自洽，或者缺乏解释力，或者考虑复杂情况不足等，均存在一些问题与局限。

"功能等同说"的核心要义在于拒绝对数字环境与非数字环境中的行为适用不同的法律规则。然而，权利用尽原则是在19世纪中后期开始创立、发展的，其理论架构是以物理世界的基本特征展开设计，不可避免地打上了物理世界的"烙印"，因此，该原则天然地与数字世界存在隔阂。另一方面，经过百年的历史演变，该原则中的一些重要法律概念已经具有了较为稳定的含义，并形成较为丰富的判例，将这些法律概念扩展适用于数字环境，不仅存在"水土不服"的问题，也会影响已有判决的既判力。

就"单一复制件说"而言，尽管从经济分析的角度来看，其具有一定的合理性；从技术发展的角度来看，"发送与删除"技术也已经从理论构想转变为现实应用。然而，从版权法基本原理来看，"单一复制件说"采用的所谓"零和游戏分析方法"是错误的。因为问题的关键不在于传输或转售结束的时候是否与开始的时候存在同样数量的数字复制件，而是在于从整体上看，传输是否侵犯了一项或多项专有权。在传输结束的时候，在接收方的数字设备上产生了作品的复制件，这显然侵犯了复制权。[1] 因此，"单一复制件说"并不能解决数字环境下转售的合法化问题。

从某种意义上说，"传播权用尽说"对传统权利用尽原则作了重大改造，因为一直以来，权利用尽原则中的"权利"是指发行权，而不是其他专有权。在数字经济时代，适用信息网络传播权或向公众传播权的场景非常广泛，而根据传统的版权法基本理论，每一次进行数字传输，都需要获得版权权利人的授权，不存在所谓的权利"用尽"问题。"传播权用尽说"为了令数字转售

---

1 [匈牙利]米哈依·菲彻尔：《版权法与因特网》上，郭寿康，万勇译，中国大百科全书出版社2009年版，第273页。

这一占比不大的数字应用场景合法化，就认为传播权可以被"用尽"，似乎有些"因小失大"。事实上，欧洲法院提出实质意义上的"向公众传播权用尽说"——"新公众"理论伊始，就受到学界广泛质疑，认为其误解了《伯尔尼公约》的含义，因而是错误推演的结果。[1]总之，"传播权用尽说"既缺乏理论根基，也难有应用价值。

五、"数字转售法定许可说"的理论展开

面对数字环境与非数字环境的二元分化局面，一个不容回避的问题是：针对传统非数字环境创设的法律规则能否适用于数字环境？对此，通常的回应方式可以类型化为"准用旧法"模式、"改良老制"模式与"再造新规"模式。本研究以此类型化方法作为分析框架与理论建构的起点，认为"再造新规"模式更适合作为数字版权二级市场发展困境的破局之法。

（一）"数字转售法定许可说"的提出

一般而言，"准用旧法"模式是指将传统非数字环境的法律规则直接照搬适用于数字环境。"改良老制"模式是指以传统非数字环境的法律规则为模板，在不改变其核心制度架构的前提下，对传统规则进行改造。"再造新规"模式是指抛开传统非数字环境的法律规则，针对数字环境的特殊问题为其量身定制全新的法律规范。[2]

任何法律制度创新都面临成本约束，即所谓制度转换成本，在此方面，"准用旧法"模式具有优势。然而，从制度设计的原理来看，并非所有数字环境下的行为都可准用传统规则，毕竟两个环境、两种市场所面临的问题并不完

1　P. Bernt Hugenhlotz & Sam C. van Velze, "Communication to a New Public? Three Reasons Why EU Copyright Law Can Do Without a 'New Public'," IIC-International Review of Intellectual Property and Competition Law, vol.47, no.7 (2016), pp.808-809.

2　宋亚辉：网络市场规制的三种模式及其适用原理，载《法学》2018年第10期。

全相同。法律规则的设计必须与规制对象相匹配，否则将导致规制失败，这将产生更高的社会成本。"改良老制"模式有助于缓解机械照搬的教条主义弊端，然而，任何法律规则的调整都可能牵一发而动全身，从而对既有法律体系造成重大冲击与挑战；另一方面，受路径依赖的影响，改良模式高度依赖传统法律规则的整体框架，即便侥幸能够发挥作用，也只能解燃眉之急。"再造新规"模式以解决问题为导向，当数字环境出现不同于传统环境的特殊问题时，就特殊问题作特别处理。当然，"再造新规"模式也不宜随意适用，应当遵循坚持问题导向与尊重市场规律这两项原则谨慎适用。[1]

依据上述类型化方法，"功能等同说""单一复制件说"可以归为"准用旧法"模式，"传播权用尽说"可以归为"改良老制"模式。"准用旧法"模式不考虑数字世界与物理世界的差异，以功能等同或复制件数量相同为理据，将权利用尽原则扩展适用于数字环境，这无异于刻舟求剑。"改良老制"模式的主要问题则在于，为了解决数字转售面临的法律困境，而对规制传统转售行为的权利用尽原则作整体性修改，未免有些削足适履。本研究在综合吸收已有学说优点，结合"再造新规"模式基本原理的基础上，提出"数字转售法定许可说"。

作为一种"再造新规"型解决方案，"数字转售法定许可说"意在跳出权利用尽原则可否适用于数字环境这一思维怪圈，而是单独为建构数字版权产品二级市场提供专门的合法性依据。具体而言，在《著作权法》中专门为转售数字版权产品规定一项法定许可。出于语言简洁以及突出数字经济时代特征的目的，不妨将此项法定许可称为"数字转售法定许可"，其基本内容为："为通过信息网络转售以数字化形式存在的作品原件或复制件，出卖人可以不经著作权人许可，但应当按照规定支付报酬，并且保证在转售以后不再保留作品原件或复制件。"至于报酬支付标准与方式，以及如何在技术上确保转售以后不再保留复制件，可以类比其他法定许可制度，由国家版权局通过规章方式予以

---

[1] 宋亚辉：网络市场规制的三种模式及其适用原理，载《法学》2018年第10期。

具体规定。

　　"数字转售法定许可说"可以一揽子解决消费者转售数字版权产品过程中可能涉及的复制权、信息网络传播权等专有权的授权问题，同时又通过法定报酬的方式补偿版权权利人。总体上看，"数字转售法定许可说"具有丰富的理论逻辑与深厚的实践逻辑，更为契合国际数字产业发展大势与中国数字经济发展大局。

（二）"数字转售法定许可说"的理论逻辑

　　本研究提出"数字转售法定许可说"，旨在权利用尽原则之外，"另起炉灶"创设一项单独的制度，为建构数字版权产品二级市场提供理论支持，这是立法成本与司法成本最小的一种选择。可能有观点认为，我国《著作权法》并没有明确规定权利用尽原则，因此，未来修改《著作权法》时，引入权利用尽原则，并将其扩展适用于数字环境，有比较大的制度空间，不会面临欧盟那样直接来自成文法的障碍。[1]

　　事实上，尽管我国《著作权法》并未明确规定权利用尽原则，但知识产权法学理论界与实务界对该原则并无分歧，[2] 并在长期的实践中形成以下共识。第一，权利用尽就是指发行权用尽。第二，《著作权法》中的发行权以有形载体转让为必要条件。第三，通过互联网向公众传输作品，不构成发行，只应受信息网络传播权调整。[3] 虽然《关于办理侵犯知识产权刑事案件具体应用法律若干问题的解释》第11条第3款规定：通过信息网络向公众传播，应当视为《刑法》第217条"侵犯著作权罪"规定的发行，但是该条规定一直以来备

1　欧盟《信息社会版权指令》序言第29段规定："服务，特别是在线服务，不存在权利用尽问题。"第3条第3款规定："第1款和第2款所指的权利（即向公众传播权和向公众提供权）不得因本条列出的任何向公众传播和向公众提供的行为而用尽。"

2　江苏省苏州市中级人民法院（2016）苏05民终6718号民事判决书。

3　何怀文：网络环境下的发行权，载《浙江大学学报（人文社会科学版）》2013年第5期。

受知识产权法学界的诟病。[1] 2020年，全国人大常委会表决通过《刑法修正案（十一）》，对《刑法》第217条作了修改：在"发行"之后增加"通过信息网络向公众传播"这一表达，澄清了发行与信息网络传播是相互独立的行为，即信息网络传播不是发行。

　　长期以来，在我国法院受理的知识产权案件中，以著作权案件占比最高，而在著作权案件中，以侵犯信息网络传播权为案由起诉的比例最大。[2] 以北京互联网法院为例，2020年，该院共受理著作权案件28946件，其中与信息网络传播权有关的案件有28604件，占比为99%。[3] 法院在司法实践中，已经形成上文提及的多项共识性审判标准，这就意味着无论是采用准用模式，还是改良模式，都将与法院以往的审判标准背道而驰，从而带来极大的司法成本。采用"数字转售法定许可说"，是再造新规，既不影响传统权利用尽原则的适用，也不影响法院对发行权、信息网络传播权的解释。

　　版权法的主要规范目的在于调整权利人行使专有权利与促进知识传播、利用之间的矛盾，协调作品创作者、传播者、消费者等各方主体的利益关系。版权法对各方主体利益关系的调整，涉及对知识利益的社会分配，这在法律规范上主要是通过权利配置和权利限制来实现的。在许多情况下，权利配置本身就体现了对权利限制的立法立场。权利限制这一概念可以从广义和狭义两个维度进行使用。在广义上讲，权利限制包括权利的存在空间效力限制、存续期间

1　我国1997年《刑法》第217条以1990年《著作权法》为基础制定，制定《著作权法》时，互联网尚未普及，当时最为常见的侵犯著作权的行为就是未经许可复制、发行，因此，《刑法》第217条"侵犯著作权罪"只规定了非法复制、发行构成犯罪。当互联网普及之后，通过信息网络传播成为主要侵犯著作权的形式。在《刑法》未修改的情况下，要打击具有严重社会危害性的信息网络传播行为，将其认定为侵犯著作权罪，只能将信息网络传播解释为发行。

2　王少冗：网络侵权案占半数　个案判赔额仍偏低，载《中国知识产权报》2019年1月11日，第9版。

3　数据来源于《北京互联网法院：涉网著作权案件数量处于持续高位　侵权行为多样》，网址：https://baijiahao.baidu.com/s?id=1697538411072236687&wfr=spider&for=pc，最后访问日期：2023年4月7日。

效力限制和权能行使效力限制。从狭义上说，权利限制专指权能行使效力限制，主要涉及合理使用、法定许可、强制许可、权利用尽等。[1]

法定许可与权利用尽都可归入权利限制的范畴。然而，适用权利用尽原则，版权人既不能禁止转售行为，也不能主张获得报酬。在适用法定许可的情况下，尽管法律代替版权人自动向行为人"发放"许可，但版权人仍可以从转售行为中获得一定报酬。"数字转售法定许可说"一方面承认实体产品与数字产品之间的实际差异，另一方面也公平考虑版权权利人与消费者的现实利益。"数字转售法定许可说"直面技术创新所引发的利益分配失衡问题，以行业的整体福祉为重，通过适当限制权利人的自主决定权，最大限度地鼓励和促进作品的传播和使用，同时对数字环境与非数字环境下不同主体的利益格局变化区别对待，体现了版权限制制度乃至知识产权正当性的理论基础：分配正义。

（三）数字转售法定许可制度的实践逻辑

要成功制定或修改一部法律，往往需要经过各利益相关方讨价还价、充分协调之后才能达成。以数字时代具有重要影响的版权法修正案——美国《数字千年版权法》为例，其之所以能获得通过，就是因为其充分协调了版权产业与互联网产业的利益。一方面，《数字千年版权法》引入避风港条款，极大降低互联网产业所面临的法律风险，从而促进互联网产业的投资与创新。另一方面，《数字千年版权法》规定禁止规避技术措施条款和权利管理信息条款，为版权人提供更高的保护水平。事实上，美国国会议员在就《数字千年版权法》进行辩论时，就明确强调这两个条款不能只通过一个，而不通过另一个。[2]

与《数字千年版权法》类似，《受益作者而不限制进步或消费者净期望

1　吴汉东：《知识产权法》，法律出版社2021年版，第232-237页。
2　Pamela Samuelson, "Intellectual Property and the Digital Economy: Why the Anti-Circumvention Regulations Need to Be Revisited," Berkeley Technology Law Journal, vol.14, no.2(1999), pp.4-5.

法案》（BALANCE法案）[1] 也是美国为应对数字时代挑战而提出的一项版权法修正案。该法案第4条建议修改《美国版权法》第109条中的首次销售原则，在其最后增加一款："（f）：（a）款和（c）款规定的特权适用于以下情况：数字或其他非模拟格式作品的特定复制件或录音的所有者，或该所有者授权的任何人，通过传输方式向单一接收者销售或以其他方式处置该作品，条件是未发现该所有者保留该复制件或录音，且该作品以其原始格式销售或以其他方式处置。"如果该法案获得了通过，将意味着美国以法律修正案的方式，直接承认首次销售原则可适用于数字环境，当然，还需要额外满足非数字环境没有要求的条件。遗憾的是，该法案未能获得通过，主要原因是"其片面地惠及消费者，根本没有考虑版权权利人的利益或担忧"。[2]

　　一般来说，我国《著作权法》在修改过程中，不仅会征求中央与地方有关部门的意见，也会充分听取著作权人代表、传播者代表、著作权集体组织代表等各方面的意见，并将修改草案通过中国人大网全文公布，征求社会公众的意见。[3] 对于争议比较大的修法提案，立法机关一般会予以保留，因此，能够实现多方共赢的修法建议，才能更为顺利地获得通过。对于版权人而言，采用数字转售法定许可方案，至少比数字权利用尽方案对其更有利，其至少可以获得一些收入。从长远来看，数字版权产品二级市场合法化之后，会释放新的购买力，从而使版权人获得更多收入。[4] 对于消费者而言，适用数字转售法定许可制度，虽然其需要向版权人支付一定的报酬，但毕竟该制度使其转售数字产品变得合法化，其获得的收益更大。

1　BALANCE法案英文为："Benefit Authors Without Limiting Advancement or Net Consumer Expectations"。

2　Sarah Reis, "Toward A 'Digital Transfer Doctrine'? –The Frist Sale Doctrine in the Digital Era," Northwestern University Law Review, vol.109, no. 1(2015), p. 203.

3　石宏：《著作权法》第三次修改的重要内容及价值考量，载《知识产权》2021年第2期。

4　Sarah Abelson, "An Emerging Secondary Market for Digital Music: The Legality of ReDigi and the Extent of the First Sale Doctrine," Entertainment and Sports Lawyer, vol. 29, no. 4(2012), p.9.

近年来，伴随着互联网技术发展并结合区块链、智能合约技术衍生出了新的"数字产品"交易模式：NFT数字藏品。与其他新生事物一样，NFT数字藏品在早期发展阶段，存在诸多乱象，甚至发生了恶意投机炒作事件，对此，我们坚决予以反对。然而，正常的交易应当允许，毕竟，数字藏品能够在二级市场自由流通，是买家的重大利益诉求。[1] 从一些数字藏品交易平台的实践来看，由于法律没有相关规定，平台一般是通过合同方式为版权人设立获得版税的权利。以我国"NFT侵权第一案"中的平台为例，其在服务协议中规定：在二级市场上销售的数字藏品，作者将获得卖家赚取差价的2.5%作为版税，这一制度与适用于美术作品原件的传统"追续权"制度很相似。然而，"追续权"自诞生之日起，就受到广泛质疑，以合同方式创设所谓"追续权"，权利基础更存在问题。更为重要的是，即使承认"追续权"，它只是赋予了版权人获得版税的权利，并不能解决转售合法性的问题。事实上，杭州互联网法院在"NFT侵权第一案"判决中明确指出：NFT数字藏品交易并不能适用权利用尽原则，构成侵犯信息网络传播权。[2] "数字转售法定许可说"部分借鉴了"追续权"制度以及数字藏品交易的理论模型，在此基础上结合数字环境的特点进行了制度改造，既可补偿版权人的经济损失，又可豁免消费者的侵权责任。

需要指出的是，本研究提出"数字转售法定许可说"，主要目的在于解决诸如电子书、数字音乐专辑等数字版权产品的转售合法性问题，当然，如果NFT数字藏品符合数字版权产品特征，"数字转售法定许可说"自然也可以对其适用。事实上，NFT数字藏品不能被随意复制的特性，使其像作品的物理载体一样具有唯一性，从而天然地满足了"数字转售法定许可说"所需要的技术要求。"数字转售法定许可说"可以解决通过数字技术催生新产业新业态新模式遇到的法律障碍，从而有利于推进数字产业化和产业数字化，不断做强做优

----

1 张伟君，张林：非同质权益凭证交易的著作权法规制——以NFT作品侵权纠纷第一案为例，载《中国出版》2022年第14期。

2 杭州互联网法院（2022）浙0192民初1008号民事判决书。

做大我国数字经济。

六、结语

数字经济是继农业经济、工业经济之后的主要经济形态，成为重组全球要素资源、重塑全球经济结构、改变全球竞争格局的关键力量。[1]数字版权产品二级市场蕴含了创新、协调、绿色、开放、共享的新发展理念，有望成为数字经济发展的新蓝海。

作为一种实现分配正义的制度工具，"数字转售法定许可说"重新协调了消费者转售其数字财产的权利与版权人面对数字转售所遭遇的特殊风险，以平衡版权所有者和消费者之间的经济利益，在理论上彰显了知识产权正当性。作为一种破解困境的解决方案，"数字转售法定许可说"跳脱了"权利用尽原则能够/不能适用数字环境"二分的思维陷阱，以"再造新规"的方式为建构数字版权产品二级市场提供了最佳路径。

---

1 参见国务院《"十四五"数字经济发展规划》。

人工智能与版权
——法律涵摄技术的路径选择

摘要：生成式人工智能的普及，使普通网络用户得以通过输入提示语的方式来进行创作，形成"用户创造内容"与"人工智能生成内容"叠加的趋势，也再次引发了人工智能生成内容的可版权性与版权归属之争。回顾版权制度史可以发现，无论是机器介入、计算机介入还是人工智能介入，百余年来人类与作品独创性的关联性论证，始终围绕"构想"和"实施"两个要件展开。鉴于设计者从人工智能核心代码、训练数据来源和偏好，以及自身发展方向来把控"构想"，应该将人工智能的设计者视为作者。在使用者仅以提示方式生成作品的情况下，人工智能设计者与使用者之间的关系应纳入委托作品的范围，使用者作为委托人，依据"最终用户服务协议"取得所生成作品版权。如果所生成内容中包含训练数据中他人作品的独创性元素，设计者则应在合同中将该内容限定于非商业性使用。

关键词：人工智能内容；计算机生成内容；独创性；涵摄

---

* 熊琦，华中科技大学。

一、问题的提出

进入21世纪后，得益于计算机运算能力和大数据技术的快速提升，人工智能借助数据驱动的机器学习已经取得重要突破，从而得以在更为广泛的领域被适用。如果说2016年来自谷歌的深脑公司（DeepMind）的人工智能阿尔法狗（AlphaGo）战胜人类顶级围棋棋手带来的认知冲击还限于特定智力竞技领域，那么从2022年开始，以OpenAI的ChatGPT和谷歌公司的Bard等为代表的生成式人工智能（Generative Artificial Intelligence），则已经能够在文字、绘画和软件等领域以达到普通人的水准完成文本生成，也标志着人类社会进入了继个人电脑和互联网之后信息时代的第三次飞跃期。[1]生成式人工智能的特点，不再如传统搜索引擎一般为用户提供尽可能准确的知识来源，而是以论证的方式回应用户要求并生成新的内容。[2]更为重要的是，用户利用人工智能进行内容生成只需要通过输入自然语言即可完成，这种近似对话和搜索的使用方式，极大降低了使用门槛，使得普通人能够借助生成式人工智能获得创作各种类型作品的能力。生成式人工智能中最受关注的ChatGPT上线两个月后用户数就已突破1亿，成为历史上用户数增长最快的应用软件，其根据用户发出的提示来协助完成的各类作品已经充斥网络。

生成式人工智能的普及，在版权领域再度引发两类问题的讨论：一是人工智能生成的内容是否属于作品并受《著作权法》的保护；二是如果该内容属

---

[1] 参见微软公司联合创始人比尔·盖茨在 2023年3月的一封名为《人工智能时代已来》（The Age of AI has begun）的公开信中提出，人工智能的发展有着与微处理器、个人电脑、互联网和移动通信技术等同的重要性，它也将革新我们从日常工作学习到日常交流方式的方方面面。Bill Gates, The Age of AI has begun, https://www.gatesnotes.com/The-Age-of-AI-Has-Begun, last visited at March 23, 2023.

[2] Natali Helberger & Nicholas Diakopoulos, ChatGPT and the AI Act, 12 Internet Policy Review 1, 2 (2023).

于作品，应如何认定其归属。[1]与技术上的日新月异不同，全球版权立法在经历了从机器介入内容生成到人工智能生成内容的漫长历史后，关于人类与独创性来源的立场却始终如一。从源起于19世纪末摄影设备介入创作后首次出现的机器与创作关联性之争，[2]到20世纪末"计算机生成作品"（Computer-Generated Works）权利归属的成文法定义，[3]再到今天针对人工智能生成内容的版权认定，司法机关、行政机关和学界的主流判断，[4]都坚持只有人类才能拥有作者身份，无论是机器、计算机还是人工智能，都不得视为作者。借助机器且以随机或自动运行的机械过程所生成的内容，因为其中缺乏人类智力活动的参与，该内容也不得被视为作品。而且现有《著作权法》也足以应对来自人工智能生成内容的挑战，无须专门设计全新的制度来解决问题。在司法实践中，我国法院也明确认可了人类创作在人工智能生成内容可版权性认定中的必要性。[5]但当人工智能生成内容与他人作品构成实质性相似时，侵权行为的归责又必须追溯到侵权作品的主体。[6]这种技术进步与规范守成之间的差异，以

----

1 事实上，在2016年阿尔法狗和微软公司的聊天机器人"微软小冰"引发人工智能生成内容的相关讨论时，版权领域所关注的重点也集中在这两个问题上。关于此问题的早期讨论，可参见 Annemarie Bridy, Coding Creativity: Copyright and the Artificially Intelligent Author, 2012 Stan. Tech. L. Rev. 5, 27 (2012)；参见熊琦：人工智能生成内容的著作权认定，载《知识产权》2017年第3期。

2 Burrow-Giles Lithographic Co. v. Sarony, 111 U.S. 53 (1884)．

3 The Copyright, Designs and Patents Act 1988, § 9 (3)．

4 域外官方观点参见世界知识产权组织2020年的《世界知识产权组织关于知识产权与人工智能的议题》，美国版权局2023年3月发布的《人工智能参与生成作品的版权登记指南》，以及欧盟议会的法律事务委员会2020年发布的《人工智能的发展趋势——对知识产权制度框架的挑战》。学界代表观点参见2021年德国马克斯普朗克创新与竞争研究所的立场声明。

5 参见"北京菲林律师事务所诉北京百度网讯科技有限公司案"，北京互联网法院（2018）京0491民初239号民事判决书；北京知识产权法院（2019）京73民终2030号民事判决书；"腾讯诉网贷之家网站案"，广东省深圳市南山区人民法院（2019）粤0305民初14010号民事判决书。

6 Getty Images, Inc. v. Stability AI, Inc., U.S. District Court for the District of Delaware, No.1: 23-cv-00135.

及拒绝保护和确权需求之间的悖论，都需要我们再次审视现有规则及其解释路径，探寻兼具符合版权立法目标和满足技术迭代需求的权利配置安排。但从机器介入创作的技术史与制度史中可以发现，《著作权法》之所以坚持以既有的客体判定和权利归属传统来涵摄机器与创作的关系，目的始终是激励人在作品创作和传播中的核心作用，并在权利归属的认定上确保法律关系的稳定性。因此，以既有的独创性标准认定人工智能生成内容的可版权性，并正确区分该作品在人工智能算法设计者和使用者之间的权利归属，前提都在于认定人与创作行为的关联性。

有鉴于此，与技术领域所追求的及时创新不同，人工智能生成内容版权确权的科学性依据需要从历史中探寻。首先，只有通过梳理世界范式下的《著作权法》在司法实践中涵摄机器与创作关系的历史，方能正确理解《著作权法》为何始终强调自然人的智慧在作品形成中的不可替代性，以及为何以既有的权利归属规则来涵盖人工智能的设计者和使用者。其次，对人工智能生成内容在法定和意定两个层面明确权利配置安排，不但关系到权利归属的厘清是否能够反哺作品创作与传播，使人工智能的介入不会影响文化与科学领域的创新，更涉及人工智能生成内容在权利变动过程中各方利益和责任的明晰。

二、《著作权法》涵摄机器介入创作的历史与立场

关于人工智能生成内容给《著作权法》带来的挑战，可回溯到20世纪计算机的普及。早有学者在20世纪90年代预言，计算机与版权冲突的核心将会体现在计算机生成作品这个问题上。[1] 针对这一问题，同一时期的主流研究者则始终坚持自《伯尔尼公约》延续而来的传统解释，即只有自然人才能具备作者

---

1 Arthur R Miller, Copyright Protection for Computer Programs, Databases, and Computer Generated Works: Is Anything New Since CONTU, 106 Harv. L. Rev. 977, 1054 (1993).

身份。[1] 在真正进入人工智能时代，特别是通用人工智能兴起后，这样的论断虽然遭遇了越来越多的挑战，但收到的回应仍然是对既有作品可版权性判定传统的坚持，即作品的独创性中必须体现人的贡献。[2] 事实上，人工智能对《著作权法》的挑战，可以视为机器介入创作的历史延续。虽然机器介入、计算机介入和人工智能介入的程度和方式存在差异，但全球范围内的版权法制及相关司法实践，都无一例外坚持了自然人才能具备作者身份的立场。这种自《伯尔尼公约》以来即围绕人来构建的作者体系，并未因为在创作中不断加入机器的因素而得到改变，所以相比科学界和媒体激烈的讨论，法律界对人工智能生成内容的应对显得更为冷静和一以贯之，在司法裁判和版权管理上，人工智能被视为作者的尝试始终没有获得认可，由自然人创作完成仍应是作品可版权性的必要条件。

《著作权法》历史上首先遭遇机器介入的挑战，来自摄影设备在摄影作品创作过程中所起作用的讨论。[3] 由于摄影设备取代了摄影师之手来实现作品在载体上的呈现和固定，机器是否承担了一部分的创作在当时成为讨论的焦点。当时，对于作品独创性的判定标准中，有观点认为，应该将创意的实施和执行纳入作者创作行为的考量，法律不应保护未经实施的创意。换言之，版权的取得，需要将构想通过具体实施加以展现。作者不能仅贡献创意，更要将创意具体化方可视为实施了创作行为。[4] 针对摄影设备的使用，法院则认为，虽然摄影设备在拍摄摄影作品过程中可以部分替代手工操作，但拍摄光线、角

1 Sam Ricketson, People or Machines: The Berne Convention and the Changing Concept of Authorship, 16 Colum.－VLA J. L. & Arts 1(1991).
2 U.S. Copyright Office, Copyright Registration Guidance: Works Containing Material Generated by Artificial Intelligence, 88 Federal Register 51, 16190 (Mar. 16, 2023).
3 Christine Haight Farley, The Lingering Effects of Copyright's Response to the Invention of Photography, 65 U. Pitt. L. Rev. 385, 388 (2004).
4 Jane C. Ginsburg, The Concept of Authorship in Comparative Copyright Law, 52 DePaul L. Rev. 1063, 1072 (2003).

度等要素的选择，仍然是摄影师创意的体现。[1] 因此，即使创意部分的劳动因机器的替代而与固定创意的劳动相区分，但只要作者能够预见和决定生成的结果，即可视为构成创作。

在针对摄影作品中创作行为认定的判例中，法院已初步形成通过两个必要条件来考量作品独创性与创作行为的关联：一为"构想"（conception），即创作者首先形成具象化的创意，构建作品可辨识的元素和风格等，属于创作中的构成智力创造的精神活动部分，也是在后期作品成型后判定其是否具有独创性的基础；二为"实施"（execution），即创作者将"构想"具体化于表达的过程，包括但不限于以文字、画面或旋律等方式展现不同类型的独创性表达，属于将创作最终固定的环节。[2] 在逻辑关系上，"构想"必须实际实施方能视为创作的完成，任何一个环节的缺失，即会视为不构成创作行为。针对机器设备的介入，法院则认为机器参与的仅是"实施"的那一部分，而无法代替人类完成"构想"。而且对于"实施"而言，机器设备的使用并不意味着人类的实施行为被取代，而是作为人类的辅助性工具，完成机械性的劳动。这种辅助性的认定，是基于创作者对实施结果的控制力。[3] 换言之，创作者只要对创作结果具有预见性和可控性，机器在实施环节的介入则不影响作者身份的确认。

随着技术的日益复杂，机器介入创作的争议再次集中出现在20世纪80年代的计算机生成内容上。与早期类似摄影设备那种由人全程操纵参与创作行为的机器不同，计算机生成内容中的"生成"，意指由软件自行决定表达内容的特色和风格。具言之，计算机生成内容的特殊性体现在两个方面：第一，计算机软件设计完成后，该程序即可自行实施内容生成，软件设计者不再直接参与其中。这一特征意味着计算机生成不同于以办公软件和绘图软件为代表的计算

---

1 Sarony v. Burrow-Giles Lithographic Co., 17 F. 591, 597-601(1883).美国联邦最高法院也在后来的终审判决中认可了这个观点。Burrow-Giles Lithographic Co. v. Sarony, 111 U.S. 53, 60 (1884).

2 Burrow-Giles Lithographic Co. v. Sarony, 111 U.S. 53, 60 (1884).

3 Burrow-Giles Lithographic Co. v. Sarony, 111 U.S. 53, 61(1884).

机辅助，在前者中内容的生成是计算机软件独立运行的结果，而在后者中计算机对人类而言只具有工具性意义，其本质功能等同于画笔或其他辅助创作的机械设备。[1] 第二，软件使用者的使用行为可能对计算机生成内容的结果造成影响。计算机并不会主动生成内容，而是需要使用者输入指令来激活。例如，在电脑游戏画面的生成上，电脑游戏玩家虽然没有直接决定具体画面的内容，但其操作的不同会使游戏软件生成不同的画面。

针对这一现象，1988年英国在《版权、外观设计和专利法》（Copyright, Designs and Patents Act 1988）中增加了一条"计算机生成作品"，专指在没有人类介入的情形下通过运行计算机软件所生成的作品，也仍然把该类作品的作者认定为实施必要操作使作品得以生成的自然人。[2] 这一立法亦象征着机器介入创作的方式从机械的辅助性工具提升成能够自动生成的独立设备。[3] 但即便如此，在涉及"计算机生成作品"的判例中，"实施必要操作的人"被认定为计算机软件的设计者，因为计算机生成的内容乃是来自计算机软件的预先设定。[4] 换言之，"完全由计算机生成的作品"仍然被解释为软件设计者通过程序实施预设的结果。虽然计算机所生成的内容极为多元和多变，但生成的规则和逻辑必然受原程序的局限，所以作品的构思应归于计算机软件的设计者。

在涉及计算机生成内容构成画面或图形，特别是电脑游戏画面的权利归属问题上，有观点认为，电子游戏运行中呈现出来的视听画面是基于玩家的操作生成，而并非游戏软件设计者所能预期或控制的结果，因此游戏软件设计者不得对该画面主张版权。[5] 之所以有此判断，原因在于该观点认为游戏画面所

1　Jani McCutcheon, The Vanishing Author in Computer-Generated Works, 36 Melbourne U. L. Rev. 929, 931(2013).

2　CDPA 1988 § 178; § 9(3).

3　Jani Ihalainen, Computer Creativity: Artificial Intelligence and Copyright, 13 J. Intel. Prop. L. & Prac. 724, 724 (2018).

4　Nova Productions Ltd v. Mazooma Games Ltd[2007] EWCA Civ 219 (14 March 2007).

5　Stern Elecs. Inc. v. Kaufman, 669 F.2d 852, 855 (2d Cir. 1982); Midway Mfg. Co. v. Artic Int'l, Inc., 704 F.2d 1009 (7th Cir. 1983).

呈现出来的结果并非软件设计者"实施"的结果，而且由于游戏每次运行时呈现的画面并不相同，软件设计者对画面缺乏可控性，无法满足判定创作行为来源的"构想"和"实施"两个要件。但法院却指出，游戏玩家(软件使用者)的操作行为并非创作，而是对游戏软件中已储存画面的选择，类似于对不同频道电视画面的选择，其对作品的独创性没有任何智力或劳动上的贡献，不应视为作者。[1] 基于法院的认知，游戏玩家的操作行为并非对"构想"的"实施"行为，所有操作所呈现出来的画面，已经在游戏软件中存在，软件设计者仍然保有对呈现结果的预见性，这种可预见性就成为认定软件设计者能够保证实施结果可控的标准。

由上可见，从摄影设备到计算机软件介入作品创作，技术手段显然不可同日而语，但在《著作权法》的适用上，人类对作品生成的智力贡献永远都是重点。[2] 域外优先立法和作出审判的国家，一直以是否独立形成构想，以及是否能够预期实施创作的结果为标准来确定作者身份。[3] 随着机器介入程度的不断提升，法院对构想和实施的解释也呈现出新的变化，在解释何谓"构想"时，不要求创作者必须先形成一个完整且准确的表达，在解释何谓"实施"时，也强调不要求对结果有完全的控制力，而是以可预期为标准来认定作者对实施结果的把控。这种以构想和实施来涵摄机器介入创作时作品独创性来源的判断要件，既保持了判定标准的稳定性，又灵活地将独创性来源与自然人对应，坚持将机器视为人类创作的辅助工具这一核心判断。

---

1 Midway Mfg. Co. v. Artic Int'l, Inc., 704 F.2d 1009, 1012 (7th Cir. 1983).
2 James Grimmelmann, There's No Such Thing as a Computer-Authored Work-And It's a Good Thing, Too, 39 Colum. J. L. & Arts 403 (2016) .
3 事实上，欧盟法院同样是从构想、实施和调整几个阶段来考察是否存在形成作品独创性的创作行为，与美国法院的主流判例存在异曲同工之处。Ana Quintela Ribeiro Neves Ramalho, Originality Redux: An Analysis of the Originality Requirement in AI-Generated Works, AIDA 2, 7 (2019).

三、涵摄能否延续：人工智能生成内容的特点与版权认定

生成式人工智能的广泛运用，带来了明显不同于以往计算机生成内容的特点。如前所述，无论是立法上还是判例中，对计算机生成内容的认知都是"通过操作软件实现的稳定输出，程序设计者对该结果是可预见的"，[1] 因此所生成内容并未超出计算机软件设计者的预期。但生成式人工智能的突出特点，就在于其具备了深度学习的能力，使计算机得以基于对海量数据的分类和整理而从中提炼出所学习数据的典型特征和表达风格，最终在上述数据所构建的场景中生成类似特征和风格的新内容，并由此脱离原程序的设定。[2] 以现今引起广泛讨论的文本生成、图像生成和视频生成人工智能为例，用户仅需要以"提示"的方式输入其所需内容的描述和要求，人工智能就会自动调用其通过深度学习获得的数据，再经过多次调整和修正后生成与用户描述尽可能接近的内容。以图像生成人工智能软件Midjourney和文本生成人工智能软件ChatGPT为例，两者生成内容的方式，都是使用者首先输入一段描述所需内容的提示文本，待人工智能根据提示输出一项或多项内容后，使用者基于已生成的内容调整提示文本，以引导人工智能生成新的内容，如此反复直到使用者获得满意的结果。

具言之，人工智能生成内容的整个实现过程，可归纳为三个必要阶段，分别是人工智能算法设计、机器学习和内容生成。在三个阶段中，仅有第一阶段完全由人类以程序设计者的身份完成人工智能的算法模型，而且该算法模型已经借助计算机软件的方式在《著作权法》中得到承认和保护。第二阶段的机器学习，人工智能就已经可以通过对海量同类型数据进行分析来找到其中的共性特征和风格，人类仅在为训练人工智能模型而提供数据时，通过数据标

1　Andres Guadamuz, Do Androids Dream of Electric Copyright? Comparative Analysis of Originality in Artificial Intelligence Generated Works, 2 Intel. Prop. Quar. 169, 171 (2017).

2　Jenna Burrell, How the Machine "Thinks": Understanding Opacity in Machine Learning Algorithms, 3 Big Data and Society 1, 10(2016).

注和评分机制提升生成内容质量和准确性时参与其中。到最后第三阶段的内容生成，人工智能就直接以用户的简要提示为指导，再基于对海量同类型数据分析中获取的共性特征和元素来生成新的内容。很显然，在第二和第三阶段，人工智能的设计者和使用者都只能看到输入的数据和输出的内容，但无法直接理解生成的过程中人工智能如何进行具体选择和取舍，导致该过程成为一个"黑箱"。[1] 因此，比起建立在完全执行程序设计基础上的计算机生成内容，人工智能生成内容与程序既定设计之间的关联性更为疏远，程序设计者无法解释算法黑箱中产生的内容。[2] 人类在创作时从抽象到具体的构思和从无到有的实施过程，被人工智能算法以文本与图像之间的关联规律所替代。也正因为如此，有观点即认为由于人对创作过程丧失了控制力，人工智能生成内容就不应被视为作品。[3]

美国版权局在2023年撤销以人工智能生成漫画版权登记的一封回复函中明确指出，用户用提示语的方式引导图像生成人工智能软件Midjourney生成的18页漫画不具有可版权性，因为图像生成过程中缺乏人的创作，而是由Midjourney随机生成。没有作者参与创作的原因是作者对生成的结果不可预期。但美国版权局又同时认为，如果艺术家能够把控这种图像生成工具的实施过程，即可享有所生成图像的版权。[4] 在2023年3月颁布的《人工智能参与生成作品的版权登记指南》中，美国版权局再次强调，以收到"提示"的方式生成内容，由于使用者缺乏对创作实施阶段的把控，凸显独创性的具体构思都是由

1 Josef Drexl, et al., Technical Aspects of Artificial Intelligence, Max Planck Institute for Innovation and Competition Research Paper No.19-13, 11 (2019).
2 Andres Guadamuz, Do Androids Dream of Electric Copyright? Comparative Analysis of Originality in Artificial Intelligence Generated Works, 2 Intel. Prop. Quar. 169, 178-79 (2017).
3 Daniel J. Gervais, The machine as author, 105 Iowa L. Rev. 2053，2062 (2019).
4 该信件是对漫画"Zarya of the Dawn"版权登记申请人律师针对撤销登记异议的书面答复，旨在说明为何撤销该漫画中图像部分的版权登记。United States Copyright Office, Re: Zarya of the Dawn (Registration # VAu001480196), (February 21, 2023)，https:// copyright.gov/docs/zarya-of-the-dawn.pdf，last visited at May 11, 2023。

人工智能所选择和决定的，所以该内容不应被视为作品。[1] 换言之，上述判定标准仍然延续了19世纪末机器首次介入创作时以"构想"和"实施"作为创作行为来源的思路。我国法院对人工智能生成内容可版权性的判断，同样将人类创作与作品独创性的关联作为认定依据，一方面仍然以传统的作品构成要件来判断人工智能生成内容的可版权性；另一方面同样强调人在作品独创性中的贡献。[2] 由此可见，司法机关和行政机关迄今为止对人工智能生成内容可版权性的认定，仍集中于创作是否来源于自然人。但在裁判结果上，由于生成式人工智能技术的迭代，自2018年开始，美国就已陆续出现不保护以提示方式生成内容版权的裁决，[3] 这说明自然人在如今的生成式人工智能中更加难以与创作相关联，仍然是回归对独创性来源的判断。之所以延续百余年来以作品独创性与人的关联来涵摄人工智能生成内容的传统，而不考虑进行立法论上的创新，主要原因在于两点：

第一，从规范层面出发，在人工智能生成内容的可版权性认定中坚持自然人对独创性的贡献，是维持确权和侵权体系稳定的需要。作品作为《著作权法》中的核心概念，其必须来源于人的创作一直是应有之义。[4] 虽然《伯尔尼公约》没有对何谓作者加以明确界定，但从体系解释的角度出发，人作为作者也在关于受益对象和精神权利等大量条款中得到确认。[5] 所以即使是非大陆法

1　U.S. Copyright Office, Copyright Registration Guidance: Works Containing Material Generated by Artificial Intelligence, 37 CFR Part 202(Mar. 16, 2023).

2　法院在判决中明确认定涉案作品的创作者是人工智能软件的使用者。参见"腾讯诉网贷之家网站案"，广东省深圳市南山区人民法院（2019）粤0305民初14010号民事判决书。

3　U.S. Copyright Office, Re: Second Request for Reconsideration for Refusal to Register A Recent Entrance to Paradise(Correspondence ID 1−3ZPC6C3; SR # 1−7100387071), (February 14，2022），https://www.copyright.gov/.../review−board/docs/a−recent−entrance−to− paradise.pdf，last visited at May 11, 2023.

4　Jeremy Cubert & Richard Bone, The Law of Intellectual Property Created by Artificial Intelligence, in Woodrow Barfield & Ugo Pagallo (eds), Research Handbook on the Law of Artificial Intelligence，Edward Elgar Publishing(2018)，pp. 424−425.

5　Sam Ricketson, People or Machines: The Berne Convention and the Changing Concept of Authorship, 16 Colum.−VLA J. L. & Arts 1 (1991).

系国家，非自然人也是以"视为作者"的拟制方式被认定为更需要激励且行使权利更有效率的主体。各国《著作权法》及历史上的相关典型判例，也始终将人对独创性的贡献视为客体认定的必要前提。正因为如此，无论是现在的人工智能生成内容还是计算机生成内容，都因为缺乏人的创作而不被认为是作品。之所以坚持以既有规范涵摄对人工智能生成内容的可版权性判断，从法教义学的角度看主要是为了保障版权法基本功能的实现。在客体认定上，如果因为内容来源于人工智能就采取差异化的判定标准，甚至将其排除在作品范畴之外，只会导致法律适用的混乱。当同一作品会因来源于人工智能还是人而存在是否受《著作权法》保护的差异时，就会出现大量以署名的方式宣称自己是该作品的作者的情况，以规避《著作权法》对人工智能生成内容的排除，司法实践中不得不耗费大量资源去认定该内容是否来源于人工智能，以此确定能否将该内容视为作品。另外，由于人工智能在深度学习和内容生成过程中会大量借鉴已有的同类作品，一旦生成内容与训练所输入的内容出现实质性相似，原作品权利人将因为人工智能生成内容被归入公共领域而无法向任何人追责，大规模内容生成反而遮盖了大规模侵权的现实。因此，人工智能技术虽然有着突飞猛进的发展，但其生成内容与人类创作行为相关联的需求，则因实践中确权和侵权认定的需要而不可动摇。

第二，从效用层面出发，人工智能生成内容并未完全解决版权市场失灵问题，赋权相关主体仍然是激励创作和传播的有效手段。对人工智能在生成内容问题上的独立判断，不符合《著作权法》的立法目标。自现代《著作权法》产生以来，其立法目标始终是通过赋权来激励人对作品创作和传播，但对于人工智能生成内容是否还需要激励这一问题，学界已有不同观点。首先，人工智能生成内容的常态化，意味着普通网络用户都能通过该渠道来进行创作，形成"用户创造内容"与"人工智能生成内容"叠加的社会现象。本来"用户创造内容"就已经因为内容生成门槛的降低而造成网络上同质化内容数量激增；生成式人工智能的普及，进一步降低了创作门槛，使得内容不再是稀缺资源。既然不再稀缺，作为赋权正当性前提所预设的版权市场失灵也就得到了缓解，是否仍应通过赋权来激励创作和传播就需要重新考量。更有学者认为，如果一视同仁地将人工智能生成内容视为作品，将破坏《著作权法》所构建的激励机制，鼓励更多的人工智能而非人来完成创作。既然对人工智能设计者的激励已通过赋予其软件版权来实现，就无须进行重复激励。[1] 但需要注意的是，海量作品的存在自"用户创造内容"普及甚至互联网时代到来后就已成为常态，并非因为生成式人工智能的广泛适用。同时，内容数量的增加并不是不存在市场失灵的理由。激励的功能不仅是实现作品从无到有的转变，更重要的意义还在于提升创作和传播质量，以及弥补因传播技术转换而导致的传统版权市场失灵。在版权制度变革的历史中，每当作品借助新兴传播技术形成新版权市场时，《著作权法》基本都以赋权方式涵盖新的传播渠道来保证激励的延续性，以新的收益渠道来弥补因传播渠道的替代所导致的传统市场的萎缩。由于生成内容的质量取决于人工智能算法和训练的质量，更与训练输入的内容质量相关，这种激励机制的转移也意味着持续鼓励对硬件和训练数据的投资以及对算法的改进。

既然继续以涵摄的方式去说明自然人是否对人工智能生成内容存在独创性贡献，就仍要回到人工智能生成内容三个阶段中是否包含了人对"构想"和"实施"的贡献这个基础逻辑上。事实上，正如创作摄影作品和视听作品时无须要求创作者理解摄影设备内部运作原理一样，人工智能的设计者或使用者亦无须知晓被训练后的人工智能如何通过数据之间关联生成新的内容。深度学习之所以能够赋予机器以智能化，原因在于其能够通过已输入的训练数据和样本去寻找和确定数据中的规律和范式，由此优化形成一个新的模型来探索解决特定问题的新路径，使人工智能获得了对新数据进行分类和整合的能力。[2] 换言之，人工智能并非如自然人一般去理解语言或图形的含义，而是通过对海量数据的学习来发现其中的规律，并以此生成内容。其中探寻

----

1 Daniel J. Gervais, The machine as author, 105 Iowa L. Rev. 2053, 2061(2019).
2 Michael L. Rich, Machine Learning, Automated Suspicion Algorithms, and the Fourth Amendment, 164 U. Pa. L. Rev. 871, 886 (2016).

规律和范式的方法，则仍然是由人工智能的设计者所决定。深度学习阶段是人工智能能够生成内容的前提，但人工智能的学习和分析方式与人类截然不同。人工智能并非如人类一般通过语法和词义来理解被输入的数据，而是把词语在训练中出现的概率和训练者的评价作为标准。在此过程中，人工智能对输出数据的评价，其实是学习人类评估输出数据质量的结果所形成的一个反馈模型。人工智能的设计者和训练者如何选择数据样本范围以及如何对算法反馈结果进行标注，事实上决定了人工智能生成内容的方式和范围，最终判断反馈结果的，仍然只能是人。

可以认为，生成式人工智能的运用，并没有完全排除人在创作中的地位。即使在实施阶段人工智能已基本取代人的参与，但在构思阶段仍然是人基于算法设计和数据选择在发挥作用。人工智能算法模型和训练数据的差异，对所生成内容的风格会起到重要影响。训练数据的来源和人工标注的偏好，都会决定所生成内容的风格和质量。而上述训练的完成，都是人工智能设计者直接主导和安排的结果。有鉴于此，以"构想"和"实施"的过程来涵摄人工智能生成内容，人工智能的设计者仍然通过决定人工智能的核心代码、训练数据来源和偏好，以及自身发展方向来决定"构想"，因此应该将人工智能的设计者视为作者，实践中由于计算机软件的开发设计者众多，所以版权一般由作为人工智能投资者的法人享有。直接否定人工智能生成内容的可版权性，不但会导致作品判定要件上的双标，还会破坏《著作权法》长期构建的激励功能。

四、涵摄如何延续：版权归属的类别与界定方法

将人工智能生成内容的作者认定为人工智能的设计者，仅是在初始权利配置上的安排。但生成式人工智能软件在设计完成后，目标是向普通的网络用户提供服务，相当于给已经带来作品数量井喷的"用户创造内容"加上了生成式人工智能的技术之翼，也由此出现了原作品权利人、人工智能设计者与使用者三方之间的版权配置问题。一方面，有权利人认为，人工智能生成的内容中

包含了其作品，因此向人工智能的设计者和所有者提起版权侵权诉讼；[1] 另一方面，有人工智能的使用者认为，自己的"提示"才是作品的独创性来源，所以应将其视为权利人。[2] 由此可见，除了需要明确人工智能生成内容的版权归属，还需梳理日常使用人工智能来生成内容所形成的复杂权利关系。

针对人工智能生成内容中与作为训练数据的他人作品构成实质性相似的问题，直接涉及原作品权利人、人工智能设计者和使用者三方的法律关系。在实践中，人工智能需要帮助使用者生成具有某种特定风格或者包含某种特定场景的作品，而人工智能之所以有能力生成上述作品，主要是设计者或训练者在训练过程中向其提供了包含海量同类型作品的数据库。在内容生成的过程中，人工智能时常会不可避免地直接使用数据库中的作品的片段，其中不乏包含原作品独创性元素的部分，由此产生了原作品权利人与所生成新作品权利人之间的版权争议。现今已有不少权利人通过集体诉讼要求人工智能设计者就内容生成中出现的实质性相似问题承担侵权责任，譬如网络上以"AI歌手"形象出现的生成式人工智能模型，甚至会直接使用大量的音乐作品和录音制品。同时，由于内容生成后多数都存在不同形式的公开传播，不符合版权合理使用中个人使用、介绍评论与说明、学习研究或者免费表演等法定情形，所以只有事前获得许可方能合法使用。

然而，由于人工智能训练所需的作品数量众多且权利关系复杂，人工智能设计者根本无法在合理成本内完成包括确权、协商和履行监督在内的所有合同环节。在版权制度史上，一般通过以集体管理模式实现权利集中的方式解决许可成本过高的问题。但传统集体管理模式的实现，需要"权利人、集体管理组织、使用者"之间具有稳定的法律关系，权利人为职业作者，使用者为广播

1　Getty Images, Inc. v. Stability AI, Inc., U.S. District Court for the District of Delaware, No. 1:23-cv-00135.

2　United States Copyright Office, Re: Zarya of the Dawn (Registration # VAu001480196), (February 21, 2023), https://copyright.gov/ docs/zarya-of-the-dawn.pdf, last visited at May 11, 2023.

组织和出版社等以相对固定方式和范围传播作品的商业机构。相比之下，现今"用户创造内容"和"人工智能生成内容"结合的商业模式，无论是作为训练数据的作品来源，还是生成后的作品使用方式，都早已超出职业化创作和传播的范畴，不但主体数量都过于分散，而且使用目的也更为多元，集体管理所需的那种稳定的继续性合同关系无法形成。在此前提下，为了规避人工智能生成内容可能出现的侵权风险，人工智能设计者采取了在"最终用户服务协议"中纳入格式条款的方式来明确版权归属。

以ChatGPT和Midjourney两款生成式人工智能软件的"最终用户服务协议"为例，两者都对所生成内容的版权做了明确的归属约定。Midjourney的协议区分了付费与非付费用户。针对付费用户，Midjourney在格式条款中规定所生成内容的所有权利归使用者享有，但排除其中可能存在的他人作品版权。针对免费用户，Midjourney则规定使用者不享有所生成内容的版权，但Midjourney会通过"知识共享协议"以非商业使用为限允许使用者自由使用该内容。ChatGPT虽然并未区分付费和免费用户，但同样将所生成内容的所有权利让与了使用者，也同时声明排除他人作品的版权和用户输入类似提示所生成的同质化内容。[1]上述权利配置的目的主要体现在两个方面：第一，帮助人工智能设计者规避内容生成过程中可能出现的侵权风险。如果将版权让与使用者，使用者在使用作品时如果被发现与已有作品存在实质性相似，责任将由使用者承担。第二，解决人工智能生成内容可能出现的雷同问题。在多数用户共同使用的情况下，人工智能很可能针对同类使用者告知其可能不是唯一输入某种提示并获得结果的用户，并排除该部分版权的让与，可以避免不同使用者之间出现版权争议。

对于以"提示"引导人工智能生成内容的使用者而言，留给使用者的空间仅是在已生成的多个内容中进行选择和调整，或者针对已生成的内容再次提

---

1 Midjourney Terms of Service (Version Effective Date: Feb 10, 2023), https://docs.midjourney.com/docs/terms-of-service; OpenAI Terms of use, (updated Date: March 14, 2023), https://openai.com/policies/terms-of-use, last visited at May 11, 2023.

示改动的意见。这种提示其实类似于电脑游戏画面的玩家通过操作形成游戏画面，操作行为仅是通过输入指令将已有的代码转化为画面。[1] 由于其并未贡献画面中的独创性元素，该画面的版权仍然属于游戏软件的设计者。在美国版权局驳回Midjourney生成漫画版权登记申请的回复中就明确指出，由于人工智能使用者输入的提示语过于抽象，所以更类似于委托创作中的委托，而非真实参与创作。但如果使用者在生成的内容上增加了额外的独创性表达，则构成对作品的改编。但由于无法判定人工智能所生成的内容中是否包含他人作品，众多使用者也难以就改编问题与人工智能设计者或原作品权利人达成合意，所以仍需要回到人工智能设计者格式合同的解决路径上。首先，在使用者仅以提示方式生成作品的情况下，人工智能设计者与使用者之间的关系纳入委托作品的范围，使用者作为委托人，根据"最终用户服务协议"中的格式条款取得所生成作品的版权。其次，人工智能设计者或所有者应该在没有合同约定的前提下被视为已生成内容的作者，但如果所生成内容中包含了他人作品的独创性元素，设计者或使用者在以法定权利项使用该作品前，必须取得原作品权利人的许可。这种版权法定配置与合同安排相结合模式的优势体现在：一方面，法定配置可以避免无主作品大量涌入市场而损害对创作者的正向激励；另一方面，合同安排则可以控制"用户创造内容"和"人工智能创造内容"叠加带来的高额许可成本。

五、结论

在大数据、算法和硬件计算能力显著提升的背景下，生成式人工智能已经有能力完全介入人类的所有创作领域。然而，《著作权法》多年来不断沉淀的独创性解释，仍然可以将人工智能生成内容"教义化"到既有的权利配置体系中。正如德国马克斯普朗克创新与竞争研究所在其针对人工智能知识产权问

---

1 Robert Yu, The Machine Author, 165 U.Penn. L. Rev. 1245, 1262 (2017).

题的"立场声明"中所言，从现阶段看，专门为人工智能生成内容创设新的法律规范既无必要，也不合理。[1] 无论是作为具体构想来源的算法及其生成步骤，还是在数据库训练中通过监督和标注对生成风格和内容的控制，都意味着人工智能在被设计和训练阶段的安排可以视为与创作行为具有直接关联。《著作权法》自摄影技术介入创作时在司法审判中所形成的自然人与创作的关联性判断规则，可以涵摄从机器介入到人工智能介入的历史阶段，人类被认为是创作的唯一来源的论断，在今天也并未因生成式人工智能的到来而被推翻。但由于海量生成内容中尚无法避免出现作为训练数据的作品元素，所以在人工智能软件的"最终用户服务协议"中对权利归属做出合理安排，是现阶段避免侵权风险的必要途径。

----

1 Josef Drexl, et. al., Artificial Intelligence and Intellectual Property Law, Position Statement of the Max Planck Institute for Innovation and Competition of 9 April 2021 on the Current Debate, Max Planck Institute for Innovation and Competition Research Paper No. 21-10.